鉴往知来

——十八世纪以来国际贫困与反贫困理论评述

黄承伟　等 著

广西人民出版社

图书在版编目（CIP）数据

鉴往知来：十八世纪以来国际贫困与反贫困理论评述 / 黄承伟，刘欣，周晶著 .—南宁：广西人民出版社，2017.1（2021.2 重印）
ISBN 978-7-219-10198-8

Ⅰ. ①鉴…　Ⅱ. ①黄…　②刘…　③周…　Ⅲ. ①贫困问题—研究—世界Ⅳ. ① F113.9

中国版本图书馆 CIP 数据核字（2017）第 026602 号

总 策 划　韦鸿学　温六零
策　　划　韦向克　周　莉
责任编辑　韦　筱
责任校对　覃结玲

出版发行　广西人民出版社
社　　址　广西南宁市桂春路 6 号
邮　　编　530021
印　　刷　广西民族印刷包装集团有限公司
开　　本　787mm × 1092mm　1 / 16
印　　张　20.25
字　　数　313 千字
版　　次　2017 年 1 月　第 1 版
印　　次　2021 年 2 月　第 2 次印刷
书　　号　ISBN 978-7-219-10198-8
定　　价　50.00 元

前　言

贫困是人类长期面临的社会现象。贫困问题困扰着当今世界的发展，是社会发展问题的首要主题。2015 年 9 月由世界各国领导人在联合国通过了《2030 年可持续发展议程》，该议程于 2016 年 1 月 1 日正式启动，呼吁各国采取行动，为今后 15 年实现 17 项可持续发展目标而努力。消除一切形式的极端贫困是全球 2030 年可持续发展议程的首要目标。这一目标的如期实现，需要各国高度重视，增加投入，采取更有效的策略，并携手行动。“更有效的策略”首先来源于决策者对贫困特征及其演变规律的深刻认识，这些认识的广度和深度决定了反贫困战略政策的针对性和有效性，进而决定反贫困的实践结果。而贫困与反贫困理论的不断丰富发展，为人们认识贫困、制定更有效的反贫困策略、开展更务实的反贫困行动奠定了思想基础。

贫困现象自人类社会产生之日起就已经存在。但贫困被作为一种社会突出问题，逐步引起国家和社会的广泛关注，却是 18 世纪以后的事。特别是伴随西方资本主义制度的建立和工业革命的推进，贫困成为资本主义社会普遍存在的现象，西方经济学、社会学领域出现了贫困研究的热潮，有关贫困问题的存在、界定、测量、解释、缓解和消除策略等开始成为贫困研究领域的重要议题和内容，围绕“贫困—贫困内涵—贫困原因—贫困测量、贫困类型和特征—减缓和消除贫困—反贫困效果评估—贫困与发展问题的进一步反思”形成了贫困与反贫困理论研究演进和发展的逻辑主线。

18 世纪以来，大量的研究学者、国际机构等从经济学、社会学、管理学、人类学、地理学等学科视角，对贫困的内涵、测量、类型、原因、功能以及反贫困战略等方面进行了全面、深入的研究和论述，形成了数不胜数的贫困与反贫困论著。对国际贫困与反贫困理论研究进展和成果进行系统梳理、归纳、分析及评价，无疑将为国内贫困研究的发展以及西方贫困理论的本土化探索提供有益的基础和借鉴。这也正是笔者编写本书的主要动因。本书按照历史发展的时序，对 18 世纪以来国际特别是西方贫困与反贫困理论研究的内容和成果进行了全面、系统的梳理和评述，在此基础上兼顾理论的学科视域以及贫困研究的历史演进，将同一学科领域或内容的研究进行归类和整理，旨在既方便读者更好地把握理论研究的内容，也有利于开展进一步的理论整合和对比研究。同时，本书还总结梳理了中国古代、近代及当代贫困与反贫困理论研究的内容和进展，目的在于为研究者进行中西贫困与反贫困理论研究的比较奠定一定基础，为继续推进国内外贫困问题的比较研究提供一定借鉴。

本书由以下十章组成：第一章为导论，主要概述国际贫困与反贫困理论研究的主要内容、历史演进及本书章节安排。第二章至第八章是西方社会有关贫困与反贫困研究的主要理论内容，分别为：第二章资本主义社会发展初期的贫困观，第三章资本主义社会发展中期的贫困理论，第四章 20 世纪中期经济学领域的贫困研究，第五章 20 世纪中后期贫困的社会学解释，第六章微观视角下的贫困与反贫困理论，第七章综合视角下的贫困与反贫困研究，第八章贫困与反贫困及发展研究的进一步反思。这七个篇章是本书的主要内容，按照历史发展的顺序，结合各历史时期理论研究的内容、学科领域、研究视角等，阐述了西方自资本主义社会发展初期、古典经济学的贫困研究，一直到 21 世纪初期基于贫困与反贫困以及发展问题的进一步反思。第九章为中国扶贫思想的演进与研究评述，主要介绍中国古代的济贫思想和实践、中国近代贫困与反贫困观以及中国特色扶贫开发理论研究和西方贫困与反贫困理论的本土化探索等内容。第十章是总结与讨论，对国际贫困与反贫困理论的研究演进及成果进行了回顾与总结、讨论及反思。

鉴往知来，希望本书能帮助读者更全面了解国际贫困与反贫困理论研究的演变及进展，更深刻认识我国贫困的特征及趋势，更准确理解中央关于脱贫攻坚的决策部署，能为广大扶贫理论研究者、实践工作者带来有益的启示和参考。

黄承伟

2016 年 12 月于北京

目　录

1

第一章　导　论

一、国际贫困与反贫困理论研究的内容概述

二、国际贫困与反贫困理论研究的历史演进

三、本书框架结构

贫困是人类历史发展过程中的产物，自人类社会产生之日起就一直存在。作为一种物质和精神贫乏的社会现象，贫困既简单又复杂。言其简单，在于其首先是一种直接可观的客观存在；言其复杂，在于其背后复杂的发生机制和原因，以及在不同地区、不同文化和不同历史条件下所产生的多元解释面向。但毋庸置疑，贫困问题是影响人类文明进步和发展的重大挑战，消除贫困、实现公平而有效率的发展是世界各国经济社会发展的共同目标。贫困不仅是人类社会发展的现实问题，也是理论学术研究的重要主题。人类历史发展过程中，国家和社会都对贫困以及消除贫困进行了实践及理论方面的探索。贫困与反贫困的实践及发展，既奠定了理论研究的起点，也为贫困与反贫困理论的检验、完善、修正和创新提供了不竭动力。从理论发展进程来看，国际贫困与反贫困理论研究始于以亚当·斯密为代表的古典经济学阶段，经历了发展经济学、福利经济学以及新发展主义的反思。社会学从个体到结构主义视角的解释，有关贫困与反贫困的认知和解释不断得到深化和拓展。在此过程中，国家及政府组织、研究学者以及社会组织机构，成为贫困理论产生的重要载体，经济学、社会学、发展学、人口学、政策学等学科也为贫困研究提供了重要视角，形成了一系列贫困与反贫困的理论和观点。

一、国际贫困与反贫困理论研究的内容概述

社会发展初期，人类对于公平、平等、共同富裕等社会理想的追求，事实上已经包含了社会对于贫困与反贫困问题的基本认识和看法。古希腊罗马时期有关平等、公平以及乌托邦世界的美好理想，中国先秦思想家对于仁爱、不患寡患不均、大同社会理想的阐述和表达，无不包含了古代先贤的贫困与反贫困思想。

西方社会进入 18 世纪尤其是第一次工业革命爆发以后，资本主义社会的贫困问题日益引起国家和社会的关注。一方面，当时社会盛行的自由主义思想对于政府开展的相关济贫措施持广泛的批判态度，将贫困视为个体的责任和问题。但是，另一方面，世俗社会以及国家对于贫困问题的看法已经开始发生转变。特别是一批社会中产阶级开始针对普遍存在的贫困问题进行大规模的社会调查，以翔实的数据和资料揭示了资本主义社会愈益严峻的贫困问题。贫困现象逐渐被作为一种社会问题进入公众的视野，并引发经济学家、社会学家以及管理学者的研究和关注。1899 年，英国企业家和管理学家本杰明·西伯姆·朗特里（Benjamin Seebohm Rowntree）在英国城市伦敦进行了大范围的工人阶级生活状况调查，并于 1901 年将研究结果呈现在其著作《贫穷：城镇生活研究》一书中。在研究中，朗特里首次提出了将贫困线作为贫困测量的标准，并开启了贫困问题研究的先河。

在整个 20 世纪，经济学、社会学、管理学等领域的研究者进行了广泛的贫困与反贫困问题研究，形成了丰富的研究成果。20 世纪 60 年代，瑞典经济学家冈纳·缪尔达尔（Karl Gunnar Myrdal)在其《世界贫困的挑战——世界反贫困大纲》一书中，首次将“反贫困”作为学术研究术语提出，揭开了专门性贫困研究的历史序幕。有关贫困问题的研究开始作为一项全球共同事业，在多个国家和部门以及学科领域得到深入推进，形成了贫困与反贫困的专门性和综合性研究理论，不仅对于国际社会的贫困与反贫困问题和实践进行了经验总结和理论提升，也进一步指导、推动和影响了世界各国的贫困认知及反贫困实践。

从研究内容上看，贫困与反贫困是一个问题的两个方面，反贫困理论研究离不开对贫困内涵以及致贫原因的讨论。因此，广义的反贫困理论包括了对贫困内涵、致贫原因以及消除贫困途径等方面的探讨。18 世纪以来，国际上贫困研究的内容和形式不断得到丰富完善和拓展创新。总的来看，学术界有关贫困研究的内容经历了贫困认知（即认识和承认贫困问题的存在），到贫困解释（即探讨贫困发生的原因和影响意义），以及贫困治理（即采取何种措施来预防、减缓以及消除贫困）的基本路径，并在发展过程中产生了贫困定义、贫困类型、贫困测量、贫困功能、反贫困策略、反贫困评估以及贫困与人类发展主体间的关系等具体的研究主题和研究理论，形成了一系列贫困与反贫困的理论成果。与此同时，贫困与反贫困理论研究的学科领域不断拓展，经济学、社会学、心理学、管理学、历史学、地理学等学科领域均产生了不同的贫困与反贫困理论，为贫困研究提供了多学科、跨学科以及专门性、综合性的研究视角。而且，伴随着国际上贫困与反贫困现状和实践的不断推进，贫困研究的产生载体也更加丰富，从最初的学术研究机构拓展到政府组织、国际机构和民间组织等，尤其是国际机构和民间组织及其进行的反贫困实践，进一步丰富了国际贫困与反贫困理论研究的内容和视角。贫困问题的复杂性及其发展过程中的多学科参与性和实践性，也使其与人权建设、生态文明建设、妇女儿童事业发展、经济社会发展、人类发展等多方面的区域或世界议题相联系，进一步拓展和丰富了国际贫困与反贫困的理论研究。

具体来看，国际贫困研究经历了收入贫困、能力贫困、权利贫困以及多维贫困的研究范式，产生了物质 / 消费的贫困观、能力贫困理论、文化贫困理论、权利贫困理论、社会排斥理论、脆弱性理论、主观贫困理论、多维贫困理论等一系列贫困理论。同时，伴随人类贫困认知的不断拓展，由此而引发的反贫困研究也更为复杂和深入。从古典经济学到发展经济学以至福利经济学，经济学领域产生了一系列以经济增长促进反贫困的理论研究，包括均衡增长理论、区域发展理论、多元发展理论、家庭经济反贫困理论等经济学研究理论。而贫困内涵由单维拓展至多维，贫困原因的讨论从个体转变至结构，社会学、政治学等领域亦产生了相应的反贫困理论，如文化贫困理论、代际传递理论、权利贫困理论、贫困功能论、贫困处境论等。国际机构、民间组织参与的反贫困实践，不仅推动了反贫困理论研究范式的拓展，形成了可持续生计理论、参与式扶贫理论、空间贫困理论、社会资本反贫困理论等，也促进了贫困与反贫困理论研究从宏观向微观的转变，丰富了人力资本理论、主观贫困理论等一系列从贫困主体出发的贫困与反贫困研究理论。

总之，由于贫困与反贫困问题本身的复杂性，研究学科、领域和视角的多元性、复杂性和综合性，国际贫困与反贫困的理论研究复杂而多样，既包括贫困问题的专门性理论研究，也包括贫困与其他社会问题的交叉和综合性研究。贫困与反贫困理论研究的复杂性，既增加了开展理论体系述评和研究的难度和复杂程度，也使得学术界对理论研究成果和内容的梳理、总结更加具有积极的价值和意义。

二、国际贫困与反贫困理论研究的历史演进

贫困与反贫困的理论研究是一个循序渐进的发展过程，有其故有的演进和发展规律。从研究历史看，西方贫困与反贫困的理论研究始于 18 世纪第一次工业革命时期，贫困开始作为一种社会问题进入国家和公众的视野。18 世纪以后，国际贫困与反贫困理论研究经历了从经济学到社会学学科领域的拓展，研究视野从个体到结构、从微观到宏观再到微观的发展和转变。

在 18 世纪以前，西方社会的贫困问题已然存在。英国政府最早从 16 世纪就开始进行贫民的救助和管理，但政府济贫措施更多的是将贫困视为流民问题，以一种家长式的姿态对贫困者进行救济，其目标旨在防治流民带来的社会不稳定问题。加之西方基督教义将贫困视为上帝的选择，一度使其具有某种神圣化的宗教色彩，救助贫困者也成为实现基督教义安排的举动，并催生了西方的民间慈善传统。在此阶段，贫困尚未被作为一种社会公共问题，国家和世俗社会对于贫困的认知仍停留在个体现象和主观致贫的层面，主流经济学家也未将其视为理论研究的对象，甚至在自由主义思潮影响下还对贫困现象进行了否定和批判。特别是 17 世纪以后，受资产阶级革命以及自由主义影响，清教改革运动开始宣扬勤俭奋斗精神，贫困被视为个人懒惰的道德问题，因而受到排斥和否定。

18 世纪特别是第一次工业革命以后，伴随资本主义社会的迅速发展，工业革命在带来巨大财富的同时，也产生和加剧了贫富差距、分配不公的贫困现象。城市化、工业化的迅速推进，农村和城市的贫民流民问题日益严重。穷人生活境遇的恶劣及其引发的疾病、犯罪等社会问题，越来越引起国家和社会的关注。围绕济贫制度改革，英国经济学界产生了激烈的争论。以亚当·斯密（Adam Smith）、托马斯·罗伯特·马尔萨斯（Thomas Robert Malthus）、大卫·李嘉图（David Ricardo）为代表的古典经济学派，在自由主义思想下对贫困问题进行了论述。他们反对济贫法的存在，认为贫困是个体的选择，并提出社会财富的分配能够自然实现公平分配，以及通过人口减少等方式来减少贫困人口的消极策略。与此同时，卡尔·海因里希·马克思（Karl Heinrich Marx）、弗里德里希·冯·恩格斯（Friedrich Von Engels）等人则在古典政治经济学基础上提出了无产阶级贫困理论，首次在制度上对贫困问题进行了反思和批判，对于国家和世俗社会尤其是工人阶级的贫困认知产生了巨大影响。

19 世纪中期以后，伴随工业革命的完成，英国社会的贫困问题越发严重，促使国家进一步出台了济贫政策和救助措施，并引发了一批中产阶级进行广泛的贫困社会调查。亨利·梅休（Henry Mayhew）、查尔斯·布思（Charles Booth）、亨利·乔治（Henry George）以及本杰明·西伯姆·朗特里等人纷纷开展了一系列社会调查，贫困问题得以真实、形象地呈现在国家和社会公众的面前。由此，经济自由主义日益受到新自由主义、费边社会主义以及集体主义等国家干预主义理论的批判，国家对于贫困的责任以及建设福利国家的构想开始受到空想社会主义以及功利主义的推崇和提倡。特别是国家干预主义明确提出了国家对于贫困问题的责任，为西方现代福利制度的建立奠定了理论基础。

进入20世纪，由于资本主义世界市场体系的形成，贫困研究的视野开始突破传统的国家视野，逐渐扩展至世界范围内的贫困落后现象。特别是伴随世界资本主义发展以及区域发展不平衡问题的突出，一大批经济学家开始将国家内部的贫困研究转向区域发展不平衡问题的讨论，形成了罗森斯坦·罗丹(Rosenstein Rodan)的大推进理论、罗格纳·纳克斯(Ragnar Nurkse)的贫困恶性循环理论、纳尔逊(Nelson)的低水平均衡陷阱理论以及哈维·莱宾斯坦(Harvey Leibenstein)的临界最小努力理论，以及阿尔伯特·奥托·赫希曼(Albert Otto Hirschman)的不均衡增长理论、弗郎索瓦·佩鲁(Francois Perroux)的增长极理论以及伊曼纽尔·莫里斯·沃勒斯坦(Immanuel Maurice Wallerstein)的中心—边缘理论等。这些理论开始从经济学视域对宏观层面的经济发展问题进行分析阐释，形成了国家发展以及区域发展视角下的反贫困理论。在此进程中，伴随社会学的兴起发展，社会学视域的贫困研究获得空前发展。与经济学家相比，社会学家更加关注贫困的社会结构研究，奥斯卡·刘易斯(Oscar Lewis)、爱米尔·涂尔干(Emile Durkheim)、罗伯特·金·默顿(Robert King Merton)、皮埃尔·布迪厄(Pierre Bourdieu)等西方社会学家开始通过贫困的代际传递、贫困文化、社会情境等理论对贫困问题进行解释，形成了社会学结构层面的贫困理论研究。

20世纪中后期，社会学视角下的贫困研究得到进一步拓展，形成了贫困定义的拓展及微观视角的反贫困理论，相对贫困、广义贫困以及多维贫困的理论相继被提出，有关贫困的功能意义使其产生了新的研究方向，而社会排斥和脆弱性、可持续生计等分析框架为解释贫困问题提供了新的视角，参与式扶贫理论、人力资本反贫困理论以及社会资本的减贫范式则进一步丰富了反贫困的理论研究。20 世纪 80 年代以后，贫困问题逐渐与全球发展问题相联系，突出了贫困与反贫困理论研究的综合性，产生了益贫式增长、包容性增长、绿色减贫增长等多元发展理论、资产建设理论以及治理理论下的反贫困研究。

进入 20 世纪 90 年代以后，国际社会有关贫困与反贫困的理论研究进一步加强，产生了主观贫困、信息贫困的反思以及空间贫困理论的拓展和家庭经济的反贫困理论创新，贫困与反贫困的理论研究在内容和形式上都出现了进一步的拓展和深化。可以说，20 世纪是贫困与反贫困理论研究出现重大转向的历史时期，即经济学开启了宏观层面的贫困研究，贫困问题的研究面从承认贫困向解释贫困转变，同时伴随贫困研究的深化，更趋综合性的贫困研究开始开启，贫困的定义得到进一步拓展，从物质贫困到文化贫困以至于权利贫困的转变，贫困问题的研究内容逐渐丰富。而对于贫困问题的解决，社会学家和经济学家也提出了相应的研究理论。

进入 21 世纪，贫困与反贫困理论研究的综合性特征更加凸显，学科之间出现了交叉融合，贫困研究的视角也更加微观和具体。这些转向与世界范围内贫困现状以及反贫困实践的发展密切相关，也与理论界对于贫困认知的深化和发展有关。

中国贫困与反贫困研究是国际贫困与反贫困研究的重要组成部分，其历史进程及演变与西方贫困与反贫困理论研究的发展基本一致。先秦时期，对应欧洲古典时代的古罗马、古希腊时期，孔子、孟子、老子等一批社会思想家提出了平等、仁爱等思想主张，奠定了中国济贫及慈善思想的来源。同西方基督教义催生的民间慈善传统一样，中国古代道教以及随后传入的佛教等济贫救助实践也在民间慈善中发挥了积极作用，并奠定了中国民间慈善救助的思想基础。随着封建王朝的建立，封建国家和地方政府亦在社会发生急难时开展了救灾、济贫、恤孤、养老等临时性或长期性的济贫和救助实践，以弥补宗族和宗教等民间救助和慈善的不足。同时,历代思想家和改革家也提出了相应的救助主张。近代以后,孙中山提出了民生和救助的社会思想,并在其倡导下建立了以政府为主导的社会救助制度。一批经济学家、社会学家在西方现代发展观和研究方法影响下,不仅进行了农村贫困问题的调查和研究,还开展了相应的乡村建设实践,对于中国近代社会的贫困与反贫困认知也产生了重要影响。新中国成立以后,政府将贫困问题的解决视为社会主义国家的责任,并出台了一系列扶贫开发措施,推动了以减贫为主题的理论研究和探索。伴随国际民间组织参与中国的减贫实践,西方贫困研究开始影响国内学者,形成了西方贫困与反贫困理论研究的本土化进程,推动了中国的贫困与反贫困研究的发展。

总的来看,国际上贫困与反贫困理论的研究呈现出三个重要转变:一是解释框架从个体到个体与结构并重转变;二是学科视角从经济学到经济学与社会学并重转变;三是研究范围从国家内部贫困到宏观区域发展转变,反贫困主体从国家社会到国家、社会、个体家庭并重转变。在研究过程中出现了三次重要研究转向, 分别是 19 世纪末期社会学研究的开启、20 世纪中期贫困研究从国内到世界以及从承认贫困到解释贫困的转向、21 世纪初贫困研究从社会结构到个体家庭以及多元贫困理论的转向。这些理论研究的转向与贫困与反贫困的历史实践密切相关,即国家责任推动了贫困与反贫困理论研究的发现,社会组织的参与推动了贫困研究载体和主体的多元化,发展主义的转变则推动了反贫困目标和实现途径的研究转向。

三、本书框架结构

本书各章节基本以时间顺序呈现, 主要沿着 18 世纪以来历史发展的脉络,梳理阐述不同历史时期西方贫困与反贫困理论研究的主要内容。同时,兼顾理论学科视域及研究内容的相似性和差异性，在内容编排上对同时期经济学研究、社会学研究以及其他学科研究的内容进行一定的整合，以便读者进行不同理论间的总结和对比。

全书共分为 10 章：

第一章导论。概述国际贫困与反贫困理论研究的主要内容、历史演进及本书章节安排。

第二章资本主义社会发展初期的贫困观。主要以 18 世纪以后英国经济社会发展图景为蓝本，介绍资产阶级革命及第一次工业革命发生以来，英国经济社会的发展概况及社会贫困状况，以及在此背景下英国传统济贫思想和救助实践的演变。在此基础上，介绍 18 世纪到 19 世纪中期英国古典经济学派的贫困观以及马克思主义关于贫困与反贫困的研究。

第三章资本主义社会发展中期的贫困理论。延续第二章的历史发展进程，主要阐述 19 世纪中期以后，英国经济社会发展过程中西方学者对于贫困与反贫困的研究和论述，包括这一时期中产阶级对于英美等资本主义国家贫困状况的社会调查，即亨利·梅休、查尔斯·布思、本杰明·西伯姆·朗特里等人的贫困调查和研究，以及西方福利思想理论和贫困认知的演变，包括早期空想社会主义、边沁的功利主义理论，以及国家干预学派在批判自由主义基础上形成的新自由主义、费边社会主义和集体主义思想。

第四章发展的效应：20 世纪中期经济学领域的贫困研究。主要介绍 20 世纪以来经济学领域的贫困研究，包括国家发展视角以及区域发展视角下的反贫困理论，并显示出贫困研究的视野和范围从国内贫困问题到国际区域发展的转向。

第五章个体与结构：20 世纪中后期贫困的社会学解释。主要介绍这一时期社会学领域的贫困研究，包括贫困代际传递理论、贫困文化理论以及社会情境和社会结构理论下的贫困研究。

第六章微观视角下的贫困与反贫困理论。主要介绍基于微观个体或社区层面的贫困研究，包括社会排斥、社会剥夺的贫困观，以及人力资本理论、社区发展理论、参与式发展理论等反贫困理论。

第七章综合视角下的贫困与反贫困研究。主要论述 20 世纪中期以后贫困研究的新进展,包括阿玛蒂亚·森(Amartya Sen)对贫困概念的拓展、可持续生计的分析框架以及以布迪厄、詹姆斯·科尔曼(James Coleman)、罗伯特·D.普特南(Robert D.Putnam)、林南等人为代表的社会资本减贫范式。

第八章贫困与反贫困及发展研究的进一步反思。主要阐述20世纪末、21世纪初以后贫困与反贫困研究的新发展,以及新发展观基础上的反贫困理论拓展。包括多维贫困测量、主观贫困、信息贫困以及空间贫困等贫困理论的发展,益贫式增长、包容性增长、绿色增长等多元发展观的反贫困理论,社会质量、治理理论的反贫困反思,还有以迈克尔·谢若登(Michael Sherraden)为代表的资产建设理论和加里·贝克尔(Garys Becker)的家庭经济反贫困理论。

第九章中国扶贫思想的演进与研究评述。主要介绍中国国内的贫困与反贫困研究,包括中国古代的济贫思想和实践、中国近代贫困与反贫困观以及中国特色扶贫开发理论研究和西方贫困与反贫困理论的本土化探索等四个方面的内容。

第十章总结与讨论。对国际贫困与反贫困理论研究做进一步的总结、讨论和反思。

2

第二章　资本主义社会发展初期的贫困观

一、繁荣与贫穷：

18—19 世纪英国经济社会发展图景

二、慈善、惩贫与济贫：

18 世纪到 19 世纪中期英国济贫思想及实践

三、自由主义与制度批判：

古典经济学的贫困观及马克思主义贫困理论

在不同的历史发展阶段，贫困具有不同的表现形态，人类对之也形成了不同的看法和认识。史前欧洲及其古典时代，生产力低下导致社会普遍物质匮乏，贫困被视为自然、平常的现象，人们主要通过彼此间的互助、互惠、合作等应对贫困，并在社会发展过程中逐渐产生了平等、救济、慈善的思想渊源。中世纪时期，西方基督教教义将贫困视为展现自己成为上帝选民的机会，贫困被看作是一种“神圣状态”，救济穷人则可获得上帝的恩典。18 世纪尤其是资本主义社会制度建立、第一次工业革命兴起，“神化贫困”的观念逐渐被打破，宗教改革运动又开始鼓吹贫困是个人失败和道德堕落的象征。伴随资本主义社会的进一步发展，农民及城市工人的贫困现象成为突出的社会现实，贫困开始作为一种社会问题而引起国家和社会的关注。

贫困问题的产生具有政治、经济、社会和文化根源。但直到人类进入工业化社会以后，贫困与贫富差距问题才成为严重的社会问题。贫困并非西方资本主义社会或工业化的产物，但 18 世纪以来资本主义社会的工业化进程，无疑加快了贫困由个人现象向社会问题的转化，贫困认知从个人因素向国家责任和社会结构的转变。事实上，贫困作为特定的社会经济现象为人们所重视，且被纳入理论研究领域也是始于资本主义工业革命之后[①]。作为世界上第一个工业化国家，英国也是最早面对贫困问题以及开展贫困社会调查的国家。因此，本章主要以英国社会为蓝本，介绍英国18世纪以来经济社会发展的历史图景，以及国家和社会对于贫困与反贫困的态度和认知，并以此观照这一历史时期西方资本主义社会的贫困观。

一、繁荣与贫穷：18—19世纪英国经济社会发展图景

17世纪是欧洲社会发生急剧变革的时代，启蒙运动标志着其开始步入现代历史发展阶段。1640年，英国爆发了第一次资产阶级革命，推翻了封建制度及君主专制政权，确立了资产阶级议会制政体，也揭开了欧洲其他国家以及北美各国资产阶级革命的序幕，推动世界历史进入新的发展阶段。同时，资产阶级革命也为英国资本主义的迅速发展扫清了障碍，为其开展第一次工业革命以及成为工业强国奠定了基础。

1701年，条播机的发明开启了英国农业领域的生产技术革命。18世纪中后期，工业领域也开始爆发大规模的技术革命浪潮。1764年，英国兰开郡的纺织工詹姆斯·哈格里夫斯（James Hargreaves）发明了手摇纺纱机，并以其女儿珍妮的名字将其命名为"珍妮纺纱机"。"珍妮纺纱机"的纺纱能力远远超过旧式纺车，极大地提高了当时的生产率。由此，以"珍妮纺纱机"的发明为标志，英国开启了第一次工业革命。随后，手摇纺纱机的出现在棉纺织业引发了发明机器、技术革新的连锁反应，骡机、水力织布机等机器先后出现，采煤、冶金等许多工业部门也陆续产生了机器生产。伴随机器生产逐渐产生和增多，畜力、水力、风力等传统动力形式已无法满足大机器生产的需要。1712

①王朝明：《马克思主义贫困理论的创新与发展》，《当代经济研究》2008年第2期。

年，英国工人托马斯·纽科门（Thomas Newcomen）制成了世界上第一台原始的蒸汽机，并被广泛用于煤矿抽水。1763年，英国伯明翰格拉斯哥大学的技师詹姆斯·瓦特（James Watt）开始改进纽科门的蒸汽机。1785年，瓦特制成的改良型蒸汽机投入使用并被迅速推广，大大推动了机器的普及和发展，人类社会也由此步入"蒸汽时代"。同时，机器生产逐渐取代手工操作而在工业生产中占据主要地位，传统手工业越来越无法适应机器生产的需要。因此，为了更好地进行生产管理和提高生产效率，资本家开始建造厂房，安置机器雇佣工人进行集中生产，工厂作为一种新型的生产组织形式开始大量出现。机器生产的发展也促进了交通运输业的革新。从19世纪初开始，交通运输业也进入了以蒸汽为动力的时代，汽船、蒸汽机车、火车等相继出现。总之，工业革命推动了机器的普及、大工厂制的建立以及交通运输领域的革新，开创了以机器代替手工劳动的时代。1840年前后，英国的大机器生产基本取代了传统的工厂手工业，工业革命基本完成，英国成为世界上第一个工业国家。

18世纪中期，工业革命开始从英国向整个欧洲大陆以及北美地区传播，推动了西方各国经济、政治、思想领域以及世界市场等多方面的变革。工业革命不仅是一次技术改革，更是一场深刻的社会变革；它不仅极大地提高了生产力，巩固了资本主义国家的统治地位，也使得社会的结构和形态发生重大转变。塞缪尔·斯迈尔斯（Samuel Smiles）赞扬工业革命是"一场财富和繁荣的收获"[①]。就英国而言，工业革命首先促进了社会生产力的大幅度提高，英国国民生产总值迅速增长，人民生活水平得到提高。英国生铁产量在1740年至1788年间增加了4倍，整个19世纪期间则增加了30倍，原煤产量也增加了20倍；棉纺织业的发展使得原棉进口大幅度增加，1780年至1800年间增加了5倍，整个19世纪则增加了30倍，棉纺织业也取代毛纺织业成为英国的主要纺织业。其他许多指数尤其是农业人口的下降同样表明，工业革命使英国由一个农业国变为了工业国[②]。1782年至1852年，英国经济年平均增长率达到3%～4%，到19世纪上半期，英国国民总产

①John Murray,SamuelSmiles. Self-help: With Illustrations of Conduct and Perseverance.London,1911,p112.

②Asa Briggs. A Social History of England.London,1987,p217-218.

值增长了 125.6%。

19 世纪中期以后，英国经济发展居于无可争议的世界领先地位，成为世界上最富裕的国家，按不变价格计算，1851 年英国国民收入为 5.5 亿英镑[①]。从各部门收入分配看，1801 年，英国农林牧渔业为 7550 万英镑，工矿建筑业 5430 万英镑，商业运输业 4050 万英镑，地产房租 1220 万英镑。1831 年，这些数据变为：农林牧渔业 7950 万英镑，工矿建筑业 11 710 万英镑，商业运输业 5900 万英镑，地产房租 2200 万英镑，商业运输业已远远超过农业部门[②]，尤其是工业的迅速发展，使其享有“世界工厂”的盛誉。1700—1780 年，英国工业年平均增长率不到 1%，而 1780—1870 年则已超过 3%[③]。工业革命也相应提高了人民的生活水平，1700 年英国人均收入是 8 ~ 9 英镑，1750 年前后则增加到 20 英镑，1860 年又增加了一倍[④]。1860 年到 1914 年，英国劳动人口的实际工资增长了一倍，其中尤以 1868 年至 1874 年间工资增长速度最快[⑤]。同时，伴随生产力的突飞猛进，英国工业化、城市化进程明显加快。工业革命以前，英国农业占国民生产总值的 40%，1851 年下降为 20.3%，1901 年则降至 6.1%，同期制造业、矿业和建筑业所占的比重则从 1851 年的 21%上涨到 1901 年的 40.2%，工业逐

---

①Peter Mathias. The First Industrial National：An Economic History of Britain（1700 – 1914）.London:Methuen & Co.Ltd,1969, p365.

②钱乘旦、许洁明：《英国通史》，上海社会科学院出版社，2002，第 235 页。

③同上书，第 221 页。

④Asa Briggs.A Social History of England.London,1987,p185.

⑤Kenneth O. Morgan. The Oxford Illustrated History of Britain. Oxford: Oxford University Press,1984,p481.

渐取代了农业，占据国民经济的主要位置①。而产业结构的调整直接导致了就业人口结构以及人口空间地理分布的变化。1801 年，英国全国就业人口中从事农林牧渔业从业人员比重为 35.9%，1901 年则下降至 8.7%，制造业、采矿业和建筑业从业人员的比重则从 1801 年的 29.7%上升到 1901 年的 46.3%。此外，工业革命推动了商业和交通运输业的发展，从事商业和交通运输行业的劳动人口数量也不断攀升，比重从 1831 年的 12.4%上升至 1901 年的 21.4%②。与此同时，随着工业化的推进，农村人口和农业人口不断从农村向城市及其边缘的工厂流动，也加快了英国城市化的进程。据统计，18 世纪中期到 19 世纪初，英国离开农业的人口总数不断增加（见表 1），其中 1751 年到 1780 年的 30 年间，英国离开农业的人口总数为 75 000 人，而 1821 年至 1830 年的 10 年间则达到了 267 000 人。

表 1　工业革命时期英国离开农业的人口情况③

时间	1751—1780 年	1781—1790 年	1801—1810 年	1811—1820 年	1821—1830 年
离开农业的人口总数（人）	75 000	78 000	138 000	214 000	267 000

由此，工业化大大加快了城市化的进程。18 世纪中期，英国城市人口占全国总人口的比例为 20%左右，而到了 19 世纪中叶，城市化已经彻底改变了英国城乡人口的比例。据统计，到 1851 年时，英国总人口为 1800 万，其中农村人口占 48%，城市人口占 52%④。而这一时期法国、美国、德国、俄国、意大利等国，农村人口仍占总人口的绝大部分。从城市规模上看，英国的城市化水平也遥遥领先。1700 年，伦敦人口达到 67 万，超过巴黎成为欧洲第一大城市。到 19 世纪初，英格兰和威尔士大约 20%的人口居住在人口数量超过 5000 人的城市；到 1851 年，则有超过半数

①王章辉、黄柯可：《欧美农村劳动力的转移与城市化》，社会科学文献出版社，1999，第 7 页。

②同上。

③米歇尔·博德：《资本主义史：1500—1980》，吴艾美等译，东方出版社，1986，第 111 页。

④同上。

的人口居住在此等规模的城市[①]。1851年,英国城市中居民人口总数达到10万以上的城市有10个,同期法国仅有5个;曼彻斯特、格拉斯哥、伯明翰等城市人口总数均超过20万,城市化进程的起步城市——伦敦人口达230万时,巴黎人口仅逾100万左右[②]。总体上看,产生这一现象的原因是复杂的,一方面,工业革命促使工业、商业和其他服务业向城市集聚,形成了城市吸纳农村剩余劳动力的巨大引力;而农业领域的商品化和现代化变迁以及持续的圈地运动,也造成了农业人口向城市迁移的推力。加之1795年以来的英法战争和自然灾害引致的农业经济衰退,迫使大量农村人口拥向城市。另一方面,工业革命时期英国人口增长速度加快,产生了历史上著名的"人口革命",这也是城市人口迅速增长的基本原因。整个19世纪,英国人口从1570万上升到4530万,总数增长了几乎两倍,增长速度远远超出以往任何一个时期,其中英格兰和威尔士地区人口增长速度最快(见表2)。同时,英国人口增长速度也远远高于当时欧洲其他国家。以法国为例,法国人口在1800—1850年年增长率仅为0.7%,1850—1910年年增长率则降为0.2%[③]。总之,到19世纪中期,英国已经完成了工业革命,成为第一个工业化国家,以往的田园风光已经蜕变为一个机器轰隆的喧嚣新世界,英国成了当时世界瞩目的"日不落帝国"。

---

①Dorothy Porter. Health, Civilization and the State: A History of Public Health from Ancient to Modern Times. New York: Routledge,1999,p112.

②米歇尔·博德:《资本主义史:1500—1980》,吴艾美等译,东方出版社,1986,第110页。

③Chris Cook. The London Companion to Britain in the Nineteenth Century 1815-1914.London:Longman,1999,p111-112.

表 2　19 世纪英国主要地区人口增长情况①

单位：万人

地区＼时间	1801 年	1851 年	1871 年
英格兰和威尔士	890	1790	2270
苏格兰	160	290	340
爱尔兰	520	650	540

工业革命虽然为资本主义世界带来了巨大财富，造就了一批发明家、工厂主、矿主、商界和金融界巨头等新兴城市中产阶级财富拥有者，但工业革命所带来的财富并没有实现合理的社会分配。特别是伴随工业革命推动资本主义进一步发展，西方社会产生了严峻的贫富分化、失业等社会问题。据历史资料估计，整个工业革命时期，英国三分之一左右的工人家庭始终处于贫困状态。1834 年，英国贫困人口达 126 万，占全国总人口的 8.8%②。在收入分配上，1801 年，1.1%最富有的人拥有国民收入的 25%；而到了 1848 年，1.2%最富有的人占据 35%的国民总收入；到 1867 年工业革命完成时，社会上 2%最富有的人所拥有的财富占据了国民总收入的 40%。相比而言，体力劳动者收入在国民总收入中所占的比例却从 1803 年的 42%下降到 1867 年的 39%③。1759 年，英国基尼系数为 0.52，1801 年则上升到 0.59④。工业革命后的短短几十年间，英国社会财富的分配比例越来越不合理，穷人与富人的鸿沟也越来越深。“英国可以分为两个民族——穷人和富人，他们之间有一条巨大的鸿沟。”⑤杜德利·巴克斯特(Dudley Bxater)在 1867 年对收入分配

① Chris Cook. The London Companion to Britain in the Nineteenth Century 1815-1914.London:Longman,1999,p111-112.

②Carl Chinn. Poverty amidst Prosperity: the Urban Poor in the England(1834-1917). Manchester University Press,1995,p104.

③钱乘旦、刘金源：《环球透视：现代化的迷途》，浙江人民出版社，1999，第 123 页。

④A.B. Atkinson and F. Bourguignon. Handbook of Income Distribution. Oxford: Elsevier,2000,p76.

⑤J. Hampden Jackson. England since the Industrial revolution:1815-1948.London, 1975,p76.

进行的统计能够清楚地表明，当时英国贫富之间的差距有多大(见表3)。

表3　1867年英国收入分配情况[①]

中产阶级及以上	（人）	评估人数所占人口比例(%)
高收入阶层：		
5000英镑以上	8100	0.07
1000~5000英镑	46 100	0.4
中等收入阶层：		
300~1000英镑	163 900	1.4
低收入阶层：		
100~300英镑	947 900	8.6
收入税以下 −100英镑	1 159 000	10.5
总计	2 200 200	20.7
工人阶级		
工人平均工资：		
高技能的工人和手工工人		
50~73英镑：		
低技能的工人和手工工人	1 260 000	11.4
35~52英镑：		
农业工人和非技能工人	377 000	39.9

财富收入分配不均在一极是新兴的资产阶级暴发户，在另一极则是贫困的劳动者和无业者。根据哈罗德·珀金(Harold Perkin)在《近代英国社会的起源：1795—1850年》一书中的描述，工业革命时期，农业工人的生存境遇最差，周平均工资大约是8先令11便士到9先令6便士，仅相当于同期城市工人的一半；其家庭生活也非常艰辛，主食主要是面包、土豆以及少量牛奶，偶尔才会吃上一点奶酪、培根，很长时间才能吃上一次肉[②]。即便在城市，工人的工资也普遍处于较低水平，例如1795年的牛津郡，工人一年里平均工资为每周8先令。与当时食物

①R. Dudley Baxter. National Ineome.Maemillan.London,1868, P64.

②哈罗德·珀金：《近代英国社会的起源：1780—1880》，劳特利奇和基根·保罗，1969，第147页。

的价格相比，这样的工资水平是较低的[①]。据统计，18 世纪中期到 19 世纪 20 年代，英国工人的名义工资上涨了 40%，而实际工资却下跌了 36%，尤其是生活费的增加造成了实际工资与名义工资的巨大反差(见表 4)[②]。同时，收入分配的巨大差距，也在城市空间上形成了显著的分化图景。工业革命时期，穷人往往居住在紧邻上流社会家庭的贫民窟里，通常会被划出一块完全孤立的地区，实际上是被隔离在臭气熏天的圈地上，中等阶级则尽量远离工业城市[③]。恩格斯在《英国工人阶级状况》中这样描述："这些贫民窟所在的街道通常是没有铺砌过的，没有排水池，也没有污水池，到处都是泥泞、坑洼和垃圾，肮脏、不平、臭气熏天。"[④]"穷人居住的房屋也是破败不堪的，家庭设施也非常简单，两把灯芯草椅面的椅子，一张松木桌子，几条凳子，破损的陶制器皿……没有火炉围栏，有的有衣服床架，真正称得上地毯和床单的东西，他们从来没有见过。很多人甚至生活在阴冷潮湿的地下室，长期没有阳光照射的生活经常让这些贫民窟穷人染上传染病。"[⑤]"伦敦某些最贫困和最破落的地区由来已久，一个世纪以前这里的贫困和犯罪现象早已臭名昭著。"[⑥]据估计，19 世纪 40 年代初期，全国 13%的人、22%的工人居住在这样的地下室里[⑦]。

---

①C.R.奥尔德姆:《牛津郡济贫法文件》,《经济史评论》1993 年第 5 卷第 1 期。

②韩德光:《工业革命时期英国的社会救助研究》,硕士学位论文,山东师范大学,2012。

③E.P.汤普森:《英国工人阶级的形成》,钱乘旦等译,译林出版社,2001,第 369 页。

④恩格斯:《英国工人阶级状况》,人民出版社,1956,第 62 页。

⑤E.罗伊斯顿·派克:《被遗忘的苦难》,福建人民出版社,1983,第 29 页。

⑥W.H.B.考特:《简明英国经济史(1750 年至 1939 年)》,方廷钰等译,商务印书馆,1992。

⑦R.Rodger. Housing in Urban Britain: 1780–1914.Basingstock:Macmillan,1989, p31–32.

表 4　18 世纪中期到 19 世纪初英国工人生活费和工资指数①

（单位：镑）

	1759—1768 年	1779—1788 年	1789—1798 年	1799—1808 年	1809—1818 年
名义工资	81	86	94	114	114
生活费	72	85	97	137	159
实际工资	112	101	98	83	72

与此同时，工业革命促使技术发展突飞猛进，机器生产广泛应用于诸多领域，直接威胁到了手工工人的就业，失业成为工业革命时期英国社会面临的另一个严峻问题。相较于前工业时代零星的失业问题，工业革命以后则更加突出地表现出来。“失业是工业化的直接结果，随着工业化的推进，失业的威胁就越大，失业的影响也会更严重。”②学者将这一时期的失业分为两种情况，包括通常意义上的失业以及就业不足。对劳动工人而言，非充分就业是其不得不面临的现实。1790—1840 年，由于农业的季节性和周期性，肯特郡的大部分农业工人处于非充分就业状态，实际工资也出现较大幅度的下跌③。根据亨利·梅休于 19 世纪 40 年代对英国工人就业状况进行的调查，一般行业的状况是三分之一的人充分就业、三分之一的人部分就业，还有三分之一处于常年失业状态。即便是处于就业状态的工人，也不得不承受较低工资的待遇。其中棉纺织业中的手织工人在就业市场中的竞争尤为激烈，也是工资最低的群体，即使有足够的工作，一周所挣的钱也不超过 10 先令。1833 年，有人在信中这样描述：艾尔莱德有个手织工，一家七口，妻子和两个

①门德尔逊：《经济危机和周期的理论与历史·第一卷》上册，人民出版社，1975，第 302 页。

②B.Seebohm Rowntree.Some Necessary Steps towards a Solution of the Unemployment Problem,Political Science Quarterly. Vol 38,No.2.(Jun.1923),p190.

③Anthony S. Wohl. Endangered Lives: Public Health in Victorian Britain.Isis,Vol 75,No.2.(Jan.1984),p44.

大孩子都在工作，全部收入扣除房租、工具等只剩下每星期2先令，却要供7口人吃穿。写信者曾问这家人：“怎么能靠这么点钱过日子呢，那不是太离奇了吗？”回答说：“过日子是过不下去的，假如你这么叫的话，不过我们只有挨下去吧。”“那你们吃什么呢？”“早上喝粥，中午土豆拌盐，晚上也是一样，要不然就来一点麦片稀粥。”[①]对于手工工人而言，他们曾有过相当不错的生活，但当赖以生存的手艺被机器取代，失业也将造成严重的生活困境。因此，对于大多数工人家庭来说，他们赚取的工资仅够果腹，而由此带来的贫困也导致了住房拥挤、贫民窟卫生状况差、膳食不足、营养不良等一系列问题。根据教会慈善机构的报道，1841年，英国曼彻斯特有大批工人找不到工作，长期的失业使工人生活完全没有着落，许多人在把东西典当一空后，最后不得不当掉裤子，整天躺在被窝里。有一个叫卡恩的人，一家5口，包括3个孩子，全部都失业了，卡恩生病，一个孩子也生病，病孩躺在地下室潮湿的角落里，身下只垫一些刨花，身上连遮体的破烂都没有[②]。

关于18世纪英国的贫困人口，历史学家爱德华·帕尔默·汤普森（Edward Palmer Thompson）指出，18世纪时英国可能有五分之一或四分之一的英国人是在刚刚能维持生存的边缘上挣扎过来的，处在一旦价格上涨就跌入生存线以下的危险中。他还援引一位权威人士（Douglas Hay）的研究结果以证明自己的观点：“近来一份权威的研究表明，在困难年月，可能有20%的居民即使已能消除所有其他开支，也无法在没有帮助的情况下买到足够的面包；而且……在很艰难的年月，全部居民中有45%会被抛进这种赤贫之中。”[③]伴随工业革命的迅速推进，英国以及其他西方资本主义国家出现了童工、妇女、老年等弱势群体的贫困问题以及由贫困而滋生的社会犯罪现象。可以说，工业革命既产生了经济繁荣发展的“黄金时代”，也带来了社会的贫困与不稳定，由此冲击着社会已有的贫困救助和福利实践，以及国家和社会对于贫困以及贫困救济的认知和观念。

---

①钱乘旦、刘金源：《环球透视：现代化的迷途》，浙江人民出版社，1999，第128—129页。

②钱乘旦：《英国工业革命中的人文灾难及其解决》，《中国与世界观察》2007年第1期。

③E.P.汤普森：《共有的习惯》，沈汉、王家丰译，上海人民出版社，2002，第301页。

二、慈善、惩贫与济贫:18 世纪到 19 世纪中期英国济贫思想及实践

早期的贫困主要被视为一种物质匮乏现象,是指社会成员由于种种原因,无法获得维持其个人或其家庭生存所需的基本生活资源,处于生计无保障的状态。因此,那些陷于贫困境地或沦为赤贫的人通常被称为"穷人"(the poor)或"贫民"(paupers)[①]。伴随贫困现象产生,人类进行了缓解或消除贫困的各种探索,并在近代社会形成了相应的济贫思想和实践。同时,贫困救助和济贫实践的发展也从一个侧面揭示了社会贫困的现状以及人们对于贫困的态度和认知。

早在古希腊罗马时期,欧洲社会就已经形成了初步的公益和慈善观念,以及基于村庄互助和城市商业行会救济为主的社会救助传统。中世纪初期,教会承担了慈善和社会救助的主要任务。起源于下层社会的基督教,宣扬平等、博爱思想,坚持慈善、布施和救济的原则,要求信徒关注遭遇不幸的人及社会弱势群体,并给予他们同情、关怀、爱和宽容,不论这个人是何身份地位,富贵或贫贱,高尚或粗俗。同时,基督教倡导慈善救济,并借助上帝的口吻,劝诫富人救助苦难中的穷人,并通过建立孤儿院、育婴堂、养老院以及修道院等救助和关怀儿童、老年人等社会弱势群体。由此,"教区承担起救济病人、老年人、精神病人和丧失劳动能力的人,看护病者和埋葬死者,帮助安慰苦恼和悲伤的人,短期救济失业工人,为孤儿提供职业培训的服务的责任"[②]。作为"行善"的社会组织,教会的慈善救济以及对弱

---

①李义中:《18 世纪英国的贫困问题管窥》,《安庆师范学院学报(社会科学版)》2012 年第 3 期。

②W.H.B.考特:《简明英国经济史(1750 年至 1939 年)》,方廷钰等译,商务印书馆,1992,第 157 页。

势群体的人文关怀,为保障穷人基本生活发挥了重要作用,也为英国慈善和救济传统奠定了基础。此外,由民间社会建立和组织的医院等慈善机构,也发挥了积极的社会救助功能,促进了慈善和救助思想传统的继承和发展。12 世纪,基督教会开始倡导返回福音运动,贫困由此被看作是一种“神圣状态”,穷人是“上帝(受难)的肢体和他本人的代表”,是“上帝的嗣子”“上帝的挚爱”,富人必须给穷人施舍,因为“无论给予他们(指穷人)什么样的帮助,都是给基督本人”,这样富人就会得到拯救。教会对于贫穷神圣化和善功得救的宣扬,一方面使得穷人相信因受上帝的恩宠而甘愿贫穷;另一方面也促使富人对穷人进行施舍和救助①。文艺复兴时期,专制王朝统治下的英国开始出现一系列社会问题,包括道德衰落、犯罪流行、赌博卖淫猖獗等,而中世纪基督教的教化功能却逐渐丧失。此时,世俗社会开始对贫困现象进行关注和讨论,但并未提出具体的解决方案。伴随社会的发展,贫困出现新的特征,并衍生了其他新的社会问题,单纯的民间慈善和社会救助已无力解决越来越多的贫困问题。专制政体也日益受到批判和抨击,这些促使英国政府开始考虑通过立法形式解决社会普遍存在的贫困问题。

为维护社会稳定,解决贫困流民问题,1531 年,英国亨利八世颁布了救济物品法令,规定向社会征收救济物品并由地方当局分发,由此拉开了政府负责救济贫民的序幕。1536 年,英国颁布了《亨利济贫法》,明确规定地方团体负责办理救贫事业,把老弱、病残以及失业者作为救济对象②。法令规定了地方官员具有分发教会收集的支援捐赠物资,以及救济穷人、残疾人、病人和老年人的义务,并允许地方公共基金为“身体健全、能够从事工作的人们提供工作”③。《亨利济贫法》的颁布在英国济贫发展历史上具有重要影响,标志着国家开始承担解决社会贫困问题的职责。1572 年,都铎王朝在强制征收的济贫税中做出规定:“每个教区都要对

①任松峰:《试论伊丽莎白一世时期英国的贫困与社会控制》,《湖北经济学院学报(人文社会科学版)》2009 年第 10 期。

②江亮演:《社会救助的理论与实务》,桂冠图书股份有限公司,1989,第 14 页。

③丁建定、杨凤娟:《英国社会保障制度的发展》,中国劳动社会保障出版社,2003,第 5 页。

其贫民负责，教区每周要向地方征收济贫税来救助贫民。”[①]通过这项法令，政府加强了对贫民的管理，以防止贫民到处流浪给社会带来不安定因素，进而稳定了社会秩序。

17世纪，英国进入社会急剧变革的时代。一方面，圈地运动推动了英国资本主义经济的快速发展，使农村产生了更多失去土地的流民或贫民；另一方面，资产阶级革命爆发以及资本主义制度的建立，也导致了严重的社会动荡和社会问题。同时，清教运动等一系列社会变革也使英国社会对流民和贫困问题的看法产生新的变化[②]。1601年，为应对日益严重的贫民问题，英国政府颁布了《伊丽莎白济贫法》，规定政府有责任给身体健全者提供工作，向贫民提供救济基金以亩产固定缴纳的税款为主，那些不依法缴纳济贫税者将遭受牢狱之灾[③]。这一法令明确了国家救济责任的原则，建立了对贫困人口区别对待以及依靠个人劳动摆脱贫困的自主原则，体现了政府责任与公民义务相对称的福利思想。但《伊丽莎白济贫法》也延续了前期济贫制度的惩罚性特征和消极色彩，主要目的在于减少贫困人口，防止流民问题而非彻底解决贫困问题。对于《伊丽莎白济贫法》，法国历史学家保尔·芒图这样评论：“它的最初目的同那些成其为继续和结果的措施的目的一样，似乎是制止讨饭和流浪，同样也是减轻贫困。它是基督教仁爱感情的标记，同时又是强烈的社会成见的标记。”[④]17世纪末期，英格兰的布里斯托尔进行建立济贫院的尝试，济贫院制度由此建立并逐渐扩大到英国其他

①陈晓律：《英国福利制度的由来与发展》，南京大学出版社，1996，第12页。

②丁建定：《论17世纪英国的济贫法制度》，《社会工作（学术版）》2011年第4期。

③尹虹：《十六、十七世纪前期英国流民问题研究》，中国社会科学出版社，2003，第70页。

④R. C. Birch. The shaping of the welfare state.Longman,1974,p8.

地区。事实上,济贫院建立之初主要是为安顿因年老、残疾或患病等而失去劳动能力者,带有家长制时代的责任意识,也显示出明显的人道色彩。

到了18世纪,济贫院的性质已经发生了巨大变化,其救助对象主要针对“有劳动能力的穷人(theable poor)”[①],济贫院温情与人道的一面已不再有,而更像是“监狱”。用英国社会改革家杰里米·边沁(Jeremy Bentham)的话来说,济贫院是“强使流氓无赖变得诚实、懒汉变得勤快的研磨”[②]。济贫院的建立看似为了救济穷人, 实际上更加注重通过惩罚来达到让人不敢成为穷人的目的,“人们依靠它所引起的恐怖,以至于使那些尚未降到最贫困程度的人不敢接近”[③]。1723年,英国颁布法令进一步规定,地方当局负有建立济贫院的职责,对于凡不愿进入济贫院的贫民,不准给予任何救济。据统计,到1776年时,英国建立了近2000所济贫院[④]。济贫院制度成为18世纪英国重要的济贫和救助措施。可以说,英国早期的济贫制度在发挥救济功能的同时也具有较强的惩罚特征,即国家和社会普遍将贫困作为个人由于懒惰等主观因素造成的结果,政府不承认贫困而将其作为流民问题来处理,救助措施具有济贫和惩贫的双重特征。

18世纪末期,工业革命促进资本主义社会飞速发展的同时,也产生了贫困、失业等严重的社会问题,引发了国家对于济贫制度的调整和改变。1795年,英国政府颁布了《斯宾汉姆法》,提出“在目前的状态下,穷人的确需要得到比过去更进一步的补助”[⑤]。法令进一步要求根据食品这一基本生活资料价格的高低来确定人们的最低生活标准,以及建立更为广泛的户外救济制度,标志着国家责任与济贫功能的进一步强化。《斯宾汉姆法》虽然在一定程度上缓解了英国的社会贫困状

---

①Dorothy Marshall.The English Poor in the Eighteenth Century: A Study in Social and Administrative History.London:George Routledge &Sons,Ltd,1926,P26−27.

②Roy Potter. English Society in the Eighteenth Century.Penguin Books Ltd,1982, p147.

③保尔·芒图:《十八世纪产业革命——英国近代大工业初期的概况》,杨人楩等译,商务印书馆,1983,第351页。

④阿萨·勃里格斯:《英国社会史》,陈叔平等译,中国人民大学出版社,1991第213页。

⑤和春雷主编:《社会保障制度的国际比较》,法律出版社,2001,第5页。

况，但其仍以维持社会秩序，阻止劳动力流动为旨归。1834 年，英国议会成立了济贫行政与实施委员会，并根据其对全国济贫状况的调查报告，通过了《济贫法》修正案（又称新《济贫法》）。新《济贫法》彻底否定了《斯宾汉姆法》的户外救济方法，宣布停止向济贫院以外的穷人发放救济金，强迫他们重新回到习艺所。可以说，新《济贫法》更加强调了济贫制度的社会控制功能，实际上并没有改变英国贫民的悲惨境遇①，但仍然为社会一部分贫困者提供了必要的生活救济。同时，新《济贫法》也奠定了现代社会救助立法的基础，为在全国建立统一的社会救助制度奠定了基础。

总的来看，16 世纪以前，以教会为主的民间慈善和社会济贫是西方反贫困的主要措施。16 世纪以后，国家开始承担贫困救助的责任，但此时的国家济贫是一种消极的甚至带有侮辱和惩罚性质的救济，更多是将贫困作为一种危害社会秩序的问题。受教会改革影响，世俗社会将贫困视为可耻的个人现象，穷人被贴上懒惰、不求上进等负面标签。这一方面表明了国家对于贫困认知的匮乏和偏狭，另一方面也加剧了主流社会对于贫困的误解和偏见。可以说，18 世纪到 19 世纪很长一段时间内，贫困都被认为是个人因素导致的，因而消除贫困也是个人的责任。即便国家的济贫或救助实践，更多也是为了防止贫民危害社会秩序，并采取惩罚的消极措施，防止贫困的发生而非预防。这与资本主义发展初期经济自由主义思想及清教徒宣扬的自立精神密切相关，济贫和救助思想经历了慈善到济贫、惩贫的发展和转变。

---

①刘波：《当代英国社会保障制度的系统分析与理论思考》，学林出版社，2006，第 31 页。

三、自由主义与制度批判：古典经济学的贫困观及马克思主义贫困理论

（一）古典经济学的贫困观

16世纪末以后，伴随荷兰、英国、法国等国相继完成资产阶级革命，为封建社会生产方式向资本主义生产方式的转变扫清了道路。特别是17世纪中叶以后，英国工业生产形式实现了工厂手工业的巨大转变，此前流行的重商主义观点已经不能适应日益壮大的产业资本发展的利益和需求。加之17世纪以来启蒙运动和宗教改革的共同推动，加速了英国自由主义思想的产生。17世纪中叶到19世纪初，以英国经济学家威廉·配第（William Petty）、亚当·斯密（Adam Smith）、大卫·李嘉图（David Richards）、托马斯·罗伯特·马尔萨斯（Thomas Robert Malthus）以及法国的弗朗斯瓦·魁奈（Francois Quesnay）、西斯蒙第（Sismondi）等人为代表，古典经济学的自由主义思想逐渐形成。

从理论渊源来看，托马斯·霍布斯（Thomas Hobbes）、约翰·洛克（John Locke）是近代自由主义的奠基人，其资产阶级思想也是理解近现代自由主义的基础。霍布斯认为，社会是一群人服从于一个人的威权之下，而个人将自然权利交付给这一威权，并通过契约来维持内部的和平，并抵抗外敌。霍布斯从抽象人性原则和人的理性概念出发，第一次系统使用社会契约论解释国家的产生及其基础，确立了近代资产阶级国家学说的基本形态。洛克则发展出一套与霍布斯自然状态不同的理论，主张政府只有取得被统治者的同意，并且保障人民拥有生命、自由和财产的自然权利时，其统治才有正当性，即社会契约必须建立在信任和同意的原则之上，只有在取得被统治者的同意时，社会契约才能成立。

在此基础上，威廉·配第、亚当·斯密、大卫·李嘉图等人进行了各自的理论发展。1776年，斯密出版《国民财富的性质和原因的研究》（上卷）一书，标志着古典经济学的创立和形成。整体上看，古典经济学主要探讨财富生产和分配的规律，从而论证资本主义生产的优越性，他们研究了资产阶级生产关系的内部联系，从理论上说明产业资本的生产方式如何使财富迅速增长。威廉·配第主要论述了当时社会上存在的主要经济问题，并没有形成完整的政治经济学理论体系。在思想方法上，配第接受了弗朗西斯·培根（Francis Bacon）、霍布斯等人具有唯物主义因

素的进步哲学思想，并把它运用于研究经济问题。同时反对根据主观意愿去做推论和判断，提出要从具体的统计资料中寻找经济现象产生的自然基础。由此，英国逐渐摆脱了重商主义影响，并且把政治经济学的研究从流通领域转移到生产领域。18世纪，自由放任主义逐渐成为英国社会的指导理论。

作为自由主义的奠基人，斯密在其主要著作《国民财富的性质和原因的研究》（上卷）一书中，讨论了如何改进劳动力以增加国民财富，以及合理分配国民财富，即劳动产品的生产与分配问题。斯密坚持劳动创造价值论，商品的价格一方面由制造它的劳动所决定的，是所谓的真实价格；另一方面受市场供需关系影响而波动，形成所谓的名义价格。劳动本身也是一种商品，劳动的价格即工资也有真实价格和名义价格之分，前者是指维系劳动者生存的生活必需品和便利品，后者是指劳动者实际获得的货币报酬①。他研究劳动与资本在不同用途下获得工资和利润的各种情形，并大致区分了导致工资和利润不均等的两种类型，包括职业本身性质以及国家政策所导致的工资和利润不均等。其中，前者包括职业的艰辛程度、前期投入、稳定程度、责任轻重和风险大小等方面；后者则主要是指当时的同业行会、职业限制和济贫法制度等的影响。在其看来，自由竞争情况下，劳动和资本的用途与收益必然完全相等，或不断趋于相等，这样就能够增进劳动生产力，促进劳动产品的合理分配。即市场是一个“公正的旁观者”，通过市场，个人能够证明其劳动产品的质量，了解他自己是否真正为社会所需要。而个人通过市场来经营和控制其经济活动，如同他假想的“第三者”来控制他的道德一样。因而在自由竞争状态下，基于职业性质差异的工资和利润不均等将会逐渐消失。“要使不同用途所有利害

①亚当·斯密：《国民财富的性质和原因的研究》上卷，郭大力、王亚南译，商务印书馆，1972，第29页。

能有这样的均等，那么即在最自由的地方，亦须具备三个条件：第一，那些用途，必须在那地方及其附近，为人所周知，而且确立很久；第二，那些用途必须处在普通状态，即所谓自然状态；第三，那些用途，必须是使用者唯一用途或主要用途。”①“最自由”的地方，是指劳动和资本能够在不受外部限制条件下，自由流动与充分使用，劳动和资本的所有者不仅全面知晓各地对于劳动和资本的需求，而且把投入生产当作劳动和资本的唯一用途。因此，在斯密看来，类似《济贫法》一类限制自由竞争的政策将妨碍劳动的自由流动，影响资本的充分使用，不仅不能够消除贫困，还将妨碍社会公平和均等的实现。同时，斯密还从自由权利的角度对《济贫法》予以批判，认为《济贫法》侵害了劳动者和雇佣者的自由和财产所有权。他提出：“劳动所有权是一切其他所有权的主要基础，这种所有权是最神圣不可侵犯的。一个穷人所有的世袭财产，就是他的体力与技巧。不让他以他认为正当的方式，在不侵害他邻人的条件下，使用他们的体力与技巧，明显是侵犯了最神圣的财产。显然，那不但侵害劳动者的正当自由，而且还侵害劳动雇用者的正当自由。”②因此，财产是维系个体生命和安全的必备基础，穷人唯一拥有的财产就是其体力和技巧，而出卖这份财产，以换取生活资料，是他们的天赋自由；相应地，资本家雇佣劳动者进行生产活动，也是其自由和权利。而任何限制劳动者自由出卖体力和技巧的做法，都将损害劳动者和雇佣者的天赋自由和正当权利。

斯密还从利己的角度鼓励人们追求利益，创造财富，强调贸易的普遍互惠性。个人利益的追求可以带来公共福利，是其自由主义最基本的信条。“我们每天需要的食料和饮料，不是出自屠户、酿酒家或烙面师的恩惠，而是出于他们自利的打算。”③斯密认为自然的协调中有一只“看不见的手”作为指导，由此产生的行动必然在个体的利益中包括了别人的利益，因而追求个人利益的活动能够增进公共

---

①亚当·斯密：《国民财富的性质和原因的研究》上卷，郭大力、王亚南译，商务印书馆，1972，第107页。

②同上书，第115页。

③冷小黑：《亚当·斯密的利己论》，《青海民族大学学报(教育科学版)》2005年第3期。

的利益。“在这场合，像在其他许多场合一样，他受一只看不见的手指导……他追求自己的利益，往往使他能比在真正出于本意的情况下更有效地促进社会利益。”[①]由此，斯密的观点给工业资本家更疯狂地向工人阶级榨取剩余价值戴上了冠冕堂皇的帽子。且由于个人利益与社会利益能够通过市场经济活动的自动化调节而达到完美的地步，社会并没有救助处于贫困状态中的人的责任。

18世纪末期，英国资产阶级人口学家马尔萨斯发表了《人口原理》一书，对于资产阶级产业革命所带来的相对人口过剩及其他社会问题进行了深入的理论探讨。在他看来，人类的生存离不开各种食物，并在永恒不变的情欲的支配下不断繁衍。然而，由于人口按照几何比率增长，而食物等生活资料仅以算术比率增长，人口的增殖力会无限大于土地为人类提供的生活资料的能力。因此，如果不抑制人口增长，就必然会出现食物不足、贫困加剧的现象。对此，一方面他认为，人口增殖力与土地生产力不均衡的自然法则，已经为解决人类问题提供了解决方案，即通过贫困及其所导致的苦难来限制人口规模。另一方面他以英国为例，详细论述了自然法则抑制人口增长的两种方式：一种是预防性的抑制，即人们对养家糊口导致生活负担加重的忧虑让个体自觉限制生育；另一种是积极的抑制，即采取各种措施让下层阶级无法养育自己的子女。根据这一人口原理，马尔萨斯对于英国实施的《济贫法》进行了猛烈抨击，他认为英国的《济贫法》是积极抑制人口增长的反例，因为它为解决贫困问题而征收巨额税款并没有改善穷人的生活境况，反而使他们的生活境况更加恶化。究其原因，马尔萨斯认为，英国《济贫法》对穷人的救济，让穷人不加限制地生育子女，从而增加了

①亚当·斯密：《国民财富的性质和原因的研究》下卷，郭大力等译，商务印书馆，1997，第27页。

人口数量。在食物数量不变的前提下，穷人数量的增加，客观上会减少独立劳动者的食物份额，反而让更多劳动者依赖救济。长此以往，不仅靠救济为生的穷人越发贫穷，而且其他普通劳动者的生活质量也逐渐降低。且一旦不劳而获、大手大脚的习气成为英国的社会风气，人们不以丧失自立能力、陷入贫困状态为耻辱，反以游手好闲、接受救济为常态，无疑会冲击勤劳节俭以获取幸福的传统道德观念。因此，马尔萨斯将贫困视为是在所难免的现象，是自然法则和个人懒惰共同作用的结果，而英国《济贫法》违背了这一法则，不仅适得其反，而且催生了个人懒惰。“英吉利年年为贫民征集一个这样大的金额，但贫民间的穷苦依然不减。”贫民靠救济生活而不是靠自立谋生，这就使“人口增加，而人口赖以生存的粮食没有增加”。因此，应当取消户外救济。极端贫困的人，必须到济贫院。“里边的伙食应该是粗劣的，必须强迫他们工作。”马尔萨斯实际上把贫困的责任推到了穷人的头上，认为要防止贫穷的发生，是人力所做不到的[①]。同时，马尔萨斯据此提出了若干纠正英国《济贫法》弊病的措施，包括完全废除所有现行的教区法，使英国农民享有行动自由，选择居住地，从而实现劳动市场的自由化；在各郡设立针对极端贫困人口的济贫院，由国家统一征收济贫税，在济贫院中强迫有劳动能力的人进行劳动。马尔萨斯的这一观点深刻影响到 1834 年英国新《济贫法》的改革和调整。

伴随英国第一次工业革命发展达到高潮，英国资产阶级经济学家大卫·李嘉图继承和发展了斯密经济理论，使古典政治经济学达到最高峰，他也成为古典政治经济学的杰出代表和完成者。李嘉图的思想观点主要受到《国民财富的性质和原因的研究》（上卷）一书的影响，并以边沁的功利主义为出发点，建立了以劳动价值论为基础，以分配论为中心的理论体系。他继承斯密理论中的科学因素，坚持劳动时间决定商品价值的原理，强调了劳动是创造价值的唯一源泉，同时决定商品价值的不仅有活劳动，还有投在生产资料中的劳动。他认为全部价值由劳动产生，并在三个阶级间分配：工资由工人必要生活资料的价值决定，利润是工资以上的余额，地租是工资和利润以上的余额。由此说明了工资和利润、利润和地

---

①托马斯·罗伯特·马尔萨斯：《人口论》，北京大学出版社，2008，第 33—40 页。

租的对立，从而揭示了无产阶级和资产阶级、资产阶级和地主阶级之间的对立。他还揭示了地租、利润二者与工资之间的对立关系，考察了级差地租的两种形态，发现了利润率的变化规律，并且概括了货币流通规律。同时，李嘉图高度推崇自由贸易，提出了进行国际贸易的比较优势原理。倡导增加资本积累，促进经济发展，并坚信资本主义经济具有自我调节功能，预言资本主义不会发生普遍的经济危机。李嘉图这一理论对后来西方经济学的发展产生了深远影响，尤其是对马克思主义政治经济学的形成发展奠定了基础。

在贫困问题的看法上，李嘉图则结合古典政治经济学的工资理论，对英国施行的《斯宾汉姆法》进行了批判，认为其对低收入劳动者进行的工资补贴违背了自由竞争环境下的工资法则。在李嘉图的工资理论中，他把工资区分为劳动的自然价格和市场价格，认为前者是劳动者生存并延续后代所必需的，主要受食物和必需品价格的影响，后者则受供求关系的影响。同时，劳动的市场价格围绕自然价格上下波动并趋向自然价格的倾向是支配工资的法则。根据这一法则，如果劳动者的市场价格超过其自然价格，即劳动者获得高额工资，就会刺激人口增长，使劳动者的人数增加，劳动者为争夺工作而彼此竞争，这样工资会逐渐降回自然价格或是降到自然价格以下；反之，如果劳动者的市场价格低于其自然价格，劳动者由于缺少生活必需品而陷入贫穷，其数量逐渐减少，劳动需求相应地增加，劳动的市场价格就会提升到自然价格之上。由于劳动生产力的发展以及资本的持续积累与投入，即使在人口增长的情况下，劳动需求仍然旺盛，工资仍将保持上涨趋势。然而在资本积累无法继续增长，劳动者需求随之减少，人口增加比率不变情况下，劳动工资就会呈现下降趋势。面对人口对生活资料造成的压力，李嘉图在马尔萨斯人口理论基础上，提出工资应保持一种刚好使工人能维持其自身和种群的生存、人口既不增加也不减少的水平。如果工资过高,那么男女受到鼓舞,会更早结婚,生更多的子女,因而仅有的补救方法就是减少人口[①]。"工资正像所有其他契约一样,应当由市场上公平而自由的竞争决定,而决不应当用立法机关的干涉加以统制。"[②]

总的来看,17 世纪中叶到 19 世纪末,自由主义的社会思潮一直是英国社会的主流,即强调国家尽可能少地干预社会经济生活,提倡充分的个人自由。在自由主义者看来,所谓"社会",只不过是一个具体的人的集合体,只是一个"名称"而已。只要坚持"个人主义、私有财产与契约自由"的有效运作,"社会公平"就会自动实现。自由主义对于早期英国社会福利思想的基本内容产生了深刻影响,即政府和世俗社会普遍将贫困等社会问题视为个人责任的结果,因而其解决也应靠个体本身而非社会和政府。这种社会福利观尤为突出地反映在他们关于济贫法制度的态度上。从政治经济学创始人亚当·斯密到 19 世纪的马尔萨斯和大卫·李嘉图,他们都在其代表性著作中讨论过英国的《济贫法》。在他们看来,英国《济贫法》之所以应该被修改或是取消,不完全是由于其日益凸显的弊病,更主要的原因在于英国《济贫法》本身是不合理的,或者是违背自然法则的。从斯密的《国民财富的性质和原因的研究》、马尔萨斯的《人口原理》和李嘉图《政治经济及赋税原理》来看,尽管自由主义者针对英国《济贫法》批判的具体内容有所差异,如斯密主要批评《居住法》,马尔萨斯和李嘉图主要针对斯宾汉姆制度,但他们都反对英国《济贫法》,认为英国《济贫法》没有达到预期的济贫效果,反而加剧了贫困现象,加重了国家财政负担,损害了社会大多数人的利益,让人缺乏独立性和进取心,加剧了个人的懒惰和堕落,丧失了对于贫困的羞耻心。如斯密认为"英格兰的乱政,恐以此为最"[③];马尔萨斯确信"如果根本就没有颁布济贫法,虽然非常贫穷的人也许要多

---

①大卫·李嘉图:《李嘉图著作和通信集》第 1 卷,郭大力、王亚南译,商务印书馆,1962,第 83 页。

②同上书,第 88 页。

③亚当·斯密:《国民财富的性质和原因的研究》上卷,郭大力、王亚南译,商务印书馆,1972,第 129 页。

一些,但从总体上看,普通人却要比现在幸福得多”[①]。李嘉图指出:“济贫法的趋势是使富强变为贫弱,使劳动操作除开提供最低的生活资料以外不做其他任何事情,使一切智力上的差别混淆不清,使人们的精神不断忙于满足肉体的需要,直到最后使一切阶级染上普遍贫困的瘟疫为止。这种趋势比引力定律的作用还要肯定。”[②]

除此以外,还有部分学者专门对英国《济贫法》进行了抨击。如1776年约瑟夫·汤森德(Josephus Townsend)在《济贫法论述》一书中,提出:“希望和恐惧是工业的源泉……对于那些驱使上层人士奋斗的动机——自豪、荣誉和野心,穷人知之甚少。一般而言,只有饥饿才能刺激、驱使穷人去劳动。”[③]贫民救济的长远影响更严重,因为英国《济贫法》“打破了足以维持饥饿恐惧的人口数量和食物总量的平衡,《济贫法》播种了全社会苦难的种子”[④]。为了促进工业和经济的增长,汤森德主张必须用一种新的制度代替现存的英国《济贫法》,这种新制度对穷人的救济是有限的和不稳定的[⑤]。因此,自由主义者提倡自由放任的政策,主张国家不要对社会经济生活施加不必要的干预,强调贫民应该通过个人努力来摆脱贫困状态。显然,只有“个人观”而没有“社会观”的自由主义是不可能有“保护多数”即劳动者的“社会政策”的[⑥]。

①托马斯·罗伯特·马尔萨斯:《人口论》,北京大学出版社,2008,第37页。

②大卫·李嘉图:《李嘉图著作和通信集》第1卷,郭大力、王亚南译,商务印书馆,1962,第91页。

③约瑟夫·汤森德:《济贫法论述》,加利福尼亚大学出版社,1971年重印版,第23页。

④同上书,第35—38页。

⑤同上书,第62页。

⑥周建明:《社会政策欧洲的启示与对中国的挑战》,上海社会科学出版社,2005,第117—118页。

总之，按照古典政治经济学的逻辑，贫困作为一种社会现象，是市场经济自然法则作用的结果，也是维系市场平衡的必要因素；处在市场体系中的个体，如果不能通过勤劳努力，成为有财者，就只有被竞争所淘汰，或是沦入赤贫境地，或是接受维系基本生存需求的工资水平①。自由主义观点不仅在当时的英国思想界和政界产生了广泛影响，推动了英国《济贫法》的改革，也有力地建构了自由竞争、自发调节市场经济的自由主义理念，代表了18—19世纪初期英国资产阶级的贫困观。

（二）马克思主义贫困理论

如前所述，18—19世纪初期，以亚当·斯密、马尔萨斯、大卫·李嘉图为代表的古典经济学家已经开始用经济学框架对贫困现象进行了研究，并以自由主义观点解释了资产阶级产业革命以来贫困现象的合理性，以及对国家和社会济贫措施进行批判。然而，伴随资本主义发展进程的推进，普遍存在的贫困问题日益引发了中产阶级的关注和思考，自由主义观点也逐渐受到发达国家农业发展实证经验以及空想社会主义者的反证和抨击，但这些大都仅仅局限在对劳动大众的感情诉求及对当时资本主义制度的道德批判上②，并未从更深层次揭示资本主义社会贫困发生的原因。

基于早期资本主义国家的贫困现象，马克思将贫困作为资本主义生产方式的产物，进行了有关贫困及消除贫困的分析和论述，形成了无产阶级贫困理论。马克思有关贫困及消除贫困的思想主要反映在其《1844年经济学哲学手稿》《资本论》等一系列著作和文献中。1843年，马克思在《摩塞尔记者的辩护》一文中表达了对摩塞尔两岸地区农民贫困的认识。通过对劳动者贫困化的关注，马克思认识到社会不同等级中富人和穷人的对立和冲突，并站在劳动者的立场试图揭露贫困的真实原因，对"非人的生活"进行解释③。1844年，马克思撰写了评论《评一个普鲁士人的〈普鲁士国王和社会改革〉一文》，以英国为例，介绍了现代国家应对贫困现象

①周可：《青年马克思论贫困——兼评古典政治经济学的贫困观》，《黑龙江社会科学》2015年第5期。

②王朝明：《马克思主义贫困理论的创新与发展》，《当代经济研究》2008年第2期。

③苗泉竹：《关注贫困化——马克思理论批判的着力点和理论发展的张力所在》，《学术论坛》2005年第7期。

的普遍做法，考察了资产阶级及其理论家对待贫困现象的态度，试图阐明现代社会贫困现象的实质。马克思指出，与英国这一世人公认的“政治国家”相伴随的事实是，英国同时是一个“赤贫的国家”，英国的贫困现象非常严重。同时，人们倾向于认为英国贫困增长背后的原因是多种多样的，包括慈善救助机构低效率、政党利益分歧、慈善事业本身的发展等。与主流社会以自由主义解释英国贫困现象的观点不同，马克思对于济贫制度造成社会贫困的观点进行了深刻批判。在其看来，英国社会的贫困现象并非个别现象，也不是一般意义上的贫困，而是遍布工厂区和农业区的普遍贫困，是与英国的农业革命和工业革命联系在一起的，“是现代工业的必然后果”①，是工人阶级的普遍贫困，是“英国地下室住宅里的充满瘟疫菌的空气”，“英国贫民的衣服破得难以想象”，“妇女们被劳动和贫困折磨得全身萎缩，遍体皱纹”，“孩子们在污泥里打滚”，“工厂里过度的、单调的机械劳动把人变成了畸形儿”②，因而这种贫困不仅仅是劳动者收入低下、生活必需品匮乏，而是从劳动条件、居住环境到个人身心的全方位的非人化状态。马克思从国家与社会的关系出发，批判了政治国家应对贫困问题的措施，揭示资本主义社会贫困现象的实质。在其看来，行政和慈善措施是英国所代表的政治国家在应对贫困问题时必然采取的手段，“行政是国家的组织活动”③。而行政机关作为履行政治国家职能的机构，集中体现了政治国家的活动原则，也就是所谓的“政治理智”，即“政治的原则就是意志”，是“在政治范围以内思索的”，它“越是片面，因而越是成熟，它就越相信意志是万能的，就越分不清意志

①《马克思恩格斯全集》第 1 卷，人民出版社，1956，第 476 页。
②同上书，第 473 页。
③同上书，第 479 页。

的自然界限和精神界限”[①]。所谓“意志”和“理智”的原则，是指对片面性和抽象普遍性的追求。根据这一原则，贫困问题只能在政治活动范围内，采取各种行政和慈善措施来应对。然而，单从政治范围内考察并应对贫困现象，必然陷入自我否定的矛盾。结合英国的现实来看，马克思指出，英国《济贫法》改革之后，贫困被视为耻辱，穷人被迫从事劳动以示惩戒，这实际上是使贫困“纪律化”，“使它万古长存”[②]。如此，政治国家及其所属的行政机关的任务、意愿与手段、办法之间就相互对立，旨在消除贫困的行政手段反而沦为强制性的惩罚措施，使得贫困被永久化，成为现代社会的普遍现象和政治国家的长期任务。在马克思看来，这一矛盾是政治国家所固有的，政治国家正是以这一矛盾为基础的。“国家是建筑在社会生活和私人生活之间的矛盾上，建筑在公共利益和私人利益之间的矛盾上的。”[③]因此，英国工业革命加剧了社会的普遍贫困，大批有劳动能力的手工业者、农民和工人找不到就业机会，沦入赤贫境地。这样，不断增长的财富与日益蔓延的赤贫并存这一幅吊诡的画面就构成了现代市民社会的悖论，它决定着建构其上的政治国家及其行政机关的内在矛盾。

在《1844年经济学哲学手稿》中，马克思分析了在社会财富减退、增进及繁荣达到顶点的三种状态下工人的状况，提出“即使在对工人最有利的社会状态中，工人的结局也必然是：劳动过度和早死，沦为机器，沦为资本的奴隶，发生新的竞争以及一部分工人饿死或行乞”[④]。在此，马克思将贫困的根源归结为异化，指出工人沦为机器和资本奴隶的命运与异化劳动分不开。在《资本论》中，马克思对资本主义生产方式进行了解剖和理论批判，指出资本主义社会“在一极是财富的积累，同时在另一极，即在把自己的产品作为资本来生产的阶级方面，是贫困、劳动折磨、受奴役、无知、粗野和道德堕落的积累”[⑤]。“生产资料越是大量集中，工人也就越要相应地聚集在同一个空间，因此，资本主义的积累越迅速，工人的居住状况就越悲

①《马克思恩格斯全集》第1卷，人民出版社，1956，第480—481页。
②同上书，第476页。
③同上书，第479页。
④《马克思恩格斯全集》第42卷，人民出版社，1979，第51—53页。
⑤《马克思恩格斯全集》第23卷，人民出版社，1972，第708页。

惨。”[①]马克思还通过资本有机构成变化引起的相对人口过剩，总结了资本主义积累的一般规律：“可供支配的劳动力同资本的膨胀力一样，是由同一原因发展起来的。因此，产业后备军的相对量和财富的力量一同增长。但是同现役劳动军相比，这种后备军越大，常备的过剩人口也就越多，他们的贫困同他们所受的劳动折磨成正比。最后，工人阶级中贫苦阶层和产业后备军越大，官方认为需要救济的贫民也就越多。这就是资本主义积累的绝对的、一般的规律。”[②]马克思致力于从社会生产领域阐述贫困现象的根源，认为资本主义性质的农业革命和工业革命导致大量劳动者无处就业、一无所有。他的分析表明，现代社会的贫困是随着资本主义生产方式的形成而产生，并不断强化；资本主义实质上就是劳动者与劳动条件相分离的贫困化过程，由于资本主义生产方式追求剩余价值的内在动机和竞争强制的外在强制，工人的工资仅限于维持基本生活，因而贫困是资产阶级社会无法根除的现象。而资本积累的过程同时也是生产和再生产工人阶级贫困的过程，巨大的产业后备军是资本主义生产方式存在和发展的必要条件。由此，马克思眼中的个人不是被卷入劳动力市场被迫出卖自己劳动力的无数孤立个体，而是同时在机器大工业生产过程中通力协作的阶级成员。当古典政治经济学家谴责赤贫者的道德堕落、能力低下，并且把他们的悲惨遭遇视为市场法则的必然结果时，马克思却洞察到了这些无产者作为工人阶级成员所具有的先进性，认为只有掌握先进生产力的工人阶级才能充当资本主义社会的掘墓人。在《资本论》中，马克思不仅饱含深情地描述工人阶级的非人生活状况，而且将工人阶级反抗资本家剥削的斗争纳入资本主义经

---

①《马克思恩格斯全集》第23卷，人民出版社，1972，第721页。

②马克思：《资本论》第一卷，人民出版社，1975，第707页。

济活动规律当中。因此，在资本主义制度下，企图把无产阶级经济地位的改变寄希望于资本主义生产的高度发展是不可能的，无产阶级摆脱贫困的唯一出路是“剥夺者被剥夺”。马克思论证了共产主义制度代替资本主义制度的必然性，提出共产主义制度全面否定资本主义制度，“是在资本主义时代成就的基础上，也就是说，在协作和对土地及靠劳动本身生产的生产资料的共同占有的基础上，重新建立个人所有制”①。在此基础上，马克思、恩格斯构建了科学社会主义理论，提出了消灭贫困、实现人类共同富裕的反贫困目标。

总的来看，马克思的政治经济学研究是通过研究资本主义生产方式，以及和它相适应的生产关系和交换关系，以揭示“现代社会的经济运动规律”。他提出，这种经济运动规律是“资本主义生产的自然规律，是以铁的必然性发生作用并且正在实现的趋势”②。因此，同古典政治经济学家一样，马克思也认为现代社会经济运动遵循与自然规律相近的必然法则。但与自由主义不同的是，马克思考察人类经济事务时，是从一定条件下进行物质生产活动的、具体的、具有丰富需要的“现实的个人”出发，把人类社会看作是由相互依存的各种社会关系组成的有机整体，而非预设自然状态下的孤立个人形象③。可见，马克思最早从制度层面对资本主义社会贫困现象进行分析，从而揭示了贫困的根源，其对资本主义社会贫困现象的理解与古典政治经济学家存在根本性的差异。

综上所述，18 世纪到 19 世纪初期，以亚当·斯密、马尔萨斯、大卫·李嘉图为代表的古典经济学家已经开始用经济学框架对贫困现象进行研究，并以自由主义观点解释了资产阶级产业革命以来贫困现象的合理性，以及对国家和社会济贫措施的批判。同时，马克思建立了无产阶级贫困与反贫困理论，从制度层面分析资本主义贫困问题，并指出消除贫困的目标和根本出路在于消灭雇佣剥削制度，实现全人类共同富裕。虽然马克思并未提出消除资本主义社会贫困的具体措施，但其将贫困作为社会问题来看待，且最早提出了贫困问题的制度解释。尤其对中国

①马克思：《资本论》第一卷，人民出版社，1975，第 832 页。

②《马克思恩格斯选集》第 2 卷，人民出版社，1995，第 100—101 页。

③周可：《青年马克思论贫困——兼评古典政治经济学的贫困观》，《黑龙江社会科学》2015 年第 5 期。

而言,马克思主义贫困理论确立了中国看待和分析贫困问题的唯物主义立场,指明了消除贫困的根本路径和方向,对于中国社会主义初级阶段的反贫困实践具有重大的理论和现实意义,也构成中国扶贫思想的基础和理论渊源。

3

第三章　资本主义社会发展中期的贫困理论

一、认知与转化：

中产阶级开展资本主义贫困的社会调查

二、批判与继承：

西方福利主义反贫困思想的演变与发展

三、福利国家与反贫困：

西方现代社会保障制度的形成与发展

19 世纪中期以后，西方资本主义继续迅速发展，法国、德国等国也相继完成了资产阶级革命。资本主义工业国家大量贫困人群的持续存在，无疑对社会公众尤其是中产阶级精英群体以及政府当局形成了巨大压力，如何看待贫困问题并采取措施予以解决，不仅是政府当局不得不面对的社会管理问题，也成为社会中产阶级和研究者颇为关注的话题。一方面，贫困问题吸引了一大批社会中产阶级开展广泛贫困调查，英国的亨利·梅休、约翰·爱德华·摩根(John Edward Morgan)、查尔斯·布思、西伯姆·朗特里等一批记者、医生或社会调查家针对当时广泛存在的贫困问题，进行了一系列贫困调查，形成了中产阶级对于贫困的直观认识，也进一步影响国家福利实践和福利思想的转变和世俗社会的贫困认知。另一方面，资本主义经济危机的普遍爆发，使得研究者对于经济学领域的传统自由主义批判日盛，新自由主义、费边社会主义及集体主义等各种强调国家干预、消除贫困的思潮开始出现，逐渐将贫困视为一种国家责任，推动国家福利主义实践和理论的产生和发展。

一、认知与转化：中产阶级开展资本主义贫困的社会调查

历史上，19世纪上半期被称作英国发展的“黄金时代”，工业革命为其发展带来了巨大的财富。截至19世纪60年代，英国国力强盛，经济实力雄踞世界第一宝座。到了19世纪中后期，伴随工业革命先进成果向欧美和亚洲等国家的扩展和影响，德国、美国、日本等一批新兴资本主义国家经济地位迅速上升，成为英国海外市场的强有力竞争对手，英国殖民主义的世界霸权在达到顶点以后渐趋衰落。1870—1913年，英国国民生产总值的增长率为2.1%，同期美国为4.3%、德国为2.9%[①]。英国工业在世界工业总产值中的比重由1870年的32%下降到1913年的14%，同时期在世界贸易中的份额也从22%降至15%[②]。特别是1873年经济危机以及其后长期的经济萧条，英国经济发展遭受沉重打击。同时，新兴的欧洲资本主义国家为保护民族工业，纷纷建立关税壁垒，抵制英国在自由贸易口号下的商品倾销。1879年德国建立关税保护，彻底宣告了英国关税自由化时代的结束，英国工商业的增长率、利润率和外资额开始下降，逐渐失去了19世纪上半期的经济优势，英国结束了经济发展的“黄金时代”，开始进入“大衰退”的历史时期[③]。

19世纪中后期，英国人民的生活水平得到了提升，但财富分配不公的现象也更加明显。贫困、失业、污染、健康恶化、犯罪

---

①蒋孟引主编《英国史》，中国社会科学出版社，1988，第581页。

②阎照祥：《英国政党政治史》，中国社会科学出版社，1993，第322页。

③黄玉桃：《19世纪中后期英国“国家济贫”缘起初探》，《南阳理工学院学报》2015年第5期。

等问题日益成为尖锐的社会问题。在收入分配上，这一时期英国的贫富差距现象比19世纪初期更为严重。20世纪初，英国莫尼爵士（L.G.Chiozza Money）在《富裕与贫困》一书中也指出，4300万人口创造的财富为17.1亿英镑，其中25万最富者占有的财富为5.85亿英镑，375万相对富裕者占的财富为有2.45亿英镑，而3800万贫困者占有的财富为8.8亿英镑。因此，莫尼得出结论：相对于国家的富裕，体力工人的地位并没有得到改善[①]。据统计，19世纪中后期，英格兰贫困人口占人口总数的25%~30%，尤以儿童、单亲家庭以及老年人口的贫困为主，其中30%~40%的老年工人和小手工业者生活在贫困之中，儿童贫困比例更是高达40%以上[②]。地方性研究表明，整个维多利亚时代，贫困是大多数人的生活常态，直到维多利亚女王统治结束的20世纪初，英国仍有大约三分之一的人口生活在贫困当中[③]。由贫困带来或加剧的健康恶化、流行疾病、社会犯罪、妇女卖淫、劳资矛盾等，无不冲击着日益衰落的英国。由于工业发展的挤压和日趋激烈的国际竞争，英国农业也陷入萧条，大批农民进入城镇，导致城镇失业率进一步上升[④]，在人口增长与经济状况不断恶化的共同影响下，英国爆发了更为严重的失业问题。统计资料显示，与工业革命初期的就业市场相比，19世纪后半期英国失业率长期居高不下，经济环境恶化时最高可达到10%~12%[⑤]，其中1879年和1886年英国国内的失业率分别高达11.4%和10.2%[⑥]。以黑乡矿工为例，1851—1900年，仅有23个年份实现了充分就业[⑦]。贫困也使社会下层尤其是工人阶级对现实产生了强烈不满，并通过集体

---

①Carl Chinn. Poverty amidst Prosperity, the Urban Poor in the England,1834-1917. Manchester:Manchester university Press,1995,p14.

②丁建定：《1870—1914年英国的慈善事业》，《南都学坛》2005年第4期。

③Anthony S. Wohl. Endangered Lives: Public Health in Victorian Britain.Isis, Vol 75, No.2(Jan.1984),p44.

④林秀玉：《英国对外贸易现代化进程之探析》，《历史教学》2003年第6期。

⑤丁建定：《1870—1914年英国的慈善事业》，《南都学坛》2005年第4期。

⑥F.H.欣斯利：《新编剑桥世界近代史》第11卷，中国社会科学院世界历史研究所译，中国社会科学出版社，1999，第6页。

⑦Anthony S. Wohl. Endangered Lives: Public Health in Victorian Britain.Isis, Vol 75, No.2(Jan.1984),p44.

反抗、制造社会冲突的方式表达对于分配不公和贫富差距的愤懑。从18世纪下半叶到19世纪中叶,英国爆发了1816年东盎格鲁、斯巴费尔德的骚乱,1819年的彼得卢大屠杀以及1831年改革法案骚乱和纽波特起义等。特别是1886年,大批失业者集结在伦敦特拉法加广场,制造了大规模的暴乱行动。此外,一度在英国经济发展进程中占据主导地位的对外贸易,19世纪中后期也逐渐陷入萎靡,以往占主导的出口贸易远远不及进口,出现了严重的贸易逆差现象,进口占国民生产总值的比重比18世纪60年代翻了一倍,几乎等同于国民收入的25%~30%①。总之,英国进入了一个工业、农业与贸易集体的"大衰落"时期,国际竞争力明显下降,且带来了严重的社会后果:农村破败、农田荒芜、城市拥挤不堪、贫民窟盛行、因病致贫者不断增多、人民生活状况恶化、社会贫困现象日益严重。可以说,"黄金时代"繁盛景象所掩盖的社会矛盾被激化,人们开始"深深怀念帕默斯顿时代的那个不可企及的繁荣、稳定、和谐和健康的大英帝国"②。

面对贫困等一系列日益严峻的社会问题,英国民间社会及政府组织亦实施了一系列相应的济贫和救助措施。与国家和宗教的济贫实践相比,世俗社会开始关注大范围的贫困问题。从19世纪60年代开始,英国越来越多的中产阶级感到,必须打破横亘于贫民和富人之间的鸿沟,提出"富裕阶级有责任通过居住在不幸的穷人中间帮助他们"③。由此,一批社会学者开展

①林秀玉:《英国对外贸易现代化进程之探析》,《历史教学》2003年第6期。

②R.ben. Jones. A Political, Social and Economic History of Britain,1760—1914: The Challenge of Greatness. London: Hodder and Stoughton,1987,P135.

③Carl Chinn. Poverty amidst Prosperity, the Urban Poor in the England:1834—1917.Manchester:Manchester university Press, 1995,p110.

了大范围的贫困社会调查,贫困逐渐作为一种普遍性的社会问题而日益引起国家和社会的关注。这些调查包括 1851 年亨利·梅休对于伦敦劳工及穷人的调查、约翰·爱德华·摩根对于城市健康状况的调查以及亨利·乔治对于美国资本主义贫困的调查、查尔斯·布思在伦敦的调查等,他们在调查中提出了谁是穷人的问题,开始引起政府对贫困作为社会问题的关注。其中,本杰明·西伯姆·朗特里所著的《贫困:城镇生活研究》一书,第一次提出了贫困线以及初级贫困、次级贫困等概念,开启了贫困问题的专门性研究。

亨利·梅休是英国较早进行贫困调查的社会学者。梅休是伦敦报社的一名记者,也是一位社会调查家和作家。自 1849 年起,他开始在英国《晨报纪实》上连续发表有关工人阶级生活状况的文章。1851 年,梅休将这些文章集结起来,加上自己另外对伦敦进行的社会调查,出版了《伦敦劳工与伦敦穷人》(*London Labour and the London Poor*)一书。《伦敦劳工与伦敦穷人》主要是梅休本人通过亲身访谈方式对 19 世纪伦敦社会尤其是工人阶级的生活状况进行的观察,研究内容没有使用过多的数据或其他资料,大都是梅休本人在伦敦的观察和见闻。

在前言中,梅休这样写道:"在伦敦这座世界第一的城市里,存在于财富和知识中的'悲惨、无和罪恶'至少可以说已经成为我们民族的耻辱。"[①]梅休在调查中采访了伦敦街头的各类穷人,包括乞丐、街头艺人、游商、妓女、工人、拾荒者等。通过对这些人衣着、居住环境、生活娱乐和习俗的描述,梅休进一步探讨了工人阶级贫困的原因。他指出,1848 年英国约有 187 万人接受过贫困救济,另外有 225 万人(约占总人口的 14%)根本没有可靠的职业[②]。此外,梅休关注到工业革命所衍生的一系列问题,包括环境污染、流行疾病等,"我们用泰晤士河的水烧菜炖肉、煮咖啡沏茶,我们将自己家畜的内脏三番五次地扔进河中,而这种水又回到我们嘴里,被我们饮用"。亨利·梅休运用经验主义及人种学的方法探索社会问题和贫穷,虽然他未在研究中将社会调查家、记者和作家的多重身份予以明确区

① Donald Thomas.The Victorian Underworld.London:Trafalgar Square Publishing,1998,p11.

② Michael E.Rose.The Relief of Poverty:1834-1914.London:The Macmillan Press Ltd.1972,p17.

分，研究内容也存在夸张成分，但他以敏锐的观察和直接、辛辣的语言描述了19世纪英国的贫困、失业等社会问题，揭示了工业革命以后英国工人阶级的贫困以及国家济贫的匮乏，开启了中产阶级对于社会贫困问题的关注和思考。梅休也因此被视为维多利亚时代最伟大的英国社会调查家之一。他怀着热切的同情和关怀，关注并揭示了伦敦社会底层人民的生活，并在描述城市肮脏、罪恶、不公和穷人痛苦时，仍然发现和尊重穷人身上的自尊和美好品质，与当时世俗社会将贫困视为懒惰和罪恶的产物相比，无疑是社会思想理念的巨大进步。

19世纪60年代，伴随贫困、环境污染以及流行疾病的加剧，由此而导致的国民身体素质下降问题也引起英国社会的关注。曼彻斯特和萨尔福德卫生协会名誉书记、萨尔福德一家医院的医师约翰·爱德华·摩根曾负责起草萨尔福德地区居民健康状况的周报告和季度报告，对于地区居民健康问题具有一定的认识和了解。摩根于1865年在社会科学大会上提交了一份名为《大城市飞速发展，国民身体状况面临恶化的危险》的报告。在报告中，摩根指出城市里的穷人明显“缺乏耐力、肌肉发育不良、贫血、神经系统发展不平衡，牙齿肿烂，皮肤干裂，蓬头垢面”①。他把城市穷人体质下降的原因归咎于城市生活，提出城市生活是造成国民身体素质下降的最主要原因。

摩根的报告不仅深切关注国家的发展，也为社会科学问题的研究者提供了有益借鉴，他的结论完全基于其个人的观察以及其他人的实证调查资料。摩根的观点引起了英国社会的关注，但由于当时英国处于工业革命的黄金时代，摩根的发现并没有引起更多人的忧虑。直到19世纪80年代以后，英国的经

①John Edward Morgan. The Danger of the Deterioration of Race from the Too Rapid Increase of Great Cities. New York,1985, p2-9.

济霸权地位受到动摇，社会公众对于体质下降的担忧开始变得明显。克里斯·卢埃林·史密斯(Chris Llewellyn Smith)提出，城市市民孱弱的体质意味着他们占据着零工市场的主力，这些人极可能是穷人①。20世纪初的布尔战争加剧了英国对国民身体素质的担忧。1901年，曼彻斯特市部队征召的11 000名志愿者中，发现有8000人的体格不适合扛来复枪和服从军纪，3000人可以征入军队，而其中只有1200人的胸肌和肺活量符合军队标准②。美国作家杰克·伦敦（Jack London）1901年到伦敦走访后也认为，“这里的城市贫民呆滞，像动物一般”，“无法有效地胜任英国在全世界为英国争夺工业霸权的任务”③。

查尔斯·布思也是这一时期对英国进行贫困调查的代表学者。布思本是英国利物浦的造船企业家，1885年成为英国皇家统计学会的会员。19世纪后期，布思在伦敦进行了广泛的社会调查研究，对于英国的社会贫困问题进行了深刻的揭示和剖析。为了获取第一手研究资料，布思获得了250名伦敦学校委员会督导员的支持，依靠这些督导员的帮助，布思及其助手同伦敦3400条街道上的数万个家庭及其孩子建立了密切的联系，并以此获得了大量的第一手调查资料。布思的这项调查始于1886年，并于1889—1891年出版了三卷本的《东伦敦人民的生活和劳动》。随后，在1892—1897年和1902—1903年，布思继续扩大研究的范围，并扩充了这部著作，最后形成了包括17卷三大集的鸿篇巨制——《伦敦人民的生活和劳动》，并将这三大集分别命名为《贫困》《工业》和《宗教》。《伦敦人民的生活和劳动》不仅成为研究英国贫困问题的重要指南，也是对19世纪末期教育、宗教和行政影响之下伦敦生活的重要历史纪实。

在《东伦敦人民的生活和劳动》中，布思指出，伦敦东区约有35.2%的人处于贫困状态，如果把伦敦作为整体，贫困人口仍占总人口的30.7%④。对于伦敦东部

①Carl Chinn.Poverty amidst Prosperity,the Urban Poor in the England:1834－1917. Manchester: Manchester university Press,1995,p113.

②Carl Chinn. Poverty amidst Prosperity, the Urban Poor in the England:1834－1917. Manchester: Manchester university Press,1995,p114.

③Carl Chinn. Poverty amidst Prosperity, the Urban Poor in the England:1834－1917. Manchester: Manchester university Press,1995,p114.

④C.Booth.Life and Labour of the People in London. Volum1,London,1989,p35,62.

地区收入最低者的生活情况，布思描述道："他们的生活是一种奴隶般的生活，极端贫困，食品极其粗糙，没有任何稳定的职业，也难以创造任何财富，作为个人，他们无法改变这种现实。"①他不仅发现社会上存在大量的贫困，更加震惊于政府对济贫的完全忽视。当时的地方政府声称在英格兰和威尔士只有2.8%的人需要救济，而到了1899年，这个数据竟然下跌到2.6%。然而布思在1887年西伦敦收集的大量第一手资料表明，1834年以来的英国《济贫法》所产生的救济效果非常之差。之所以会发生如此大的数据差异，根本原因在于很多工人宁愿贫困也不愿意接受政府的济贫院救济，工人认为那里使人感到恐惧和耻辱。一个农业工人在1890年对中产阶级的调查者明确表示，他们宁愿一家人一周依靠10先令活着，也不愿接受政府救济②。在调查中，布思还对老年人的痛苦表示了深切关怀，发表了《贫穷的写照和有关养老金的论据》《贫苦老人之状况》《关于养老金和穷苦老人问题的建议》等，极力主张国家普遍发给养老金。

布思是第一个提出"谁是穷人"这一问题的社会学者，且伴随其研究推广到整个伦敦，布思的新工作目标也使其成为第一批使用系统化抽样程序的社会科学家之一。即在后期的调查中，布思设计了抽样技术，将伦敦划分为50个区，并按照贫困率、人口密度、死亡率、出生率和早婚率等5个不同的标准进行排列，通过计算这些标准的平均值，获得各个区的综合指数。布思开展社会调查研究的目的和动机，以及所持的基本思想，已经突破了关心当时社会问题的一般社会活动家及行政官员

---

① Hopkins E. A social history of the English working classes, 1815-1945. Edward Arnold, 1979,P169.

②F. W. Galton. Workers on their Industries. London: S. Sonnen-schein & Co LTD,1896,P164.

的眼界，并不局限于直接的实践范围，而是有了更广泛的科学探索意图，并采用当代社会学仍在使用的许多研究手段及方法。其以数量分析调查的方法，通过真实的调查资料代替人们固有的偏见。作为英国大规模社会调查的先驱，布思的调查结果不仅引起了人们对伦敦地区乃至英国整个国家贫困问题的关注，以及中产阶级对于经济学界长期流行的自由放任思想和功利主义原则进行批判和反思，也鼓舞和引发了英、美等其他地区社会改革家有关贫困问题的调查和研究。

19 世纪末期，世界历史进入新一轮的工业革命阶段。这一时期，美国经济高速发展，但也带来了一系列的社会问题。1879 年，美国著名社会活动家和经济学家亨利·乔治出版了《进步与贫困》一书，解释了美国社会进步中的贫困问题，对于资本主义繁荣发展阶段普遍存在的贫困问题进行了反思。有关国家富裕过程中是什么造成了贫困？“尽管生产能力增加，为什么工资趋向仅能维持生活的最近限度？”在序言中，乔治提出了进步与贫困的关系：“物质进步不仅不能解脱贫困，实际上它产生贫困。”他指出，经济革命虽然使生产力上升，但它并不是在底部对社会结构起作用，把整个社会都抬高，反而“好像一个巨大的楔子，在社会的中部穿过去。那些在分裂点以上的人们处境上升了，但是那些在分裂点以下的人们被压碎了”。因此，乔治认为当时的土地所有制是造成贫困加剧的根源。即“财产增加而贫困加深，生产能力增长而工资被垄断，原因就在于全部财富的来源和全部劳动的场所——土地被垄断”[①]。由于土地占有是不平等的主要根源，乔治提出征收单一地价税以及土地国有的主张，要求征收地价税归公共所有，废除一切其他税收，使社会财富趋于平均，“我们必须把土地当作公共财产”。因此，乔治主张将大部分的地租收益分配给全体人民，“只要现代进步所带来的全部增加的财富只是为个人积累巨大财产，增加奢侈，使富裕之家和贫困之家的差距更加悬殊，进步就不是真正的进步，它也难以持久。这种情形必定会产生反作用。塔楼在基础上倾斜了，每增加一层只能加速它的最终崩溃。对注定必然贫穷的人进行教育，只是使他们骚动不安。把理论上人人平等的政治制度建筑在非常显著的社会

①亨利·乔治：《进步与贫困》，吴良健、王翼龙译，商务印书馆，1995，第 278 页。

不平等状况之上，等于把金字塔尖顶朝下竖立在地上”[①]。

乔治的研究理论在英国起了一种酵母的作用，促使人们思考英国普遍存在的贫富差距现象。“进步激进派”开始希望政府更多干预经济，希望更多的“积极自由主义”者能够注意到每个人都能最充分地发挥其能力，自由党则认为应当通过增加直接税来征收，特别是遗产税和累进所得税，并在征收税的同时实行重新分配[②]。乔治的研究也影响到近代中国孙中山的民生主义思想，成为其民生救助思想的理论渊源。

西方中产阶级的贫困调查使人们深刻认识到，来自官方统计的贫民数量只占广大贫民总数的冰山一角，那种认为贫困现象会随着经济的繁荣发展而逐渐好转直至消失的想法也是不现实的[③]。这些研究报告也促使英国民众不再认为贫困只是个人道德缺陷导致的问题，而是有着深刻的社会原因。贫困调查也使理论界受到震撼，国家应该对大范围的社会贫困负责，以及消除产生贫困的社会性原因成为这一时期贫困研究的共识。正是在这样的氛围下，英国社会对于贫困问题有了新的认识，贫困问题开始被看成是关系国家民族兴亡的社会问题，对于穷人贫困原因的认知也从原来的无能、懒惰，变为以经济结构的缺陷解释贫困的根源，从“道德”原因变为一种“经济诊断”[④]。

---

①[美]亨利·乔治:《进步与贫困》，吴良健、王翼龙译，商务印书馆，1995，第 280 页。

②[英]肯尼思·O.摩根主编《牛津英国通史》，王觉非等译，商务印书馆，1993，第 531 页。

③Michael E. Rose. The Relief of Poverty: 1834–1914.Macmillan: Palgrave Macmillan,1972,p20.

④Pat Thane. The Foundations of the Welfare State (longman Social Policy In Britain Series).2nd Edition, London and New York: Longman,1979,p12.

本杰明·西伯姆·朗特里是英国著名企业家和管理学家，是行为科学的先驱者之一。从1899年开始，朗特里等人在英国工业城市约克郡进行了大量调查，对各种贫困问题做了量化分析，探讨了工人阶级贫困的根源。在不到两年的时间里，朗特里和他的助手几乎访问了约克郡的全部工作家庭，共11 560家，46 754人，约占人口的三分之二，其结果主要呈现在其1901年出版的著作《贫穷：城镇生活研究》一书当中。

朗特里的调查和研究，不仅揭示了英国19世纪后期的贫困现状，更对贫困研究做出了巨大贡献。他第一次提出了贫困线以及初级贫困的概念，并奠定了贫困生命周期理论和动态贫困研究的基础。在约克郡调查贫困的基础上，通过走访和了解贫民主体——英国工人阶级的实际生活，朗特里设计出了判断民众是否贫困的"贫困线"，认为贫困的界定关键在于家庭的周工资收入是否能够"满足家庭的基本需要，保证家庭成员拥有一个健康的身体营养结构。具体包括家庭的原料和照明需要、房租缴纳、衣食需求、家庭常用必备物品和个人生活基本需求"。朗特里将一个人每周收入7先令，一对夫妇每周收入11先令8便士，一对夫妇一个孩子每周收入14先令6便士，一对夫妇二个孩子每周收入18便士10先令，一对夫妇三个孩子每周收入21先令8便士，一对夫妇四个孩子每周收入26便士定为贫困线①。朗特里的"贫困线"充分考虑了处于社会底层的工人阶级的实际情况，能够合理根据工人的家庭结构，咨询当时的营养学家来限定社会成员达到身体营养结构基本正常时的食物和能量摄入，并调查当时约克郡民众的工资现状和基本食物价格，以推算民众是否足以维持基本生活的需要，具有一定的权威性。通过这样的设定，朗特里明确指出了贫困的标准，首次为"贫困"下了一个科学的、可以实际考量的定义。根据调查，他提出约克郡穷人的人数为20 302人，约占约克郡总人数的27.84%。同时，朗特里认为，约克郡贫困人口中约51.96%是由于低工资造成的，22.16%是因为子女过多，15.6%为家庭主要工资收入者去世。根据朗特里对英国贫困问题的调查，在所有致贫因素中，首先工资过低是主要因素，其次是家庭孩子过多(一般超过四个孩子)，再次是家庭主要劳动力突然去世造成的贫

①B. Seebohm Rowntree. Poverty: A Study of Town Life. First published 1901,New York & London,Garland Publishing, Inc.,1980 edn,p111.

困,但失业、半失业也占了相当大的比例(见表5)①。

表5　各类致贫原因表

初级贫困直接原因	受影响的儿童数目(人)	受影响的成人数目(人)	受影响人数(人)	受影响家庭数目(个)	比例(%)
主要工资收入者去世	460	670	1130	403	15.63
主要工资收入者年老或生病	81	289	370	146	5.11
主要工资收入者失业	78	89	167	38	2.31
职业不稳定	94	111	205	51	2.83
家庭成员过多	1122	480	1602	187	22.16
有固定工作但工资低	2380	1376	3756	640	51.96

根据调查,约克郡工薪阶层的15.46%,总人口的9.9%处于贫困当中②。其中,大部分人们是由于"低工资"和"没有固定的劳动"陷入贫困的。这一结论提醒人们贫困并不是单纯因为个人的懒惰和个人思想的堕落所导致的,"关于贫困是由于低工资导致的论断对当时社会影响很大,极大抨击了那些认定贫困完全是个人原因导致,个人应为自己的贫穷负责思想观念的人"。也就是说,朗特里的调查使们认识到,贫困并不是单纯因为个人懒惰和个人思想的堕落所导致的。"贫困并不仅仅只是个人因素引起,它的产生具有社会性原因。"③

①B. Seebohm Rowntree. Poverty: A Study of Town Life. First published 1901,New York &London,Garland Publishing, Inc., 1980 edn,p110.

②B. Seebohm Rowntree. Poverty: A Study of Town Life. First published 1901,New York & London,Garland Publishing, Inc., 1980 edn,p111.

③B. Seebohm Rowntree.Poverty:A Study of Town Life. First published 1901,New York & London,Garland Publishing, Inc., 1980 edn,p8.

朗特里将贫困人口划分为初级贫困和次级贫困两种不同类型，这是其对社会调查的又一贡献。初级贫困(Primary Poverty)，是指纯收入水平不足以维持最低生活必需品的家庭；次级贫困(Secondary Poverty)，则是其收入足够维持其生活，但是由于别的开销或者浪费而陷入贫困的家庭。在统计了两种贫困状态的人数后，朗特里指出“在约克郡，将近27.84%的人处于贫困状态，多达17.93%的民众处于次级贫困状态”①。对于导致次级贫困的因素，朗特里认为主要是一些不良的生活习惯，如“饮酒、赌博、大手大脚以及其他一些挥霍的花销”②。朗特里指出：“这种贫困者的生活仅能维持生存。这意味着一个家庭完全不能花一便士乘坐火车或公共汽车，他们永远无法到乡下去，除非步行。他们甚至不能给离家的孩子写一封信，因为他们支付不起邮资。他们没有积蓄，也无法加入工会和医疗俱乐部，因为他们没钱缴纳会费。不能给孩子买玩具或零食，父亲不能抽烟喝酒，母亲不能为孩子买衣服，除了维持生存必需东西外，什么都不能买。”③

朗特里的贫困研究开创了有关贫困的社会学研究先河。他提出贫困线作为衡量贫困的标准，并提出初级贫困和次级贫困的概念，第一次对贫困类型进行了划分。首次指出了社会结构致贫的现象，与世俗社会关于贫困的传统观点形成了对比。朗特里以及英、美等国中产阶级知识分子进行的贫困调查和研究，不仅逐渐改变了政府和公众对贫困及其原因的看法，也为随后新自由主义运动以及国家福利改革提供了理论先导。

二、批判与继承：西方福利主义反贫困思想的演变与发展

19世纪中后期的英国社会已经发生巨大变化，“世界工厂”的地位受到欧洲及北美其他资本主义国家的严重威胁，经济发展速度渐趋缓慢，“日不落帝

①B. Seebohm Rowntree. Poverty: A Study of Town Life.First published 1901,New York &London, Garland Publishing, Inc.,1980 edn,p112−117.

②Carl Chinn. Poverty amidst Prosperity: the UrbanPoor in the England:1834−1917. Manchester: Manchester university Press,1995,p29.

③B. Seebohm Rowntree.Poverty:A Study of Town Life.First published 1901,New York & London,Garland Publishing, Inc.,1980 edn,p133−134.

国"在美、德等国的经济赶超下开始出现衰落趋势。经济发展速度的减慢,也降低了原来依靠经济高速增长产生的社会自发调节能力和融合不适能力。人们开始对传统的自由主义产生怀疑、审视和批判,思考国家是否应该对政治经济和社会生活进行干预,以及这种干预将带来的结果。由此,新自由主义、费边社会主义及集体主义等各种强调国家干预、消除贫困的思潮开始出现,对于社会主流的自由主义思想进行了批判和修正。

(一)19世纪初福利思想的奠基:空想社会主义与功利主义

19世纪初期,放任自由主义成为社会思潮的主流。而面对日益严峻的贫困现实,一些学者开始站在古典经济学家的对立面,对于自由主义关于济贫制度的批判及放任贫困的态度进行讨论和反思, 其中最著名的是早期空想主义和杰里米·边沁和约翰·密尔(James Mill)的功利主义思想。这些思想不仅影响了当时的资产阶级社会改革,也为推动国家福利理论和福利实践的发展做出了贡献。

1.空想社会主义

空想社会主义最早产生于文艺复兴时期托马斯·莫尔(St. Thomas More)的《乌托邦》和托马斯·康帕内拉(Tommas Campanella)的《太阳城》中的社会福利思想,并在反对资本主义社会问题以及启蒙运动过程中形成和发展,旨在建立一种真正的理性和永恒正义王国。18世纪,法国社会思想家让·梅叶(Jean Meslier)针对法国农村贫困以及农民生活的苦难,写作了《遗书》一书用以揭露、批判现实社会的不平等和私有制,提出了关于未来社会的理想,即人人从事正当有益的劳动,在平等的基础上共同占有和享用一切财富和土地资源。梅叶反对宗教神学、封建专制以及社会的剥削和压迫,号召消灭私有制,建立公有制社会,形成了空想社会主义的福利思想。随后,法国思想家摩莱里(Morelly)在《自然法典》中论述了他的理性制度即福利思想,主张依靠理性和法来改造社会,认为符合自然和理性的社会状态是人类历史上一个完全现实的阶段,是人类历史的起点。法国贵族思想家马布利(Mably)的平等主义社会福利思想也是这一时期空想社会主义的主要内容。马布利同情劳动人民,认为建立在私有制基础上的社会是不符合理性和自然秩序的,提出将现存私有制社会改造成"人人平等,人人是兄弟"的理想社会,并致力于拟定向未来共产主义理想社会过渡的立法改革方案。这些构成了18世纪空想社会主义的主要内容和观点,为空想社会主义的继续发展奠定了基础。

19世纪初期,空想社会主义得到进一步发展,成为当时社会思潮的强力剂。罗伯特·欧文(Robert Owen)、克劳德·昂利·圣西门(Claude Henri de Rouvroy)、夏尔·傅立叶(Charles Fourier)等空想社会主义者在其著作中系统阐述了空想社会主义的福利思想。一方面,他们对资本主义社会进行了深刻批判;另一方面,在批判社会现状时,也提出了相应的理想社会图景。在空想社会主义者构想的"世界"里,各种自然需要都能得到满足,社会组织以协作为基础,社会的强制与竞争被自由平等的个人联合所取代,社会成员参加的社会组织建立在个人自愿基础上而没有任何强制,平等扩大到个人的社会地位方面,个体之间基于合作而形成社会的新秩序。1820年,英国空想社会主义思想家和实践家欧文在《致拉纳克郡报告》中第一次明确系统地概述了其空想社会主义思想,提出了建立财产公有、权利平等以及共同劳动的公社制度,标志着欧文空想社会主义学说体系的基本形成。欧文对资本主义的批判触及资本主义制度的经济基础——私有制上,他认为"私有制制造竞争和敌视,嫉妒和不和,奢侈和贫困,专横和奴役;私有制使人成为拜金狂,私有制使人变成魔鬼,使全世界变成地狱,他在理论上既不合正义,在实践上又同样不合乎理性"①。欧文不仅是一位思想家,也是一位空想社会主义的实践者。他不仅设计了社会主义的蓝图,也亲自进行了社会主义的实践。1824—1828年,欧文及其信徒在美国创办了"新和谐公社",用以试验他的改革计划。欧文的

①《欧文选集》下卷,柯象峰、何光来等译,商务印书馆,1965,第14页。

空想社会主义社会建设思想不仅是对前人的继承和发展，也是其在经营工厂的实践中逐渐形成的。与此同时，法国空想主义者傅立叶也对资本主义进行了深刻而全面的批判。他认为，资本主义是一种“每个人对全体和全体对每个人的战争”的制度，资本主义的文明就是奴隶制的复活，资本主义制度下的危机是不可避免的。但傅里叶并不主张废除私有制，而是希望通过宣传和教育来建立一种以“法郎吉”为其基层组织的社会主义社会。与之相比，法国思想家圣西门则更为激烈地抨击了资本主义社会，指出它是“一个黑白颠倒的世界”，并提出设计一种新的社会制度来取代资本主义制度。

空想社会主义的理论思潮打破了一切美化资本主义制度的思想言论，使下层受剥削受压迫的工人阶级重新认识了资本主义制度，并在公平、自由、平等思想推动下追寻自己的幸福。空想社会主义理论也掀起了工人阶级新一轮的罢工高潮，导致资产阶级与无产阶级的阶级矛盾更加激化，迫使资产阶级出台了保障工人阶级部分权利和增加薪水的措施，客观上促进了贫民生活的改善。

2.功利主义

边沁是英国功利主义哲学家、经济学家和社会改革者，也是英国法律改革运动的先驱和领袖、功利主义哲学的创始人。19 世纪初期，面对以亚当·斯密为代表的自由主义观点，边沁提出了“最大多数人的最大幸福”原则，认为“正确与错误的衡量标准是最大多数人的最大幸福”[①]。这就是所谓的功利原理，指代“按照看来势必增大或减少利益有关幸福的倾向，以赞成或非难任何一项行动”[②]。功利原理具有两方面的内涵：一是个

---

①边沁:《道德与立法原理导论》，商务印书馆，2000，第 92 页。

②同上。

人的幸福或快乐；二是最大的幸福就是最大多数人的幸福。边沁还将功利原理应用到社会生活，其提出的贫民救济方案对新《济贫法》的制定产生了重要影响。边沁认为，任何社会组织、法律都必须按其对社会是否有用，是否合乎“最大多数人的最大幸福”来进行衡量。贫困不仅是对个人安全的威胁，也是对社会的威胁。“当安全和平等冲突时，不应有丝毫犹豫，平等应当让步，建立完美的平等是一种狂想，我们所能做的是消除不平等。”[①]边沁的救济方案将接受救济视为穷人天然的权利，“如果有食物存在，任何人都不应当饿死，只有法律条文才能对此保证”[②]。政府有必要通过立法来干预贫困问题，因此，他反对废除《济贫法》，认为如果穷人得不到救济，就会去行窃。“济贫税必须废除，但是决不能以真正的贫穷为代价。”[③]对于穷人与独立劳动者之间的差别和界限，边沁提出了“劣等处置”的基本原则，包括“工业强迫”或者工作检验以及邻居恐惧的具体原则，认为独立的劳动所承担的救济负担不能大于绝对需求，无论产生社会贫困的原因是什么，都不能使应该得到救济的人的境遇超过那些依靠劳动为生的人。“假如没有财产而靠别人劳动为生的人境况比靠自己劳动为生的人还好……则为数不多的财产将继续从依靠劳动为生的阶级转到依靠他人劳动为生的阶级中去。”[④]此外，为防治贫困，边沁主张建立国家慈善公司作为管理机构，募集资金、购买土地、收容贫民、建立大型济贫院。他认为，只有大规模的制度才能有效适用济贫原则，即济贫单位越大，在建设、管理、雇佣劳动者、供应方面就越经济。19 世纪初期，边沁大力宣传、推行了他的济贫计划，虽然 1811 年英国议会表决否定了其济贫计划，但其功利原则成为现代西方社会政治改革的实践目标和行动范式，“最大多数人的最大幸福”的观念也给传统价值观带来了巨大冲击，推动了民众观念的巨大变革，为 19 世纪英国社会改革提供了重要理论基础。约翰·密尔是边沁功利主义的信徒。他在边沁功利主

①J.R.波因特：《社会和贫困——英国济贫思想 1795—1834 年》，1969，第 118 页。
②同上书，第 122 页。
③同上书，第 126 页。
④雷蒙德·高尔德：《政治经济学家和英国济贫法》，俄亥俄大学出版社，1977，第 93—95 页。

义基础上进行了理论拓展，认为以人类的社会感情（与同胞和睦相处的愿望）而非自利为基础来实现大多数人的最大幸福，提倡每个人都为增加社会幸福的总量做出牺牲。在《代议制政府》一书中，密尔指出，政府要照顾社会上多数和少数人的利益和意见；政府的职责在于吸收和发展人民的美德；政府应该有着最好的法律、纯洁的司法、开明的行政管理、公平和不繁重的财政制度，应该是“唯一平等的、公正的、由一切人治理的一切人的政府”①。密尔不仅要求政府兼顾精英上层的利益，还要求政府关注下层，解决下层民众的贫困问题，以促进政府美德。可以说，密尔的思想体现了国家干预主义理论的雏形，不仅丰富了边沁的功利主义理论，也为新自由主义的产生和发展奠定了基础。

（二）自由主义批判与国家福利主义：新自由主义、费边社会主义与集体主义

19 世纪 70 年代以后，资本主义经济发展进入了萧条期，工业部门投资锐减、失业率攀升，加剧了资本主义社会的贫困现象。同时，英国社会各界对待贫困的看法已经开始发生巨大变化，贫困已经不再是个人的道德问题。在此背景下，新自由主义、费边社会主义以及集体主义等各种关于消除贫困问题的思潮纷纷出现，形成了对贫困问题的一致认识和意见，指出和阐述了国家干预并解决贫困现象的必要性②。

1.新自由主义

新自由主义形成于 19 世纪后期，是在边沁功利主义理论基础上发展起来的一种新的理论体系。1881 年，英国思想家托

---

①约翰·密尔：《代议制政府》，汪瑄译，商务印书馆，1982，第 125—126 页。

②郭家宏：《19 世纪末期英国贫困观念的变化》，《学海》2013 年第 1 期。

马斯·希尔·格林(Thomas Hill Green)发表了名为《关于自由立法和契约自由》的演讲,对自由主义传统进行了批判。他对自由的意义进行了重新解释,提出改革放任式的自由为政府干涉式的自由奠定了新自由主义政治思想的基础。格林在反思传统自由主义时,强调个人权利不能脱离社会而存在,任何人不可能带着某种非社会的权利进入社会,“没有对社会成员的共同利益意识就没有权利”①。他指出,社会上任何人都不可无视他人而为所欲为,任何人的自由都不应该以破坏他人的自由为代价,国家与法律同样有权维护和限制自由②。对于传统古典自由主义认为国家干预会引发个人束缚,格林指出:“国家权力的增加并不意味着对个人自由的损害,相反,只有国家行使更多更大的权力,为国家中全体成员谋求更多更好的利益,促进全体社会成员所拥有的能力和力量的发挥,社会中存在的自由才能得到增长,每个成员的自由才得到增长。”格林认为,既然自由是有限的,可以与人共享的,那么社会本身应该关心每一个人的利益,使他们获得与他人同样的权利和自由。而为了社会全体成员的利益,社会本身应该对社会生活进行干预。因此,近代英国那些涉及劳动、教育和健康的立法是完全必要和合理的,因为这些正是国家的职责。

英国思想家伦纳德·霍布豪斯(Leonard Hobhouse)、约翰·霍布森(John Hobson)等人进一步完善了新自由主义。面对 19 世纪以来英国社会发展迅速,但工资增长与财富总增长不相称的问题,霍布豪斯将问题归结于制度出了问题。他说:“在一个像联合王国那样的富裕的国家里,每个公民都应该有充分的办法以对社会有用劳动来获得经验证明过一种健康文明生活所必不可少的物质支持。如果在工业制度的实际运行中,办法供应不足,他就可以不是以慈善而是以权利的名义要求用国家资财来弥补。”③作为一个公民,他应该享有社会遗产的一份,当其遭受因经济失调、伤残或老年造成的灾难、疾病、失业时,这份遗产应给予支持,同时其子女

①T. H. Green. Lectures on the Principles of Political Obligation. Ontario: Batoche Books,1999,p9.

②EccleshallRobert. British Liberalism: Liberal Thought from the 1640s to 1980s.London: Longman,1986,p181.

③伦纳德·霍布豪斯:《自由主义》,朱曾汶译,商务印书馆,1996,第 49 页。

也享有国家供给的教育作为社会遗产的另一种形式[①]。对于贫困问题，霍布森指出，贫困的基本原因有两个，一是人力资源的浪费，一个是机会的不公平分配[②]，而贫困的主要原因是"机会不平等"，因为这种"机会不平等一方面意味着生产力的浪费，另一方面也意味着分配不合理或消费能力浪费"[③]。对于如何解决贫困问题，霍布森提出了"人民宪章"的六项主张，核心是土地公有，铁路、公路、银行等国有，指出国家有权对任何垄断以及不平等征税[④]。

到了19世纪90年代，新自由主义思想正式形成。它摒弃了旧自由主义的一贯做法，重新解释了自由的概念，强调了自由的有限性，提倡自由的共享性是其基本内容。新自由主义强调国家对社会生活的干预，呼吁重视和建立有效的保障制度。在探索社会问题根源的同时重新认识了国家的职能，积极主张国家对社会经济生活的干预，并通过国家的力量来解决贫困问题。

2.费边社会主义和集体主义

费边社会主义是19世纪后期在英国出现的又一社会思潮。费边社会主义的主要内容是关于社会发展与社会福利的主张，试图用温和、渐进的改良政策实现其所向往的"社会主义"。在理论基础上，费边社会主义者借用了社会学家赫伯特·斯宾塞(Herbert Spencer)的社会有机体理论，认为社会和国家都是

①[英]伦纳德·霍布豪斯：《自由主义》，朱曾汶译，商务印书馆，1996，第49页。

②Eccleshall Robert. British Liberalism: Liberal Thought from the 1640s to 1980s.London: Longman,1986,p181.

③Eccleshall Robert. British Liberalism: Liberal Thought from the 1640s to 1980s.London: Longman,1986,p207.

④Eccleshall Robert. British Liberalism: Liberal Thought from the 1640s to 1980s.London: Longman,1986,p181.

有机体，都有其生长、发展、患病和死亡的过程。而贫困就是有机体病态的表现形式，“贫困现象就会像细胞扩散一样导致酗酒、偷盗、犯罪等坏现象，先破坏家庭，再破坏社会有机体的其他健康部分”①。因此，为保证社会有机体的健康，帮助穷人消除贫困是全社会的责任。在贫困原因的认识及反贫困策略上，费边社会主义者认为，贫困不是个人的错误，而是由于资本主义政治、经济制度的不合理造成的。因此，费边社会主义主张改革资本主义以消除贫困。“消除社会各种灾难的唯一道路是发展社会主义”，国家要干预社会生活，“尽力给它的全体成员以同等的机会”，“应该保证我们社会的所有成员拥有起码的基本生活水平”②。费边社会主义者指出，必须重视居民的最低生活标准问题，否则，“国家不仅会在金钱上，而且会在国民体质的衰弱、道德败坏以及社会灾难等方面付出代价”③。随着 19 世纪后半期英国政府职能的日益扩大，费边社会主义的代表人物韦伯夫妇[悉尼·韦伯(Sidney Webb)和比阿特丽丝·波特·韦伯(Beatrice Potter Webb)]提出了“大政府”理论，强调国家济贫是大势所趋，消除贫困是国家不可逃脱的重大责任与义务。他们指出，“英国所需要的政府，不是传统意义上所认为的管得更少的政府，而是管得更多的政府”④。他们认为，能在全社会范围内进行有效动员和管理的只有国家，贫困问题的解决需要全社会共同努力、协调管理，因此济贫事业只能由国家出面进行控制、管理和协调。即只有国家出面对全社会的济贫事业进行统一协调，才能确保济贫管理的有效性和全面性。为确保国家权威，韦伯夫妇还反对局部济贫，尤其是那些私人性质的慈善济贫。认为私人慈善事业不但“害处比益处更多，效果不明显而且导致其他济贫措施难以实行”，而且“公然藐视国家调控

①Sidney and Beatrice Webb. The Break Up of The PoorLaw: The Minority Report of The Poor Law Commission. London: Biblio Bazaar,2010,p326.

②柯尔：《费边社会主义》，夏遇南译，商务印书馆，1984，第 22—25 页。

③J. R.Hay. The Development of the British Welfare State:1880—1975.London,1975, p67.

④张明贵：《费边社会主义思想》，五南图书出版股份有限公司，2003，第 383 页。

的权威”[①]，置全局利益于不顾，施行的是无序、低效的社会救济，对扫除整个社会的贫困问题用处不大，必须予以去除，由国家统一管理和协调。此外，他们还强调国家济贫的必然性，“不管政府各部门愿意与否，都将被迫去解决”[②]。可以说，费边社会主义者从理论上将国家责任与济贫管理牢牢捆绑在一起。

总的来看，费边社会主义具有三个基本的价值理念，即平等、自由和互相关怀。其中，平等有利于社会的整合，自由可以使公民实现自己的生活价值和目标，互相关怀能够弘扬利他主义，促进社会和谐。二战以后，英国将费边社会主义的价值观念作为实施“普遍福利”政策的理论基础，成为英国政府干预贫困的重要指导思想。此外，集体主义也是英国福利实践改革的重要理论依据。集体主义者认为，社会是“高于它的各个成员相加之和的东西”，在社会中，应该创立一种公共生活准则，其宗旨是“公共利益高于个人利益”。集体主义者也强调在平等条件下为全体社会成员提供一种基本生活保证的重要性，并认为实现这一目标的唯一途径是国家干预经济社会生活。在集体主义者看来，公共机构应该为人民多做有益的事情，如指导和管理经济生活，提供广泛的社会福利服务，以创建一种和谐的社会。集体主义理论因符合近代晚期英国社会发展的需要而被广泛接受，并深深影响了英国的社会改革。如韦伯所说：“每一个社会改革的倡导者都别无选择，结果是许多社会改革都是沿着集体主义的方向进行。”[③]

可以说，19 世纪末，新自由主义、费边社会主义以及集体

---

①Beatrice Webb. My Apprenticeship. Cambridge:Cambridge University Press.1980,p199-230.

②肯尼思·O.摩根：《牛津英国通史》，王觉非译，商务印书馆，1993，第 179 页。

③Grenleaf. TheRise of the Collectivism.London,1983,p21-30.

主义是在对传统自由主义批判的基础上形成的。反对绝对自由，主张政府干预，呼吁社会改革，以及制定有效的社会立法，是这些理论的共同观点。同时，这些主张和要求基本反映了社会各阶层的愿望，也成为19世纪末20世纪初英国现代社会保障制度建立发展的重要理论基础，推动了西方以福利制度进行的反贫困实践发展和理论进步。

三、福利国家与反贫困：西方现代社会保障制度的形成与发展

历史上，尽管理论界对于英国济贫制度的讨论褒贬不一，但济贫法制度无疑在减缓或消除资本主义社会贫困、维护社会稳定方面发挥了重要作用。19世纪后半期，英国济贫法制度除在现金上给以贫民救济以外，还提供了包括食物、衣物、住所等在内的实物救济，济贫范围也从贫民具体扩展到一些特殊人群，如儿童、麻风病人、精神病人、失业者及其家庭等，为其提供相应的专项救助[①]。新《济贫法》颁布实施以后，英国名义上开始实行严格的院内救济原则，但济贫院外救济不仅事实存在，而且呈现逐步扩大的趋势。据统计，1840—1890年，英国接受济贫院外救济的人口占总人口的比例始终高于接受济贫院内救济人口比例[②]。同时，民间慈善救助也得到迅速发展。据研究统计，“19世纪60年代初期，在伦敦有640个慈善机构，其中1700年前建立103个，1700—1800年间建立114个，1800—1850年间建立279个”[③]，这些民间慈善机构通常与政府济贫部门密切合作，在救助活动中做出了突出贡献。例如，从1780年到1899年，布列斯托尔市建立了40个“反贫困协会”，1841年，卡莱尔市建立了“乞丐协会”，用以救济受《济贫法》所限的穷人[④]。这些民间慈善机构弥补了国家在社会救济方面的不足，对于解决贫民的温饱、稳定社会秩序发挥了积极作用。

---

①J. Burnett. Planty and Want: a Social History of Diet in England from 1815 to the Present Day.London,1979,p33.

②K. Williams. From Pauperism to Poverty. London,1981,p158-162.

③Bernard Harris. The Origins of the British Welfare: Social Welfare in England and Wales:1800-1945.New York: Palgrave Macmillan,2004,p65.

④Martin Gorsky. Patterns of Philanthropy: Charity and Society in Nineteenth Century Bristol. Woodbridge: Royal Historical Society.1999,p138.

19世纪中期以后，济贫法制度经过不断的改革，社会救济功能得到进一步完善。包括改变混合济贫院的传统，把院内贫民划分为不同的群体，实行区别对待；改善济贫院的环境，增加济贫医院的床位，建造新的条件较好的济贫院，改善济贫院的伙食；逐渐减轻对济贫院中违反规定者的惩罚；逐步放宽临时性救济条件以及扩大临时救济人群等[①]。由此，英国社会保障开始脱离其狭隘性而走上了国家化和社会化道路，逐渐形成了以政府直接管理社会保障事业的传统，为英国现代社会保障制度的建立奠定了基础，也为随后欧美各国社会救助立法树立了典范[②]。

伴随19世纪后半期，英国第一次工业革命的完成及其向世界范围传播，西方资本主义社会制度得到进一步确立和巩固。工业大机器生产条件下，各国资本积累以及国内统一市场和资本主义世界市场的初步形成，为第二次工业革命的产生提供了稳定的政治、经济和社会环境。1870年以后，科学技术发展突飞猛进，各种新技术、新发明层出不穷，并被迅速应用于工业生产，大大促进了经济的发展，也开启了人类社会由“蒸汽时代”步入“电气时代”的第二次工业革命。从19世纪六七十年代开始，英、美、法、德等国几乎同时进行了第二次工业革命，发达资本主义国家的工业总产值普遍超过了农业总产值；工业重心由轻纺工业转为重工业，电气、化学、石油等一批新兴工业部门开始出现，原有的工业部门如冶金、造船、机器制造以及交通运输、电信等技术革新加速进行，第二次工业革命更加速了资本主义经济的迅速发展。然而，由于资本主义的本质特征，西欧各

①丁建定：《从济贫到社会保险》，中国社会科学出版社，2000，第150—151页。

②刘继同：《英国社会救助制度的历史变迁与核心争论》，《国外社会科学》2003年第3期。

国也经历了19世纪30年代的经济大危机以及第二次世界大战,各国政府开始迎合工人运动中出现的改良主义趋势,通过国家来主持收入的再分配,建立相应的社会保障制度,以满足较低收入阶层的广泛要求。

历史上,德国是西方第一个建立社会保险制度的国家。19世纪中后期,随着工业革命的发展和推进,德国产业工人剧增,社会结构发生急剧转型,民众对社会保障的需求日益迫切。1881年,德皇威廉一世发布《建立完善的社会保险的皇帝诏书》,首次提出建立"社会保险制度"的构想。按照这一构想,德国宰相俾斯麦开始具体实施建立广泛、统一和强制性的社会保险制度,通过颁布三部涉及工人和部分职员的《义务保险法》,俾斯麦政府先后于1883年、1884年和1889年创立了疾病保险、事故保险以及伤残、养老保险三项法定保险制度,成为世界上最早的旨在为劳动者提供保障的法律文件。在英国,其19世纪中期以前已经建立了相当规模的社会救助制度。伴随第二次工业革命以后英国贫困问题的加剧和社会问题的复杂化,英国新《济贫法》规定的院内救济办法越来越无力应对日益严峻的社会问题。尤其是伴随社会福利观念及贫困认知的发展和转变,废除济贫法制度,建立更加科学、人道的社会救助制度已经成为一种趋势。此时,英国政党也将建立"福利国家"作为竞选口号。第二次世界大战以后,英国政府开始对社会保障的内容和形式进行调整和扩充,并广泛介入贫困、疾病、失业等社会问题的解决,相继颁布了一系列相关社会立法。1833年,英国国会通过了教育补助金法案,决定每年从国库中拨款4万英镑用以解决贫苦阶级儿童的教育问题。随后,政府拨付的补助金额不断增大,1880年时补助金已增至80万英镑[1]。为了使儿童教育成为全社会的责任,英国政府在1870—1910年至少颁布了8项教育法,其中1906年和1907年的教育法影响最大,分别规定了地方政府可以给贫困儿童提供学校用餐以及为学生提供医疗检查,大大提高了儿童的身体素质。1908年,英国颁布《老年年金法》,规定政府有责任为年满70周岁且收入低于一定水平的老年人提供生活保障。1909年,英国皇家济贫法和救济事业调查委员会提出废除以惩戒穷人为主要目的《济贫法》,主张代之以合乎人道主义精神的"公共援助"。1911

①王天一:《外国教育史》上册,北京师范大学出版社,1993,第148页。

年和1925年,英国相继颁布了《失业保险与健康保险法》和《寡妇孤儿及老年年金法》,分别对健康保险、失业保险以及因经济危机而造成的失业人口和其所赡养的人口的生活保障进行规定。1934年,英国通过了新的《失业法》,提出将长期失业的情况从社会保险计划中分离出来单独给予救济①。由此,以社会保险为核心的新型社会保障制度开始在英国逐步建立,英国社会救助法律也开始被纳入社会保障法的整体框架。

20世纪中期,英国经济学家威廉·贝弗里奇(William Beveridge)爵士提出了一整套对英国公民均适用的福利国家指导原则——《贝弗里奇报告》,提出国家对于每个公民"从摇篮到坟墓"的一切生活与危险都应给予安全保障,建立全面广泛的福利计划。以《贝弗里奇报告》为理论依据,英国开始建立更为全面、完整的现代社会保障制度。第二次世界大战结束以后,英国相继通过了《国民保险部组织法》(1944年)、《家庭津贴法》(1945年)、《国民保险法》、《国民工伤保险法》和《国民健康服务法》(1946年),形成了以社会保险为核心的新型社会保障制度。为进一步弥补社会保险制度的不足,英国进一步完善了社会救助制度,以实现对社会保险制度未能解决社会问题受害者的全覆盖。1948年,英国颁布了《国民救助法》,对济贫制度进行了重大发展,包括确定隶属于国民保险部的国民救济局为各类社会救济事务管理机构,将无能力参加社会保险者,不具备领取社会保险津贴资格者,已经失去了继续领取社会保险津贴资格者界定为救济对象,并确定了国民救济的具体标准;对于对贫穷的个人所提供的救济支出、地方政府为贫穷人所提供的

---

①杨思斌:《英国社会救助立法的嬗变及其启示》,中国社会科学网,http://www.cssn.cn/sf/bwsf_sh/201310/t20131022_447585.shtml。

住所和其他服务、与国民救济制度相关的各种支出，均由立法机构——议会批准的拨款承担；国民救济在实施过程中需要对申请者进行家庭收入状况调查。由此，英国存在和实施了350多年的《济贫法》退出了历史舞台，《社会救助法》标志着现代社会救助制度在英国的诞生[①]。

进入20世纪以后，美国、瑞典、法国等国相继建立并完善了各国的现代社会保障制度。社会保障制度也成为西方国家反贫困的重要举措，并反映出这一历史阶段西方国家对待贫困问题以及反贫困的态度和看法。社会保障制度实践的发展与西方福利主义思想密切相关，回应和反映了一些福利主义思想家的基本主张，也推动福利主义反贫困理论的发展。

①杨思斌：《英国社会救助立法的嬗变及其启示》，中国社会科学网，http://www.cssn.cn/sf/bwsf_sh/201310/t20131022_447585.shtml。

4

第四章　发展的效应：20 世纪中期经济学领域的贫困研究

一、均衡发展理论中的贫困研究

二、结构主义发展理论下的贫困研究

三、区域发展理论中的贫困研究

贫困问题一直是经济发展领域关注的重要议题。从经济学的视角出发，贫困表现为个体生活水平落后于满足基本生活的最低水平，或一个国家或地区经济发展落后于发达国家，因而发展经济、提高收入水平成为解决贫困问题的根本思路。20世纪尤其是第二次世界大战以后，战争带来的各个国家经济政治的重新洗牌，使得发展经济、壮大国家实力成为时代的重要议题。尤其是伴随二战对世界秩序和格局的重建，建立全球性价值体系成为世界各国发展的迫切需求，贫困问题也成为这种价值体系建构中的重要媒介。这一时期，经济学家对贫困问题的研究发生了重要的范式转变，即逐渐从关注个体或群体以及阶级的贫困问题转向国家或区域之间的发展不平衡，开始在国家以及区域层面研究贫困的流动和贫困的特征，这一转变对于发展经济学研究和贫困经济学的产生具有重要的影响意义，也推动了国际贫困与反贫困理论的丰富和发展。本章主要介绍20世纪中期以后经济学领域的贫困研究，并从国家、区域发展以及均衡与非均衡发展的视角来梳理这一时期的贫困与反贫困理论。

一、均衡发展理论中的贫困研究

20世纪中期尤其是二战以后，新兴独立国家面临经济重建和摆脱贫困的重大问题。在此背景下，发展经济学开始在经济学研究中兴起。与古典经济学相比，发展经济学更具综合性和应用性，主要研究贫困落后的农业国家或发展中国家如何实现工业化、摆脱贫困、走向富裕。罗森斯坦·罗丹、罗格纳·纳克斯等一批经济学家，在发展经济学理论框架下提出和发展了均衡发展的理论，将资本不足所导致的收入水平低下视为发展中国家经济落后和贫困的根本原因，强调经济增长对于解决贫困问题的重要性。罗丹的“大推进”理论、纳克斯的“贫困恶性循环”理论、理查德·R.纳尔逊的“低水平均衡陷阱”理论、哈维·莱宾斯坦的“临界最小努力”理论等一批均衡发展理论，都对发展中国家的贫困问题进行了相应的研究和阐述。

（一）罗丹的“大推进”理论

罗森斯坦·罗丹是奥地利学派著名经济学家，英国发展经济学研究的先驱。1943年，他在《东欧和东南欧国家工业化的若干问题》一文中提出了“大推进”理论，提出通过在发展中国家或地区对国民经济的各个部门同时进行大规模投资，以促进这些部门的平均增长，从而推动整个国民经济的高速增长和全面发展。

罗丹的“大推进”理论的论据和理论基础建立在三个“不可分性”上。一是生产函数的不可分性。罗丹认为，投入产出过程的不可分性能够增加收益，并对提高资金产出比作用甚大。在基础设施的供给方面，“社会分摊资本”就具有明显的过程上的不可分性和时序上的不可逆性。诸如电力、运输、信息等基础设施建设周期长，必须先于直接生产性投资，且由于其资本形成的特点还具有相当程度的持久性，一旦形成规模和能力，要改变这种资本存量结构就比较困难。同时，这种具有公用性产业性质的资本形成还具有不能再缩小的最小规模组合的特点，这是它促进外部经济产生的前提，也是发展中国家工业化过程中最为常见的瓶颈。二是需求的不可分性。罗丹指出，没有关联产业的互补效果，则不确定性和市场销售的困难将使单个投资项目具有较大风险。众多关联产业在投资决策中实际上是相互依赖、互为条件，彼此都在为对方提供着要素投入的能力和需求市场的容量，从而共同突破市场瓶颈，形成市场需求在不可分性之中的互补性，并降低市场风险，增加了投资刺激。因此，必须使不同产业的资源配置在一定空间，同时具有一定规模。三是储蓄供给的不可分性。由于发展中国家普遍面临人均国民收入低以及居民储蓄低的困境，而即使最小的投资规模也需要大量储蓄。因此，要打破"储蓄缺口"，在投资额提高诱发的居民收入增长时，必须使边际储蓄率高于平均储蓄率，否则，储蓄的不充分将使投资规模受到限制①。

发展中国家的发展战略就是在贫困恶性循环的锁链上打开一个缺口。作为发展的起点，必须通过实施全面增长的投资计划，对几个相互补充的产业部门同时进行投资，通过扩充市场容量和完成投资诱导机制获得外部经济效应，才可以打破资本需求不足带来的恶性贫困循环。经济发展会带动多个行业和部门的共同发展，从整体上是有益处的。在理论状态，一个部门的企业的投资可能会带动整个经济增加以及其他部门的盈利。经济中众多部门的同步产业化可以为整体带来益处，弱势产业的发展也会在其中有所带动。同时，通过全面投资可以促进行业分工、协作，降低生产成本，增加利润，促进资本的积累和形成，这样可以打破资本供给不足造成的贫困恶性循环②。由此，要克服需求和供给对经济发展的限制，罗丹提出必须以最小临界投资规模对几个相互补充的产业部门同时进行投资，只有这样，才能够产生"外部经济效果"，促进发展中国家经济的全面增长。

---

①黄继忠：《区域内经济不平衡增长论》，经济管理出版社，2001，第 13 页。

②Leibenstein. Economic Backwardness and Economic Growth. New York: John Wiley, 1957.

“大推进”理论主张发展中国家在投资上以一定的速度和规模持续作用于众多产业，从而突破其发展瓶颈，推进经济全面高速增长。这一理论观点已广泛为发展经济学领域所接受，并在区域经济发展实践中得到印证，为推动发展中国家或地区的工业化以及减缓贫困问题提供了解决思路。同时，“大推进”理论也存在一定的局限性，如在行业选择方面，罗丹特别关注收入效应与收益递增的行业，而这些行业具有一定的特殊性，一旦经济对国际贸易是开放的，这种说法便失去了说服力。同时，这一理论忽视了行为人之间的自我协调和集体行动所造成的溢出效应及其一系列后果。罗丹指出，溢出会导致一项活动的收益随从事这项活动的人数的增长而增长。如果溢出足够大，高水平以及低水平的均衡都是可能的，且没有支配事务从更坏状态向更好状态发展的市场力量①。而现代理论却强调其他一些渠道，如在个体行为人技术中表现出的溢出效应，行为人通过一个调查过程聚合在一起的溢出效应，在纯粹价格中介相互作用中的溢出效应，以及信息外部性的溢出效应等，这些溢出效应可以引起一系列广泛的“陷阱”（协调失灵），包括低投入陷阱、高利率陷阱、吞并、腐败、犯罪、低信任均衡、无效的所有制结构、二元论、商业周期以及“标准”证券等。此外，在罗丹的理论中，认为可以从“上层”即政府计划工业化的过程来进行协调。但政府作为系统内生结构的一部分，同样也会存在政府失灵。

(二)纳克斯的“贫困恶性循环”理论

美国经济学家罗格纳·纳克斯于1953年出版了《不发达国家的资本形成》一书，主要探讨了发展中国家贫困的原因以及

①卡拉·霍夫、梁炜：《超越罗森斯坦·罗丹：欠发达陷阱的现代理论》，《南大商学评论》2007年第3期。

摆脱贫困的出路问题。他提出，发展中国家之所以贫困，不是因为这些国家资源不足，而是因为这些国家经济结构中存在若干相互联系、相互影响的“恶性循环系列”。正是这些“恶性循环系列”，致使发展中国家无法摆脱封闭的贫困陷阱，导致经济无法实现长足的发展，而产生贫困循环的根本原因在于资本缺乏和资本形成的不足。

纳克斯提出“贫困恶性循环”理论，旨在解释经济发展落后国家长期滞留于贫困状态的原因。他指出，发展中国家贫困的循环主要集中在供给和需求两个方面。从供给方面看，发展中国家在发展前端基础薄弱，主要表现为绝对贫困的人均实际收入低。在宏观经济学中，低收入意味着低储蓄能力，低储蓄能力影响资本的形成，资本形成率较低则影响生产率的提高，从而反过来影响人均实际收入，形成一个闭环的循环，周而复始。从需求方面来看，人均实际收入低意味着低购买能力，低购买力则造成投资引诱不足，进而影响生产率。需求拉动投资，投资影响生产，但贫困则带来需求不足而最终无法带动生产率的提高，人们继续陷入低收入的贫困之中。这两个循环互相影响，使经济情况无法好转，经济增长难以实现。他认为，资本的匮乏造成了低水平的供给，又造成了低水平的需求。因而，资本在消除经济停滞、促进经济增长中具有特殊地位。同时，第一个循环侧重于资本存量、收入和储蓄三个主要环节之间的关系，第二个循环则侧重于市场容量、收入和投资三个主要环节之间的关系。把这两个循环联系起来，可以发现，即使有了投资引诱，也缺少储蓄可以用来投资；即使有了储蓄，也缺少投资引诱足以消化储蓄，因而这两个循环是很难打破的，更难由向下的循环转变为向上的循环。可以说，发展中国家的长期贫困、长期经济停滞是难免的，发展中国家原有的落后便是其经济长期滞留于落后状态的原因所在①。

对于如何打破发展中国家的贫困恶性循环，纳克斯认为，关键是要突破资本形成不足这一约束条件，而影响资本形成的主要因素是决定投资预期的市场有效需求不足。因此只要平衡地增加生产，在广大范围的各种工业同时投资，就会出

①陈建勋：《从纳克斯的“贫困恶性循环论”所想到的》，《上海经济研究》1988 年第 2 期。

现市场的全面扩大，从而提高需求弹性，创造出良好的投资氛围，打破恶性循环的僵局。同时，通过供给（投资）创造需求，以及供给函数的不可分性和市场的不可分性，是平衡增长战略在理论上的支柱；另外，加强对社会分摊资本的节约以及社会各部门间劳动分工的发展、垂直和水平联系，都是走向良性循环的条件。这一发展模式也被称作需求方面的平衡增长模式[①]。

纳克斯关于贫困恶性循环的理论实际上是将贫困定义为结果和起因的一种循环，它成为持续贫困的原因，又是持续贫困的后续结果。在这一理论基础上，打破贫困恶性循环必须从资本入手，从资本的供给和需求中加大政策力度，增加储蓄、扩大投资，以此来促进资本的形成和增强经济发展的活力。事实上，经过长期的理论推论和实践印证，纳克斯资本短缺论的适用范围是十分有限的。一方面，它忽略了资本供需的动态性。从资本运动规律看，资本供需态势是动态变化的，资本短缺与资本过剩往往是互补的。另一方面，储蓄增长和贫困之间并没有明显的相关。经济增长的起动力量来自储蓄比率，而非储蓄水平，即使从储蓄水平看，贫困国家中贫困阶层人数众多且缺乏储蓄能力，但实际上一些穷国的储蓄率却很高。此外，这一理论也忽视了政策在资本市场的重要作用。即资本对摆脱贫困意义重大，但若不从体制和政策上做调整，资本使用率低也不能摆脱贫困。

（三）纳尔逊的“低水平均衡陷阱”理论

美国经济学家纳尔逊是后凯恩斯经济学派的代表人物，强调经济增长对于解决贫困问题的重要性。在欠发达经济研究中，1956 年，纳尔逊提出了“低水平均衡陷阱”理论，指出不发达经济的痼疾表现为人均实际收入处于糊口或接近于维持生

①黄继忠：《区域内经济不平衡增长论》，经济管理出版社，2001，第 12 页。

命的低水平均衡状态，而低水平的居民收入限制了居民储蓄和投资率，如果以增大国民收入来提高储蓄和投资，又通常导致人口的增长，从而将人均收入拉回到低水平稳定均衡状态之中。纳尔逊认为，这是不发达经济难以逾越的一个陷阱。他提出了一个经济模型，用以解释为什么许多欠发达经济的人均收入稳定在一个仅能维持生存的均衡水平上。通过模型分析表明，人口增长率超过人均收入的增长率、人均收入的边际投资倾向低、缺乏未开垦的可耕地以及低效率的生产方法是经济陷入低水平均衡陷阱的主要原因。换言之，如果人口增长率控制得当，投资倾向高，并且有充足的未开垦耕地，再加上高效率的生产方法，经济就不会陷入低水平均衡陷阱。而如果社会政治环境有利，即便生产技术没有改进，甚至也没有外来投资，也可以避免出现低水平均衡陷阱①。

此外，纳尔逊从人口增长率对于人均国民收入水平的关系出发，认为人们生活贫困，必然造成死亡率高，从而抑制人口的增长；一旦人均收入的增长快于人口增长率，人们的生活将得到改善，死亡率则会降低而出生率提高，人口自然增长率必然提高，造成人口加速发展。在低收入国家，由于生活贫困，医疗卫生条件差，新生婴儿的死亡率较高，人口死亡率必然较高，从而抑制了人口增长。而伴随经济的发展，收入水平提高，生活条件改善，人口死亡率会大大降低，人口存量增加、人口增长加快，快速上升的人口增长又会将人均收入拉回到原来的低水平状态，而低收入水平又不能保证好的生活水平，使人口死亡率升高，人均收入水平增长缓慢。长此以往，由于人口增长率和人均收入水平的相互作用，将导致整个社会长期处于低水平的均衡陷阱之中。纳尔逊强调，在没有外力的推动下，“低水平均衡陷阱”将是一种无法打破的均衡现象，依靠贫困地区自身的发展是不能得到解决的。人口的快速增长是阻碍人均收入迅速提高的陷阱，必须进行大规模的资本投资，使投资和产出的增长超过人口增长，才能冲出“陷阱”，实现人均收入的大幅度提高和经济增长②。因此，在可动员经济资源（包括资本）不变和没有来自

①Nelson R.R.，李德娟：《欠发达经济中的低水平均衡陷阱理论》，《中国劳动经济学》2006 年第 3 期。

②Nelson, Richard R. Nelson. A Theory of the Low-Level Equilibrium Trap in Underdeveloped Economies. The American Economic Review, Retrieved 18 May 2012.

外部的刺激(即外力助推)的情况下,要走出陷阱,就必须使人均收入增长率超过人口增长率,包括从制度上创造有利于经济发展的"政治氛围"和社会环境;推行计划生育、缩小家庭规模,改变社会结构,鼓励节俭消费,倡导居民储蓄,培养企业家精神;改变收入分配格局,避免公平伦理观念影响效率原则,促使财富向投资者集中;依靠国家综合投资以及国民经济发展计划和规划的确定,加大突破陷阱的力量以及吸引外资以增大投资和收入、通过技术进步来提高现有资源的使用效率等[①]。

(四)莱宾斯坦的"临界最小努力"理论

"临界最小努力"理论(the theory of critical minimum effect)是美国经济学家莱宾斯坦于1957年提出来的。从理论溯源来看,这一理论的出发点是"贫困陷阱",即"贫困恶性循环"和"低水平均衡陷阱"。其中,"贫困恶性循环"是1917年美国经济学家杰米逊·哈里(Jemison Harry)在《贫困及其恶性循环》一书中提出的概念。他认为,贫困会孕育贫困,即现时的贫困会导致健康恶化、失业、不良居住环境等悲惨状况的发生,这些不利的状况则会不断累积循环,进一步恶化穷人的未来处境,形成贫困的恶性循环。"低水平均衡陷阱"则由纳尔逊提出,用以描述人均国民收入增长缓慢情况下人口增长与国民收入的持久均衡状态。在此基础上,莱宾斯坦假定人口增长率是人均收入水平的一个函数,当人均收入处于维持生命的低水平均衡状态时,人口的出生率和死亡率都很高,此时可以假定人口增长率为零。一旦人均收入超过低水平的均衡状态,在出生率不变或没有下降的情况下,死亡率首先下降,人口增长率提高。此时,增

---

①黄继忠:《区域内经济不平衡增长论》,经济管理出版社,2001,第11页。

长的收入倾向于提高人口增长率。但当人均收入继续提高，超过一定点以后，出生率和人口增长率就下降，经济发展也就获得新的动力。由此可见，如果人均收入的增长不能达到临界点，也就是达不到使人口增长率下降的水平，那么增加人均收入的努力会反过来降低人均收入水平，使经济发展过程又回复到最初的低水平均衡状态。在此基础上，莱宾斯坦提出了经济发展的“临界最小努力”理论。所谓“临界点”，是指人均收入始终保持在仅能维持生存的均衡点。从长期来看，发展中国家推动人均收入上升的刺激力量一般小于人均收入上升时形成的阻力（主要指人口增长率的上升），引起一个反复轮回的所谓“恶性循环”。“临界最小努力”，就是保持在临界点规模上的刺激力量，这种刺激力量来源于创办企业、增加知识存量、提高居民生产技巧、提高储蓄和投资在国民收入中的比例等活动。因此，发展中国家要摆脱“恶性循环”，从落后状态向比较发达的状态转换，经济所受的刺激必须大于“临界最小努力”，即必须有更多的企业家从事超越“临界点”的经济活动，同时投入更多的资源，才能促使经济高速增长①。只有通过足够高的投资率，使国民收入的增长超过人口增长，从而使人均收入水平得到明显提高，这个投资率即为“临界最小努力”，没有这个最小努力发展中国家就难以摆脱贫困落后的困境。

“临界最小努力”理论解释了发展中国家特别是亚非拉的低收入国家中，人口增长对人均国民收入的影响效果。它阐释了贫困发展中国家人口死亡率、出生率以及人均收入水平之间的逻辑关系，将人口增长和经济增长的关系理论推向了一个高峰。同时，这一理论强调了资本形成对于促进经济发展的重要性，对于发展中国家的经济状况改善以及摆脱贫困具有十分重要的启发性意义。在政策意义上，它提出“临界的最小努力”需要通过大规模的投资，使人均收入增长速度快于人口的增长速度，因而反贫困资源的提供者只能来自贫困地区之外，如政府、NGO（非政府）组织，通过这些部门对贫困地区的大规模投资，才能保证投资率水平高于“临界最小努力值”，最终实现脱贫目标。同时，也有研究对于这一理论进行了批判和质疑，认为其夸大了资本形成对于促进经济增长的重要性，忽视了人均收

①黄继忠：《区域内经济不平衡增长论》，经济管理出版社，2001，第 10 页。

入提高时,资本存量质量、劳动力素质以及工作技能都可能得到改进,因而突破恶性循环,谋求经济增长,并不一定需要一个"临界最小努力"。

二、结构主义发展理论下的贫困研究

结构主义发展理论也是发展经济学的重要分支,它突破了新古典主义的主流观点,侧重于从结构变革的角度分析和研究发展中国家的经济不发达以及向发达状况转化的问题。在分析发展中国家的贫困问题时,结构主义发展理论倾向于把经济分解为几个构成部分,通过结构剖析来认识和研究经济发展中的贫困原因,关注发展中国家社会经济结构和发展过程的非均衡状态,强调其结构改造的重要性,主要从结构调整中指导和建构发展中国家的发展战略、脱贫路径和减贫措施。威廉·阿瑟·刘易斯(William Arthur Lewis)的"二元经济结构模型"、阿尔伯特·赫希曼(Albert Otto Hirschman)的"经济增长不平衡模式"、冈纳·缪尔达尔的"循环积累因果效应"以及西蒙·史密斯·库兹涅茨(Simon Smith Kuznets)对经济增长与平等的研究等是这一视角下进行贫困研究的代表性理论。

(一)刘易斯的"二元经济结构模型"理论

美国经济学家威廉·阿瑟·刘易斯是最早提出二元结构模型,并分析其对经济发展影响的经济学家。同古典经济学派一样,刘易斯也认为资本积累是经济发展的中心问题,在古典学派关于"维持生存工资"水平上"劳动力无限供给"的假定基础上,他提出了二元结构模型,将经济发展解释为伴随着扩张的资本主义部门不断从传统部门吸收边际生产率为零甚至为负数的剩余劳动的过程,旨在为那些被新古典经济学假定不适合的国家(如亚洲国家)设计一个分析框架,以便说明通过使用剩余劳动来创造资本和推动经济发展[1]。

1954年，刘易斯发表了《劳动无限供给条件下的经济发展》一文，在文中提出了两个著名的经济发展模型，即用来解释发展中国家二元经济发展机制及其运行问题的封闭经济模型以及用来解释发展中国家与发达国家之间贸易条件确定问题的开放经济模型。刘易斯认为，发展中国家一般存在着二元经济结构：一个是以土著方法进行生产、劳动生产率很低、劳动收入仅足以糊口的维持生计部门（主要指传统农业部门），另一个是以现代化方法进行生活、劳动率较高、工资率较高的资本主义部门（主要指城市工业部门）。同时，发展中国家的二元结构具有一些共同特征，包括技术与资本之间联系的差异性、农业部门在经济中所占比重大、传统农业部门收入水平低于城市、农业劳动力边际生产率较低以及工业部门收入高于传统农业等方面[2]。可以说，二元结构理论突出了农业部门与非农业部门在发展过程中的差距，这也正是发展中国家贫困和经济发展的重要症结所在。因此，二元结构一定程度上反映了部门之间发展的不平衡，也成为诊断国家整体性贫困的重要方法。

在新古典经济学的理论中，市场在国家疆域的限制下是统一的，每种生产要素只有一个价格，这个价格传递着生产要素的供求信息，追求利润最大化的企业据此做出生产决策。在这一过程中，资源会得到有效配置。然而，刘易斯指出，发展中国家的实际情况与新古典经济学所描述的情况不甚一致，即发展中国家处于从农业社会向现代经济转型的过程中，经济十分落后，市场体系尚未形成，社会经济结构具有刚性，价格机制对资源的重新配置的作用很小。当现代工业部门的利润能够顺利转化为投资时，现代工业部门将从农业部门吸收劳动力。而由于发展中国家工资水平低，现代工业部门获利丰厚，从而将进一步投资和吸收劳动力，只有在农业部门剩余劳动力全部为现代工业吸收，农业的边际劳动生产率提高，从而使农业劳动者收入相应增加之后，那种建立在略高于维持生存收入的工资水平基础上的劳动力无限供给才会消失，现代工业部门的工资水平才会上升[3]。他进一步

①张焕蕊、吕庆丰：《简评刘易斯二元经济模型》，《当代经济》2008年第2期。
②同上。
③同上。

指出，发展中国家在农业部门中存在着大量的“过剩劳动力”，其表现是这部分劳动力的边际生产率为零或负数，这部分劳动力形式上在劳动，实际上处于“伪装失业”的状态。而在工业部门，劳动者已实现了充分就业，其工资率水平高于农村劳动力收入，从而农村过剩劳动力有流向城市工业部门的自然趋向。一方面，只要农业部门存在着“伪装失业”，农业部门和工业部门的劳动力收入保持差距，农业部门的过剩劳动力就会对工业部门形成源源不断的无限供给。工业生产的扩大不会引起工资率的上涨，因为雇佣来自农业部门的过剩劳动力而积累起来的利润可以转化为投资，从而使工业生产进一步发展，再吸收更多的农业部门的过剩劳动力。另一方面，农业部门由于过剩劳动力的逐渐消失，劳动生产率和劳动者收入将逐渐提高，这一过程一直维持到农村过剩劳动力被吸收殆尽，工农业两部门工资水平相等为止。其结果将是工业化逐步实现，农业生产率不断提高，国民经济得到发展[①]。

鉴于此，刘易斯提出了发展中国家应当采取的经济发展战略，即应摆脱对经济发达国家的经济依赖，注意开发国内市场和发展民族工业；加强发展中国家之间的经济合作，重视开发发展中国家之间的贸易市场；提高农业部门的劳动生产率，改善封闭经济中的贸易条件以及开放经济中的国际贸易条件；采取必要的保护贸易制度和正确的对外经济政策[②]。

（二）赫希曼的“经济增长不平衡模式”理论

20世纪50年代以后，发展经济学理论特别是均衡增长理论在发展中国家实践中遇到了一定的困难和阻力，也使之受到

①张焕蕊、吕庆丰：《简评刘易斯二元经济模型》，《当代经济》2008年第2期。

②威廉·阿瑟·刘易斯：《二元经济论》，北京经济学院出版社，1989。

学界的批判和质疑。在此背景下，针对结构主义贫困研究的缺陷，1958 年，德国经济学家阿尔伯特·赫希曼出版了《经济发展战略》一书，从主要稀缺资源应得到充分利用的认识出发，系统论述了不平衡增长的理论和战略。赫希曼认为，均衡增长理论是“把一个全新的自成体系的现代工业经济，叠置在停滞的同样自成体系的传统经济部门之上，而不懂经济发展是一种类型向其他更先进类型的转化的渐进的过程”。因此，他提出和倡导非均衡增长的战略，将其看作经济发展的最佳方式。

在《经济发展战略》一书中，赫希曼提出了“联系效应”的概念来论证不平衡增长理论的合理性。他认为，发展中国家产业间（尤其是农业及相关部门）联系效应很弱，相比而言，进口替代工业联系的需求效应较强，因此，应优先发展这类部门。这种联系也被称为“后关联论”，即优先发展消费者最直接需要的部门，再发展间接需要的部门。他认为，国民经济各部门之间的资本——产出比率或者利润率是有差异的，一些是创新能力强、有较大发展前途、利润率相对较高的主导部门，另一些是比较落后、逐渐衰落、利润率较低的辅助部门。发展战略的路径好比一条不均衡的链条，从主导部门到其他部门，从一个产业到另一个产业。经济发展通常采用这种不均衡的“跷跷板”式的推进方式，而不是平衡推进的方式。同时，赫希曼也承认市场狭小对经济发展的制约。但他认为，多个产业部门之间的联系效应可以克服市场狭小的束缚，促进各个产业部门的发展。同时，赫希曼指出，新的投资工程启动时总要利用以前的工程创造外部经济，同时它自己也创造能被以后的工程利用的新的外部经济。投资工程可以划分为两大类，包括对外部经济利用多、创造少，能具有收敛级数性质的投资以及对外部经济利用少、创造多，能具有发散级数特性的投资。因此，不发达国家取得经济增长的最有效途径是采取精心设计不平衡的发展战略。根据他的观点，投资应放在“后关联效应”较大的制造业，发展政策要鼓励、促进利用少创造多的发散性投资，从而可以促进经济快速发展，摆脱贫困状态。

在具体的投资策略上，赫希曼进一步提出，社会基础设施投资与直接生产部门投资具有不同的作用，前者为后者创造了外部经济，前者具有发散的性质，后者具有收敛的性质。社会基础设施的投资使直接生产部门的投资变得节省，从而减少了这些部门的生产成本。但由于社会基础设施投资额大，建设周期长，一般的私人资本不愿投资。因此，政府往往把对基础设施等社会公共投资视为己任。社会公共投资是鼓励私人投资所必需的，是私人直接投资的前提条件。因此，社会公共投资应该优先于直接生产部门不平衡地增长。同时，社会公共投资和直接生产部门投资的顺序也取决于一国的具体条件，政治压力通常使政府投资从直接生产部门向社会公共部门转移，而对利润的追求又使投资流向直接生产部门。这种政府投资的双重目标往往使政府投资经常摆动在屈服于政治压力和追求利润之间。事实上，往往存在两种发展途径：一是社会基础设施过剩条件下的发展，二是社会基础设施短缺条件下的发展，前一条发展途径更连贯、更平衡，赫希曼把它称为“自我推进”的发展途径并加以提倡[①]。

总的来看，赫希曼主要从经济发展的渗透效应和极化效应来分析经济发展中贫困和反贫困问题。他提出“引致投资最大化”原理、“联系效应”理论以及优先发展“进口替代工业”的原则，主张发展中国家应有选择地在某些部门进行投资，通过其外部经济使其他部门逐步得到发展。这些与均衡增长理论的观点形成了鲜明的对比，对于发展中国家的经济发展策略模式进行了有益的探索和尝试。

（三）缪尔达尔的“循环积累因果关系”理论

瑞典经济学家冈纳·缪尔达尔早期是西方发展经济学派的代表人物。其在从事经济学研究工作中取得了大量成果，尤其对于发展中国家的贫困问题进行了深入的研究。特别是在1968年出版的《亚洲的戏剧：一些国家贫困的研究》一书中，缪尔达尔首次将“反贫困”作为研究术语而提出，奠定了发展经济

①黄继忠：《区域内经济不平衡增长论》，经济管理出版社，2001，第17页。

学反贫困理论的基本研究方法。

1957年，缪尔达尔以瑞典经济学家古斯塔夫·卡塞尔（Gustav Cassel）的经济周期理论以及克努特·维克塞尔（Knut Wicksell）的累积过程理论为基础，提出了著名的“累积性因果循环关系”理论。该理论把社会经济过程看成是一种动态发展过程，且这种动态演变是由技术进步以及社会、经济、政治和文化等因素的演变造成的。缪尔达尔认为，在一个动态的社会经济发展过程中，各种因素互相联系、互相影响、互为因果，即一个因素发生变化（一级变化）会引起另一个因素发生相应的变化（二级变化），而这一变化又会进一步强化起始因素，导致经济发展过程沿原先的方向发展。同时，这种发展不是均衡的、守恒的，而是一种“累积性的循环关系”。最初某一社会经济因素的变动会引起具有强化作用的另一社会经济因素的变动，而这种变动会使社会经济过程依最初变化方向做更进一步的发展。由此可见，累积性因果关系包括最初的变动、强化的引申变动及上下累积过程三个阶段，社会经济诸因素之间的关系不是均衡或趋于均衡，而是以循环的方式运动；不是简单的循环流转，而是具有积累效果的运动，它们之间是累积性因果循环关系[①]。

“循环积累因果关系”理论提出以后，缪尔达尔将这些理论广泛运用于社会生活分析当中。以低收入群体的工人为例，当工人收入降低，会损害健康，降低工人生产能力，低的生产能力又会使工资水平降低，生活条件恶化，这就会使工人健康进一步受到损害，使工人生产能力进一步下降。反之，工人收入增加，则会引起相反的变化。在此，工人收入最初的下降或提高，会引起工人收入进一步的降低或提高。从收入第一次变化到第二次变化，是一个循环，并且前后具有因果关系，因而是一个因果循环，并且具有累积效果的因果循环。在对美国黑人问题的研究中，缪尔达尔提出这种累积过程并不是自动均衡的，在社会关系方面也具有一定的解释力。他指出，白人对黑人的偏见和歧视，以及黑人物质文化生活低下，是引起黑人不能和白人享受同样待遇的两个主要因素。同时，这两个因素又互为因果，白人的歧视使黑人生活低下，而黑人的贫困、文化修养差，又增加了白人对黑

①冈纳·缪尔达尔：《经济理论和不发达地区》，达克沃斯出版社，1957，第23—24页。

人的歧视。二者相互作用，相互加强，且不会处于一个稳定的均衡状态。其中任何一个因素的变动必然会引起另一个因素的变动，这另一个因素的变动反过来又会引起最初变动因素加强的变动，而不是使另一种变动来抵消这种最初的变动。在对南亚一些国家贫困问题的研究中，缪尔达尔指出："教育的垄断以及土地所有的垄断是不平等最根本的基础。南亚国家教育的目的不是要改变人民的基本态度和帮助他们为发展做准备，而是培养驯服的牧师和次要的官员。南亚人民不仅得不到充分的教育，而且在很大程度上受到错误的教育。"正是这种错误的教育阻碍了南亚国家的发展，从而使之陷入贫困的深渊。由此可见，事物的常态是动态变化的累积趋势，而不是像传统学说所说的那样，经济的变动总能由均衡到不均衡再恢复到均衡的变化过程。由此，缪尔达尔认为，循环累积因果原理适用于对整个社会关系的研究。而对于如何使穷国摆脱落后贫困的局面，缪尔达尔运用"循环积累因果"原理对发展中国家和地区的社会经济发展提出了一些建设性意见，包括制定和实施一种能使社会经济向上发展的计划，抑制消费，加强投资，尤其是交通、电力、教育及卫生等事业的公共投资；实行严格的经济管理，如保护关税、补贴出口、管制外汇、土地改革等；同时要争取经济发达国家的帮助，如设法使本国产品能出口到发达国家，稳定初级产品的国际市场价格，促进外国资本流向本国等。

与其他结构主义经济学家的视角不同，缪尔达尔试图从更广泛的层面上研究发展中国家的贫困问题。他运用"整体性"的分析方法，强调经济同社会其他因素的相互关系，指出经济、政治、制度、文化、习俗等都成为影响发展中国家贫困的原因，而资本形成不足和收入分配不平等是导致发展中国家贫困的最重要因素，且发展中国家的贫困并不是纯粹的经济现象。发展中国家由于收入水平低，导致人们的生活水平低，而生活水平低的一个直接后果就是营养不良、医疗卫生状况恶化、健康水平下降;另一个后果就是教育水平低下,人口质量下降,劳动力素质不高,由此劳动生产率低下又最终导致低收入,从而开始了新一轮的贫困循环。通过对不发达国家贫困人口食物保障、营养状况、受教育水平、卫生保健和不平等程度、政府的责任以及不发达国家与发达国家之间的贸易和资本流动的研究分析,缪尔达尔设计了减缓贫困的项目运作体系,以帮助贫困人口摆脱贫困。作为一个资产阶级学者,缪尔达尔不掩饰当代世界上客观存在的穷国与富国间的矛盾,反对用西方大多数学者所持的"利益调和""自动均衡""自由贸易"等理论来为发达资本主义国家的政策辩护,积极关心发展中国家和地区的社会和经济发展,为发展中国家的贫困研究做出积极贡献①。

(四)库兹涅茨的"增长、不平等与贫困"理论

美国著名经济学家西蒙·史密斯·库兹涅茨于 1955 年提出了收入分配状况随经济发展过程而变化的曲线——倒 U 曲线(Inverted U Curve)(又称"库兹涅茨曲线")②。他对经济增长中的产业结构进行分析,提出农业和工业在发展过程中需求和贡献率的差异,会导致农业和服务业的竞争力不强,从而造成从业人员处于弱势贫困地位。同时,库兹涅茨运用收入分配曲线证明了收入不平等的趋势,对于贫困问题进行了一定的解释和研究。

库兹涅茨对收入分配的研究主要是基于发达国家和发展中国家的比较。20 世纪 20 年代以后,美国、英国以及德国的数据表明,收入分配明显趋于公平。库兹涅茨认为,收入的公平性是趋同因素与发散因素博弈造成的,当趋同因素占优时(例如 20 世纪初期的美国),收入的不公平性就会降低,反之亦然。即农业产业资源的再分配和早期工业革命以及死亡率降低和出生率上升,都会对低收入群体的经济状况造成困难。在工业化、城镇化的早期,富人在生产资源上的垄断地位也会在短期内帮助他们保障自己的高收入。因此,社会收入的不公平将在经济增长的

①尹伯成:《缪尔达尔和他的循环积累因果原理》,《世界经济文汇》1987 年第 5 期。

②[美]西蒙·史密斯·库兹涅茨:《经济增长和收入不平等》,《美国经济评论》1995 年第 45 卷第 1 期。

早期加剧，在后期减小。这种趋势在老牌强国（英国、法国）和新强国（美国）经济发展过程中都有体现。库兹涅茨认为，类似的观点也可以解释在经济增长过程中，人口增长率、城镇化速度，以及内部移民的先增后减。在发展中国家中，库兹涅茨选取了印度进行论证。他指出，由于发展中国家往往税收较重，且社会福利保障体系不健全，税前年收入数据的采用将低估社会收入的不公平性。如在印度等发展中国家，虽然最贫穷的人的收入比重要略高于一些发达国家，但最富有的人的收入比重却远高于发达国家，这意味着中产阶级并没有在社会中占绝对的主导优势，社会内部财富的流动性较差，收入的不平等性更加严重。因此，他得出以下结论：一是收入难以达到农业产业的平均水平将造成物质和精神上更严重的痛苦；二是储蓄似乎只能出现在较高收入的家庭中，可能造成人均收入的缓慢增长；三是发展中国家在过去的 20 多年内的收入不公平性很有可能没有下降。

此外，库兹涅茨对经济增长中的产业结构变化进行了深入研究。在其代表作《现代经济增长理论》一书中，库兹涅茨根据 57 个国家国民收入的原始统计，归纳出产业结构对于经济发展的影响规律，即随着经济增长，农业部门的国民收入和社会就业在整个国民收入和总就业中的比重均不断下降；工业部门国民收入比重大体上升，而社会就业比重大体不变或略有上升；服务部门国民收入比重大体不变或略有上升，而社会就业比重呈上升趋势[①]。库兹涅茨认为，需求弹性和技术进步引起了国民收入和社会就业在各产业间的变动。具体来看，农业需求弹性低，技术进步慢，因而农产品需求并不随居民收入大幅增

①西蒙·史密斯·库兹涅茨：《现代经济增长理论》，商务出版社，1989。

加而同步增加，加之农业投资受“报酬递减”制约，因而农业在国民收入和社会就业中的比重持续下降；工业需求弹性高，技术进步快，使得工业生产规模和效率都能较快提升，在国民收入中的比重不断提高，但同时技术进步使工业部门资本有机构成提高，对产业内部劳动力具有排斥性，与工业规模增加的就业两相抵消，在总就业中的比重趋于稳定；服务业需求弹性高，但由于产业进入门槛低，内部竞争激烈，使得服务业商品相对于工业品在价格上处于劣势，因而在国民收入中的比重难以上升①。

总的来看，库兹涅茨对于早期西方社会传统工业化进程中的产业结构和收入分配现象进行了解释和分析，具有一定的合理性。但伴随工业化进程的推进，当代西方工业化国家出现了新的特点，即服务业的加速发展，逐渐超过工业在国民收入和社会就业中的比重，这些对于库兹涅茨理论观点的解释提出相应的挑战。但库兹涅茨对于西方发达国家经济增长过程的解释、对于人口结构对经济增长和收入分配关系的研究以及对收入分配不平等现象的观察，对于研究发达及发展中国家的收入分配及贫困问题具有重要的启示。

三、区域发展理论中的贫困研究

随着发展经济学研究的不断推进，一方面，研究者们继承了古典主义的分析范式，集中于分析国内经济与各要素之间的关系，将行业中的农业和工业部门等作为研究的切入点，从资本要素出发，开展了发展经济和反贫困服务的对策性研究；另一方面，经济学家们逐渐发现，经济增长实际上并不仅仅是在行业间存在着不平衡，更延伸到了区域和国别等领域。对国内经济发展问题的关注远远不能解释贫困为何在全世界范围内或者国内区域范围内广泛存在。因此，20 世纪 60 年代以后，有关区域发展的经济学理论开始出现，也将贫困问题的研究扩展到国家及区域间的比较层面。伊曼纽尔·沃勒斯坦的“中心—边缘”理论、拉美学派的“依附理论”以及弗朗索瓦·佩鲁的“发展极理论”都对世界范围内存在的贫困问题进行了相应的研究和阐释。

①[美]西蒙·史密斯·库兹涅茨：《现代经济增长理论》，商务出版社，1989。

(一)沃勒斯坦的“中心—边缘”理论

美国经济学家伊曼纽尔·沃勒斯坦是激进主义政治经济学派以及世界体系学派的代表人物。“中心—边缘”理论是沃勒斯坦世界体系理论的核心观点和立论基础,主要包括资本主义世界经济体的“中心—半边缘—边缘”格局以及不平等理论两大部分。

沃勒斯坦世界体系理论中的“世界体系”是指现代世界经济体,也就是资本主义世界经济体。这一体系建立在世界范围内劳动分工的基础之上。沃勒斯坦明确指出,资本主义世界经济体是一个基于不平衡发展、不平等交换和剩余价值占有的等级制体系。所谓等级制,是指“中心—边缘”格局,即世界经济体由中心地区、半边缘地区和边缘地区三部分组成。所谓不平等,是指世界经济体所固有的不平等分工和不平等交换。“中心—边缘”理论正是围绕上述基本定义展开的。沃勒斯坦论述了资本主义世界经济体系的“中心—边缘”格局,认为其结构基础是不平等的劳动分工,基本动力是无限度的资本积累。由于剩余价值占有是资本积累的主要方式,不平等交换则是实现剩余价值占有的有效途径。“中心—边缘”格局在本质上就是一种不平等关系,不平等分工和不平等交换是其具体的表现形式①。

具体来看,沃勒斯坦从不同角度阐述了中心地区、半边缘地区和边缘地区的内涵。所谓“中心地区”,是指利用边缘地区提供的原材料和廉价劳动力,生产加工制品以销售牟利,并控制世界经济体中贸易和金融市场运转的地区。中心地区享有先进的工农业以及发达的商业和金融业,其显著特征就是拥有强

①舒建中:《沃勒斯坦“中心—边缘”论述评》,《学术论坛》2002年第6期。

大的国家机器。所谓“边缘地区”，是指依靠粗放耕作和强制劳动从事经济作物和初级产品的生产，并向中心地区提供原材料、廉价劳动力和销售市场的地区。边缘地区是中心国家竞相占领和控制的对象，其关键性特征就是“缺乏强大的国家机器”。所谓“半边缘地区”，则是介于中心地区和边缘地区之间，兼具两者的某些性质和特征的地区。它是世界经济体不可缺少的结构性要素，是维系资本主义世界体系生存和发展的“政治稳定”因素。沃勒斯坦指出，联结中心—半边缘—边缘地区（即资本主义世界经济体）的纽带是一系列“不透明”的商品链。该商品链中不透明的剩余价值分配成为中心地区资本积累的源泉，并导致分配的严重两极分化。这些集中体现在中心地区的“中心化”和边缘地区的“边缘化”进程中。与经济两极分化相适应，中心地区强国与边缘地区弱国之间的政治也呈现两极分化。由此可见，“中心—边缘”格局的实质就是不平等，而不平等分工和不平等交换则是“中心—边缘”格局本质特征的具体体现。

同时，沃勒斯坦还提出了著名的不平等交换理论。在《不平等交换——对帝国主义贸易的研究》中，沃勒斯坦将马克思的劳动价值理论和生产价格理论运用到国际市场上，论证价值由穷国向富国转移的客观过程，建立了自己的国际价值和不平等交换学说。这一理论将发达国家与发展中国家之间的国际贸易视为不平等交换或不等价交换，并探讨了这种不平等交换的根源、性质、机制及其经济影响。为此，沃勒斯坦做出了这样一些基本假定：各国间的劳动是不流动的，而资本是流动的；资本的流动性引起各国间的利润率平均化；由于各国间的劳动不流动，工资是一个独立变量，在不同的国家形成不同的工资水平；进入国际交换的某些商品对某些国家是不同的，具有“不可通约的使用价值”；中心（发达国家）和外围（欠发达国家）的工资差别大于其生产力差别。随后，他将不平等交换分为广义与狭义两种模式。所谓广义的不平等交换，是指两国的资本有机构成不同，但工资率相同条件下的不平等交换。所谓狭义的不平等交换，是指两国的出口部门的资本有机构成和工资率都不相同条件下的不平等交换。他认为，狭义的不平等交换才是真正的不等价交换①。资本主义世界经济体的结构和格局使商品和服务的不平等交换

①夏申、葛惠明：《伊曼纽尔和阿明》，《外贸教学与研究、上海对外贸易学院学报》1985年第6期。

成为可能,以致榨取自边缘地区的剩余价值大部分被转移到中心地区。现存的世界经济体系是建立在发达国家以牺牲发展中国家获得自由发展的基础之上的,发达国家在世界经济格局中占据优势或主导地位,而发展中国家则处于弱势或者被动地位。发达国家凭借其优势或主导地位在世界经济交换中剥削或掠夺不发达国家的经济剩余,从而使发展中国家始终无法摆脱贫穷的命运,并成为发达国家经济发展的附庸。因此,发展中国家的贫困不是由于其特殊的社会经济结构造成的,而是发展中国家与发达国家之间长期存在不平等交换的历史产物。

沃勒斯坦指出,发展中国家的贫穷和落后一方面是中心地区扩张的结果,另一方面也是发达中心地区国家的扩张与边缘地区落后国家不合理的经济结构、发展政策共同作用的结果。这一"中心—边缘地区关系"的分析模式不仅适用于世界不同国家发展差别原因的分析,也适用于各个国家地区发展不平衡原因的分析,因而在贫困经济学领域占有重要的理论位置。

(二)拉美学派的"依附"理论

二战结束以后,广大亚非拉国家先后获得了政治上的独立,建立起拥有独立主权的民族国家。但经济上的落后以及对西方发达国家的依附现实,推动了经济学领域对于这一世界经济格局及其出现原因的讨论。由此产生了"依附"理论(the Dependency Theory),并在20世纪六七十年代成为主流的社会发展理论。该理论从经济与政治相结合的角度出发,论证了当代发展中的边缘国家与西方发达中心国家之间的发展问题,也成为研究世界范围贫困问题的重要理论视角。拉美经委会学者——阿根廷经济学家劳尔·普雷维什(Raul Prebisch)在20世纪50年代最早提出了依附和不发达理论,埃及学者萨米尔·阿明(Samir Amin)、英国学者安德烈·冈德·弗兰克(Andre

Gunder Frank)以及美国经济学家保罗·巴兰(Paul Alexander Baran)、保罗·斯威齐(Paul Marlor Sweezy)等人对于这一理论进行了发展和创新,逐渐形成了依附理论学派。

“依附”理论的核心概念是“边缘”和“中心”。这一理论认为,国家之间的不发达是世界经济整合的结果,发展最重要的障碍并不是缺乏资本和科技,而是国际分工造成的,边缘地区(或卫星地区)总是将其剩余转移到中心地区(或都会地区)。因此,中心地区的发展,总是意味着边缘地区的落后,除非边缘地区摆脱对中心地区的依附,否则永远都是不发达的。美国经济学研究者保罗·巴兰、保罗·斯威齐在《垄断资本》一书中,对于发达国家垄断资本对发展中国家经济剩余的吸收进行了分析。他们指出,一方面,发达国家垄断大企业追求最大利润的活动,形成了过多的资金和过剩的生产能力,即经济剩余呈日益增长的趋势;另一方面,垄断大企业通过发达国家政府的对外扩张政策,使所形成的过多资金和生产能力到发展中国家投资,即剩余的吸收。经济剩余的产生和吸收理论表明,发达国家榨取发展中国家生产的经济剩余,是导致发展中国家贫困的经济根源。安德烈·冈德·弗兰克则归纳了发达国家吸收发展中国家经济剩余的途径,包括对发展中国家劳动的高额剥削、由垄断市场结构所强加的不平等交换条件、跨国公司转移定价、发达国家金融制度支配的信贷条件以及发达国家从发展中国家吸纳储蓄为其增长筹集资金的行为。来自第三世界国家的萨米尔·阿明认为,外围国家(指发展中国家)的“高剩余价值率,相同的生产率和世界规模的利润率的平均化决定了价值从外围向中心(指发达国家)转移,这是除了‘看得见’的外资利润转移以外的‘看不见’的转移”[①]。他完全同意美国经济学家伊曼纽尔·沃勒斯坦关于资本主义宗主国和附属国之间的工资差异是国际不平等交换根源的新见解,并进一步用具体材料证实了这一理论的判断。他指出,1966年,第三世界出口总额的四分之三(约260亿美元)是由现代化的资本主义产业(石油、矿产、现代化种植业)提供的,这些部门的生产率不低于发达国家,这些出口商品若在发达国家以相同的技术条件

①萨米尔·阿明:《世界规模的积累》,杨明柱、杨光、李宝源译,社会科学文献出版社,2008,第23页。

生产，其价值因工资水平高而为340亿美元。因此，单从现代产业来看，不发达国家向发达国家转移的价值就高达80亿美元，其原因就在于工资的差异①。

事实上，无论是世界体系理论还是依附理论从不同侧面都反映了这样一个事实，即发展中国家或地区之所以长期陷入贫困，主要是由于市场交换的不平等和利益分配的不合理造成的，根本原因是其“边缘”地位所决定的。同时，这种“都会—卫星”或“中心—边缘”的关系不仅存在于世界的层次，也能渗透到各个国家或地区内经济、政治和社会生活的每个层面。

（三）佩鲁的“增长极”理论

20世纪50年代，西方国家以及地区之间出现的地区矛盾和地方保护主义现象，引起了人们对传统空间概念的反思。法国经济学家弗朗索瓦·佩鲁提出了“经济空间”的概念，对于传统空间概念——地区是导致地区矛盾和地方保护主义根源的说法予以了批判和修正②。在此基础上，佩鲁进一步提出了“增长极”理论，用以解释和预测区域经济的结构和布局问题。

佩鲁在研究中比较了“增长极”和“发展极”的概念和内涵。他指出，“增长极”是有能力引起另一个单元增长的单元（“增长”即空间经济指标的持续增加），“发展极”是一个能够产生辩证的经济结构和社会结构的单元，它的效应能增加整个地区的复杂性，扩张它的多重收益。二者的共同点在于它们都是与周围环境紧密相连的引致增长的单元。在较为适合、富于生机的

①萨米尔·阿明：《不平等的发展——论外围资本主义的社会形态》，商务印书馆，1990，第165—167页。

②郭熙保：《发展经济学理论与应用问题研究》，山西经济出版社，2003，第99页。

环境中，由于支配单元的作用，新企业的建立同样都产生了巨大的聚集效应和扩散效应。佩鲁指出，要区分增长极和发展极，首先必须区分增长和发展。增长意味着一个经济总体空间的经济指标的持续增加，如社会财富总量的增加、生产的增多等，所以增长极是提高一个国家或地区经济规模指标的支配单元；发展则是社会模式和思维方式变化的总和，即包括收入结构、分配、生活水准等社会综合指标的变化，它要求利用生产设备不仅实现令人满意的增长率，而且生产出服务于全社会而不是“外国”的产品。佩鲁及其追随者法国经济学家布代维尔(Boudeville)等人认为，增长并非出现在所有地方，它以不同的强度出现在一些增长点或增长极上，然后通过不同的渠道向外扩散，并对整个经济产生不同的最终影响；增长的必然性来自少数地区对其他地区的支配效应。所谓支配效应指少数经济单位通过不对称的和不可逆的或部分不可逆的效应控制着其他经济单位的现象。支配效应的主要决定因素是创新能力在经济单位间的差异。规模、交易能力和经营性质的差别决定了经济单位的创新能力。处于支配地位的地区对整个经济具有推动作用。一个支配性地区产生的外部经济的能力越大，其推动效应越强；由于创新、支配和推动的出现、强化和消失，经济增长可以视为一个由一系列不平衡机制构成的过程[①]。

佩鲁的增长极概念，经过后世研究者的修订补充，逐渐形成了更为严格的含义，即增长极是具有空间集聚特点的增长中的推动性工业的集合体。增长极的形成条件可以分为历史、技术经济、资源优势三个方面[②]。从历史条件看，由于历史发展的结果，经济、人口已形成了各种呈聚集状态的空间景观。在这些不同形式的聚集范围内，基础设施、劳动力素质、社会文化环境大多具有相当的优势条件，有利于增长极的形成。从技术经济条件看，经济发展水平较高、在技术和制度方面具有较强创新和发展能力的区域，更适合于增长极的产生和发展。从资源条件看，新增长极在具有水源、能源、原料等资源优势的区位，更有利于产生和发展。

①郭熙保：《发展经济学理论与应用问题研究》，山西经济出版社，2003，第102页。
②黄继忠：《区域内经济不平衡增长论》，经济管理出版社，2001，第28页。

根据“增长极”理论，经济发展在时间和空间上都不是均衡分布的。国家的平衡发展只能是一种理想，现实中，经济增长通常是从一个或数个“增长中心”逐渐向其他部门或地区传导。因此，国家经济发展过程中应选择特定的地理空间作为增长极，以带动经济发展。“增长极”理论不仅解释了经济发展过程中的不平衡增长模式，提出了实现经济增长的策略手段，同时，它也奠定了西方区域经济学形成发展的理论基础。

5

第五章　个体与结构:20 世纪中后期贫困的社会学解释

20世纪中后期，伴随经济学领域贫困与反贫困理论研究的发展和盛行,社会学研究开始从个人和结构的视角关注贫困和贫困的消除,进一步丰富了贫困研究的理论和内容,成为国际贫困与反贫困理论研究的重大转向。社会学对于贫困和反贫困理论的研究主要集中在贫困成因及其传递机制的解释方面,形成了个体和结构视角下的贫困与反贫困理论。其中,具有代表性的理论包括以奥斯卡·刘易斯(Oscar Lewis)为代表的贫困文化理论、海曼·罗得曼(Hyman Rodman)的贫困处境论、贫困代际理论以及社会结构理论中的贫困研究等。本章将介绍这一时期社会学研究领域出现的贫困与反贫困理论,阐述社会学研究对于贫困问题的解释和分析。

一、贫困文化理论

贫困文化理论产生于20世纪中期，最初由美国人类学家奥斯卡·刘易斯提出并加以阐释。贫困文化理论主要从社会文化的角度来研究贫困问题，认为穷人由于长期生活在贫困之中,从而形成了特定的生活方式、行为规范及价值观念,并且这种生活方式、行为规范与价值观还会代代相传,形成独特的贫困文化。刘易斯《贫困文化:墨西哥五个家庭实录》、爱德华·班费尔德(Edward Banfield)《一个落后社会的伦理基础》以及迈克尔·哈林顿(Michael Harrington)《另一个美国》等,通过对墨西哥、意大利以及美国等不同国家的贫困经验研究,进一步拓展了贫困文化的理论架构。

1959 年,刘易斯在《五个家庭:关于贫困文化的墨西哥人实例研究》一书中,首次提出了贫困文化论。他指出,由于贫困的条件,穷人在居住方面面临独特的问题,为了应对这个问题,穷人遵循着独特的生活方式。而这种独特的生活方式成为穷人的共同特征,由此产生了共同的价值观、态度和行为,形成一种共同的文化。这种贫困亚文化, 呈现出相对独立于社会的特征,并自动传递下去。处于贫困亚文化环境中的人们,如果遇到摆脱贫困的机会,他们往往难以适应新的社会环境和利用新的机遇[①]。随后,刘易斯进一步从社会层次、社区层次、家庭层次和个人层次对贫困文化进行了说明。他认为,贫困人口通常缺乏知识、眼界狭小,只关心眼前的利益和个人的事情,没有社会感。他们生活无计划,不愿为将来打算,更不愿意将幸福推迟到将来,有着强烈的及时行乐倾向,很难为将来的利益而牺牲眼前的利益。他们意识到自身地位低下并接受这一事实,不愿做积极努力,颓废失望,相信“宿命论”,具有自暴自弃的倾向。

贫困文化理论立足实证观察,提出贫困是一种自我维系的文化系统。刘易斯认为,贫困文化是贫困群体在与环境相适应的过程中产生的行为反应, 并且内化为一种习惯和传统文化。其特点是对自然的屈从感、听天由命、对主流社会价值体系的

①Oscar Lewis. Five Families: Mexican Case Studies in the Culture of Poverty.New York: Basic Books,1966,p215.

怀疑等[①]。也就是说，贫困地区人口安于现状、不思进取的生活态度，往往会被内化成群体的一种思维定式和行为准则。且在这种贫困文化的熏染下，形成了一种低水平的经济均衡，并在贫困地区一直延续。同时，社会文化给贫困的产生和传递带来巨大的影响，穷人与其他人群的自然隔离加剧了这种封闭文化系统里的内部传递和繁衍。从这一角度来看，贫困文化是从个人、家庭和社区乃至社会都分割开来的自我维系的封闭文化系统。这种文化表现为贫困人口和贫困区域的聚集，在人群内部，特殊的生活方式和行为交往方式构成了贫困的亚文化，比如吸毒、赌博、举债、典当、懒惰、自我控制力低下等。穷人不可能执掌社会的主流，他们只能对主流文化采取屈从与顺应的态度，只能按照权势阶级制定好的"游戏"规则、价值规范和行为标准行事。作为非主流文化的一部分，贫困者适应的快慢或因不能适应而出现的反叛，都可能构成所谓的贫困文化。而在社会适应的过程中，既有来自外在的规范因素构成适应空缺，也有来自贫困者自身诸如素质、追求和心理状态等因素造成的不适。

贫困文化理论自提出以来，受到贫困研究领域的广泛关注和推崇，理论的内容也得到进一步的拓展和完善。目前，学界对贫困文化的定义主要有以下三种代表性观点：一是认为"贫困文化是现代社会中的一种亚文化现象，是指社会上多数人均处于中等以上生活水平时，仍有一部分处于贫困状态的人所形成的一套使贫困本身得以维持和繁衍的特定文化体系"[②]。二是提出"所谓的贫困文化就是指贫困阶层所具有的一种独特生活方式，主要是指长期生活在贫困之中的一群人的行为方式、习惯、风俗、心理定式、生活态度和价值观等非物质形式"[③]。三是认为"贫困文化是直接根源于贫困经济的文化，也是一种直接促使经济贫困的文化；贫困经济与贫困文化总是紧紧缠绕在一起，并在一定条件下互为因果、互相转化"[④]。比较来看，前两种说法主要从非物质文化的角度来定义贫困文化，第三种

①Oscar Lewis. Five Families: Mexican Case Studies in the Culture of Poverty.New York: Basic Books,1966,p215.

②宋镇修、王雅林：《农村社会学》，黑龙江教育出版社，1993。

③吴理财：《论贫困文化》，《社会》2001年第8期。

④李瑾瑜：《贫困文化地变革与农村教育的发展》，《教育理论与实践》1997年第1期。

说法从贫困文化的产生根源及其与贫困经济生活之间的关系进行定义，三者从不同的角度反映了贫困文化某一方面的特征。文化人类学常从广义文化的角度来定义和考察社会现象，据此将贫困文化定义为：满足贫困群体生存和发展的一种有别于主流文化的亚文化，是相对贫困的小部分人群在长期贫困生活中所创造的物质产品及行为方式、习惯、风俗、心理定式、生活态度和价值观等非物质形式的总和，贫困的物质形式与非物质形式之间相互制约、紧密联系，并在一定条件下互相转化。这一定义也揭示了贫困文化具有的两个基本特点：其一，贫困文化是一种亚文化，而不是反文化，它理应拥有正功能和负功能；其二，非物质文化变迁相对于物质文化变迁更难且具有滞后性，因此贫困文化具有“代际传递性”[①]。

二、贫困代际传递理论

事实上，刘易斯贫困文化理论中已经对贫困的代际传递现象予以了解释。20世纪中期以后，贫困代际传递理论得到进一步发展，并对西方反贫困理论产生了深刻影响。社会学家马克斯·韦伯（Max Weber）、布劳（Blau）、邓肯（Duncan）等研究者都对贫困的代际传递进行了阐述和分析，他们以贫困人群为研究观测对象，采用家庭生计调查的方式，通过建构统计模型来分析贫困在不同代之间的内在关联性，探讨和论证贫困代际传递的可能性和影响因素，并为贫困地区制定反贫困政策提供政策参考和理论依据。

（一）代际流动与贫困

贫困代际传递理论体现了对贫困问题本质的认识，即贫困的世代传递实际上反映了社会代与代之间垂直流动率及流动

①方清云：《贫困文化理论对文化扶贫的启示及对策建议》，《广西民族研究》2012年第4期。

机制的问题。基于对“代”的划分以及社会分层流动，经济学和社会学都十分关注这种贫困的代际传递现象。从社会学的角度看，其更偏向于代际与分层的形成对这种传递的机制带来的影响。

代际关系与阶层研究。早在19世纪70年代，社会学家基尔坦通过定量数据，分析了代与代之间个体的身高、受教育年限等与收入的关系。他提出了代际收入的相关系数，以此来衡量代与代之间社会地位以及收入变化之间的相互影响，并延伸到代际流动和阶层变化，引起了学界广泛研究兴趣。事实上，马克思有关“自在”“自为” 两类阶级的讨论以及韦伯关于共同社会行为和阶级基础的论证都强化了社会分层以及贫困的群体性特征，也成为贫困代际传递理论的基础和溯源。社会分层理论提出，职业地位、受教育水平、财产收入、权利分配情况等因素影响了一个人所处的社会阶级或阶层，不同的阶层和阶级之间最明显的区别在于收入差异。马克思对于分层理论的贡献在于其明确指出了资本主义生产方式和生产关系下带来的阶层形成和分化。即一方面，资产阶级通过不断获取剩余价值，积累越来越庞大的社会财富；另一方面，无产阶级参与的再生产过程，不断产出被奴役和剥削的后果，最终形成贫困。此外，马克斯·韦伯提出了“生活机会”的概念，指出一个人在儿童时代获得充分营养的机会与到成年时期取得事业成功的前景等一系列经历，都由经济学上的阶级地位奠定基础。阶级地位对在个体生命过程中导致各种结果的作用是多种多样的，如获得良好教育的机会，选择某种类型配偶的可能性，获得事业成功的机会，选举民主党人或共和党人的概率等。其结果是阶级结构不断再生产着自己，一个贫穷的阶层也持续地被重新创造出来。

代际流动与贫困之间的关系。20世纪以后，越来越多的社会学家开始关注代际流动与贫困之间的关系，1967年，美国社会学家布劳与邓肯出版了《美国的职业结构》一书，提出一个人所获得的成就并不是偶然的，而是受到个人天赋角色以及后天努力、家庭背景等因素的影响。如果将父辈的职业地位和受教育水平作为先赋性因素变量（可继承的因素），而将被访者获得的受教育水平、初始执业情况和当前职业地位状况作为自获性变量（后致的因素），根据社会经济指数量化职业地位结构，结合邓肯建构的递归模型，计算出自变量和因变量的取值，可以发现，社会出身之外的因素对个人职业获得地位影响远大于出身本身带来的影响，这在之后的研究中被称为“地位获得模型”。随后，社会学家安东尼·吉登斯(Anthony Giddens)继续提出，贫困代际传递在社会主义国家和资本主义国家存在显著不同。这是因为资本主义国家的私人财产制度可以使资产阶级的权力和经济优势传递给下一代，无产阶级也会把地位劣势和贫困传递给下一代；而社会主义国家则不同，即使有些领导者拥有对集体财产的管理和控制权，但这种优势却不能直接传递给下一代，社会主义国家的地位优势只能通过后天努力和教育来实现。

代际传递与生命周期。贫困代际传递的研究表明：出生于贫困家庭的儿童比出生于非贫困家庭的儿童在长大成人后陷入贫困的比率要高得多。因此，反贫困研究的实践和问题导向促使研究者更加关注现实现象与理论之间的对话。一些特殊群体，如儿童、残疾人、老年人等在生命的不同时期，处于不同需求的贫困状况，这一现象引发了学界对代与代之间贫困相关性的研究兴趣。如果按照一个社会的基本人口构成，儿童期和成年期以及老年期的人口构成了整个社会的结构。因此，在一个家庭内，时间序列从儿童期进入老年期的漫长人生周期之中，贫困产生在何种时期概率比较大，或者说是否与前期存在相关性成为社会关注的热点问题。生命周期间的关联性和代与代之间的遗传性是整个社会发展的基本规律，每一个生命阶段对后一阶段的影响是不容置疑的。对于贫困现象，一些显性的指标，诸如收入、社会阶层、文化程度等可量化的指标则可以对这些现象进行实证研究。例如，贫困家庭中的儿童因受教育机会、学业表现、营养状况等方面受到负面影响，进入成年后将更难就业、容易失业或出现健康问题，使其在中年阶段经常处于贫困或低收入状态，而这又使他们没有足够的经济能力为其退休养老做准备，从而导致老年时期陷入生活困境，贫困成为其贯穿一生的问题。

（二）贫困代际传递的相关研究

“贫困代际传递”（Intergenerational Transmission of Poverty）的概念源于社会学阶层继承和地位获得的研究范式，主要是指贫困以及导致贫困的相关条件和因素在家庭内部和代与代之间由上一代传递到下一代，使子代在成年之后仍然重复父代的贫困境遇，这种传递聚焦于致贫的不利因素和形成的恶性传递结果。同时，西方学术界也形成了贫困代际传递的多种解释，包括与贫困主体文化行为相关的解释、与外部政策环境有关的解释以及与宏观经济结构相关的解释。

与文化行为相关的贫困代际传递。刘易斯在对墨西哥和波多黎各贫民窟居民进行研究以后，提出了文化贫困的概念并据此来解释贫困的代际传递。他认为，贫困虽然表现为一种经济现象，但同时也是一种自我维持的文化体系。通过对墨西哥贫困社区、家庭、个人等案例比较研究，刘易斯提出文化因素往往是导致贫困产生、延续的重要原因。他认为，穷人在长期的贫困生活中会形成一整套的特定文化体系，这种文化体系往往导致穷人与其他社会成员文化和生活方式的相互隔离。这种脱离主流文化的“亚文化”一旦形成，便会对贫困个体产生影响，尤其是对贫困者后代产生重大影响，形成自我维持并不断被复制，导致贫困代际传递的恶性循环。

与外部福利政策相关的贫困代际传递。美国社会学家乔治·赫伯特·米德（George Herbert Mead）提出了福利依赖的代际传递性，即长期接受社会福利救济的家庭成员会形成自身类似于“等靠要”的福利政策依赖心理。他认为，依赖福利的家庭更容易陷入贫困陷阱。一方面，由于这些福利政策的获得是零成本或零付出的，从而使获得者失去创造精神和工作积极性；另一方面，长期接受福利救济的家庭，对于子女的生活价值观塑造产生一定的影响，长久下去会将这些福利依赖思想传递到下一代。外部福利政策设置不可避免地具有救济性质，弱势群体获得这些资源是国家主体作为公共福利供给者义不容辞的责任，但外部政策对贫困人口的福利依赖现象产生却是非意料后果。

与结构相关的贫困代际传递。在这一研究领域，也有一些学者将家庭结构与贫困代际传递相联系，提出家庭中兄弟姊妹多或父母离异都有可能导致儿童成人后的贫困。在机会获得方面，贫困儿童难以获得经济、社会、文化、物质、环境和政治等资源，并使这种贫困代代相传。同时，这些研究还强调了经济结构变动引起的劳动需求结构变化，从而使贫困家庭无法适应变化的经济形势而陷入贫困的恶性循环。他们认为，贫困家庭经济资源的缺乏阻碍了儿童人力资本的发展，使其人力资本含量较低，致使下一代再次陷入就业困境，形成贫困的代际传递。即由于上一代人的能力被剥夺，导致下一代人的能力被剥夺，使贫困家庭的贫困代代相传。由此，美国社会学家帕金认为，社会分层并不是简单地意味着一种不平等，而是一套保证处于优势位置家庭通过代际传递，使子代报酬与父辈具有连续性的制度安排。

（三）贫困代际传递的介质和载体

贫困代际传递的介质和载体是代际传递机理研究的重要方面。在有关贫困代际传递的研究理论中，遗传、教育、能力、健康、社会网络等内容，都成为影响和造成贫困代际传递的重要因素。

遗传与教育因素。从遗传的角度看，学者理查德·赫伦斯坦认为，穷人的智商要低于不贫困的人，而穷人自身智商禀赋较低，由于基因和遗传方面的因素，带来子代先天的智商较低或者养育出智商较低的后代，使其仍然继续陷入贫困的循环之中。这种理论显然只适用于智商低下者和残障人士，并不能将穷人都归因于遗传的智力问题。此外，从教育因素来讲，教育是贫困人口摆脱贫困状况的重要出路，但贫困家庭往往无力支出子代的受教育经费，或者父代对于受教育的认识程度较为低下，从而导致子代的受教育程度低下并且重蹈父辈贫困之路。美国社会学家赫伯特·J.甘斯（Herbert J.Gans）也认为，贫困者之所以贫困，主要是因为他们天赋较低，或者是由于他们不愿意为接受较高教育培训而付出代价，因而只能担当一些重要程度较低的职位，低职位决定低工资，低工资决定他们始终处于贫困状态。

能力因素。能力因素是近年来西方学者关注的焦点。阿玛蒂亚·森提出了能力贫困的观点，认为应该改变过去以传统个人收入或资源的占有量为参照来衡量贫困的做法，引入关于能力的参数来测度人们的生活质量，其核心意义在于考察个人在实现自我价值功能方面的实际能力。结合贫困的代际传递来看，贫困家庭父辈及其子女能力的缺乏才是导致贫困的根源，因此，从能力因素出发，解决贫困问题的根本出路在于提高个人的能力，改善父辈及子代的能力和人力资本状况。

健康因素。健康作为人力资本的组成部分早已为经济学家所关注。早期国际持续性贫困研究中心（CPRC）在对贫困代际传递机制的研究中，已经将人口与健康因素纳入研究的内容；世界卫生组织和联合国发展署等国际组织也将健康视为人类发展的重要目的之一。20 世纪 90 年代形成的健康决定收入差距说（income in equality hypothesis），不仅把健康视为决定个人收入和家庭贫困的重要因素，而且也是造成社会收入差距产生的重要原因。贫困家庭父母对子女健康影响途径包括胎儿营养、不利因素在生命过程的积累、医疗资源的不可获得和不合理的生活方式等[①]。研究发现，与富人相比，穷人由于受到收入和信贷的约束，无力支付即使是一些长期看来具有很高健康回报率的医疗卫生投资（如注射疫苗等），因此他们的健康变得更加脆弱。同时，这些因素往往成为他们未来及其子女陷入“贫困陷阱”的重要原因。

社会关系网络因素。经济社会学家研究贫困的代际传递发现，社会关系网络作为社会资本的表现形式之一，能够给拥有者带来相应的收益和机遇。因而父辈的经济状况能通过社会关系网络影响下一代的收入。若父母为高收入群体，其社会关系网络主要集中于高收入群体，其子女在这一社会网络中成长，就或多或少地继承了这种网络关系，更易于进入高收入行业工作。相反，如父母为低收入者，其子女进入高收入群体就会面临社会关系网络障碍，导致父辈贫困的代际传递。

总之，贫困的代际传递现象不仅受到国际社会的关注，也成为贫困研究领域的重要主题和内容。围绕这一现象，理论界进行了多学科视角的阐释和分析，形

①[印度]阿玛蒂亚·森：《评估不平等和贫困的概念性挑战》，《中国社会科学文摘》2003 年第 5 期。

成了有关贫困代际传递的多种理论和观点，对于贫困存在的长期性、持续性原因进行了社会学、人类学的解释和探索，进一步丰富了国际贫困与反贫困理论研究的内容。

三、社会情境理论与贫困研究

情境社会学产生于社会学向经验研究转变发展的过程中，涉及对社会文化现象和价值的理解等问题。20 世纪中期以后，情境社会学得到进一步发展，并对社会贫困问题予以广泛关注，形成了底层阶级研究、贫困处境论等研究观点和论述。总的来看，社会情境理论的研究主要从两方面来解释贫困问题：其一，它们都在社会转型背景的情境适应过程中讨论贫困现象和贫困阶层的产生，认为贫困是社会转型的产物，穷人是情境适应过程的弱势者、失败者和被排斥者。其二，它们都对“永久性贫困文化”的观点进行了批判和反驳。

（一）底层阶级研究

从 20 世纪 60 年代起，西方学术界围绕“底层阶级”（underclass）进行了一系列讨论。这些研究大多从情境出发，解释社会适应过程中贫困群体产生的原因，并提出适应的缺失是造成贫困群体的原因。在有关底层阶级的讨论中，不少学者沿袭涂尔干的观点，将经济发展后城市底层阶级人口不断上升及其与社会主流文化的对立现象，归因为“社会反常”或“社会失范”（social anomie）。他们认为，经济迅速增长将导致社会处于严重的转型“失范”状态，底层人口的急剧增长和反常就是“失范”最直接的表现，若不加以控制，将酿成底层阶级与社会主流文化、与市民整体利益的激烈冲突，影响社会的稳定与和谐。为减轻冲突，应当进行相应的文化建构。尤其当转型本身首先表现为社会结构力量的重组时，如果没有某种共同的价值观或信仰去联系民众，贫困群体往往更可能采取威胁社会整合的过激行为。因此，社会反常论力图在迅速变迁的社会里，通过灌输一整套强调自律与勤勉的文化价值观念，去控制穷人或底层阶级，以达到社会稳定的目的[①]。类似的观点还包括罗德曼(Rodman)以及雷恩沃特(Rianwater)等人对底层阶级文化的讨论。他们提出，穷人的异常行为都是适应环境的结果。穷人内心并不满意他们自己的生活方式，他们不仅认知主流社会的一般价值，而且渴望能够通过正常的手段去达到主流文化所设定的目标。然而，在资源和生活被剥夺的环境下，他们无法达到主流价值的要求，因而只能以“扭曲价值”应对生活环境。这种因适应环境而发展的底层阶级文化具有有限的功能，能够使穷人暂时避免因无法达到主流规范要求而产生的压力，有助于贫困人口适应那种被剥夺或被排斥的生存环境[②]。

（二）贫困处境论

20 世纪 60 年代以后，贫困文化论开始受到社会学界的批判和反驳。以查理斯·A.瓦伦丁(Charles A.Valentin)、海曼·罗德曼以及 L.戴维森(L.Davison)等一批社会学家为代表的贫困处境论研究开始产生并发展。

贫困处境论者不同意贫困文化的观点，认为贫穷者之所以贫困，责任不在自身，而在于他们所处的环境。他们认为受到责备的不应当是穷人，而是穷人所处的环境。并非穷人不愿意学习，或学不会富有者或小产阶级的生活方式、行为模式与态度、价值观等，而是穷人所处的环境不允许他们表现出上述态度与行为。贫困处境论指出，通常被视为贫困文化的那种穷人的行为与态度只不过是穷人对于处境的直接反应，穷人内在的价值观是多方面的。如果环境改善，他们完全可以表达出另外的价值观念。因此，贫困处境论提出这样的结论：贫困者的内在条件与富裕者并无重大差别，关键在于他们的处境不同。穷人虽然也愿意接受中产阶级的意识，建立稳定家庭，但环境不允许他们这样做。他们不攒钱是因为没钱可攒，他们及时行乐是因为他们只有及时行乐这一点乐趣。因此，贫困处境论主张将治理贫困的重点放在改造贫困的经济条件方面。通过改善政府的行为方式，采用穷人容易接受的方式，改善穷人的经济、生活状况，以及改进教育质量，贫困

①DurkheimEmile.Suicide. New York:Free Press,1951.

② RainwaterL.& YaneeyW..The moynihan report and polities of controversy.Cambridge:MIT Press,1967.

文化是可以得到改造的。

贫困处境论在强调情境适应造成贫困的同时，还强调情境改变或适应状况改变都将有可能终止贫困。这种观点显然与刘易斯等人着重强调的永久性贫穷文化概念相悖。在贫困发生问题上，一些解释倾向于将“责任”外推，被指责的对象可能是社会以及作为文化的社会规范。而一些解释如“贫困文化”则将“责任”推给了贫困者本身，认为穷人的懒惰、价值观整合的失却、病态的文化以及由价值内化引起的贫困代际传递等是造成贫困的主要原因。贫困处境论的观点不同于“责任外推”或“推卸责任”的评判，赫伯特·甘斯的“期待与现实的堕距”、布迪厄的“文化资本”以及威尔逊的“社会孤立”等理论都从社会规范的发生、衰微，以及社会态度、穷人本身文化资源的欠缺等方面，推论出一个“责任”归因于社会及其转型、然后检讨穷人偏差的适应能力的逻辑。如此，“社会”与“穷人”应该共同分担“责任”[①]。

一些学者结合对美国贫困现象的实证研究，对于贫困处境论进行了拓展和丰富。社会学家鲍尔斯和金提斯(Bowl.S.&H.Gintis)在《资本主义美国的学校》一书中指出，美国公共教育的优点在于反映“统治精英努力平抚穷人，让他们心甘情愿接受其既有的社会地位”[②]。海曼·罗德曼也提出下层阶级共有广泛的价值观念的思想，即贫困者并非只有贫困的文化，他们也共有其他多种文化。他们之所以表现出贫困的观念，不过是他们在恶劣处境下的一种被迫选择。海曼·罗德曼写道：“穷人并没

---

①周怡：《社会情境理论：贫困现象的另一种解释》，《社会科学》2007 年第 10 期。

② Bowl.S.&H.Gintis.Schooling in capitalist America:Educational reform and the contradictions of economic life.New York:Basic Books,1976.

有放弃诸如追求高收入、高教育、高职位的价值观，而只胜将此种价值观扩展了。追求不甚高的成功，这样的期望较为现实……这样，在很多地区，与社会其他阶层相比，下层阶级的价值观体系包含更为广泛的内容。他们除了与社会其他阶级成员具有共同的一般价值观，还扩展或选择了其他的价值观，这些价值观使他们更能适应其困苦环境。”这种思路延续了马克思主义者的分析范式，在马克思主义者眼中，“所谓的美国生活方式的维多利亚规范，只不过是强加于穷人的政治制度，它时刻保证着工人阶级及其他底层人口无法威胁精英的统治地位”①。早期马克思主义者相信，受社会经济制度的影响，穷人沦为社会的下层；后期西方马克思主义者则认为，穷人不仅遭受文化规范的破灭及所谓的“社会反常”影响，而且遭受一种意识错位。因此，当文化作为统治精英用以维护其社会地位的重要源泉时，维多利亚规范乃至所有为社会所采纳的规范，并非是“帮助穷人成为公民”的良药，而是用来安抚和剥削穷人的。通过规范去驯服大量的社会底层，让他们自律、安分守法、勤勉工作，其最终的目的是限制社会底层人口向上流动的机会。换言之，社会纪律和努力工作的意识，是精英阶层利用立法来安抚和控制穷人；而学校教育就是灌输这种立法的过程，它帮助穷人安营扎寨在他们既定的社会位置上。

总的来看，贫困处境论者认为，贫困文化的解释趋向于退化到心理主义，根据心理和个人范畴解释社会现象，把贫困理解为穷人的动机、感情和技术等方面的原因，具有唯心主义的理论缺陷。社会文化与社会环境之间，不是“文化”决定“处境”，而是“处境”决定“文化”。为此，贫困处境论提出将贫困人口所处的“处境”作为产生贫困的原因和作用机制，这些对于贫困现象的解释以及反贫困的策略安排具有积极的影响和意义。

四、社会结构理论中的贫困观

结构视角的贫困理论是贫困研究的重要方面。一般而言，结构理论中的贫困观认为应当从社会制度、社会结构中探究贫困产生的原因。马克思主义贫困理论是结构主义贫困理论的奠基和起源。20 世纪中期以后，社会学研究将贫困问题作

---

① Kelso, William A.. Poverty and the underclass: Changing perceptions of the poor in America. New York: New York University press, 1994, p156－165.

为一种社会事实，置于社会结构和生产关系中进行分析和考量，形成了三种不同的贫困认识，包括功能主义、冲突主义以及中立性的贫困观。其中，功能主义的贫困观认为贫困具有一定的社会功能，贫困群体和阶层的存在具有其合理性，是一种偏向于维护贫困的理论导向；冲突主义的贫困观认为贫困问题是社会各阶层权利和利益斗争的必然产物，必须从冲突的社会结构中寻求利益联结，才能达到缓解贫困的目标；中立性的贫困观认为贫困是社会二元分化的一种状态，是社会制度和个人因素的共同产物。

(一)功能主义的贫困观

作为一种保守思想，功能主义更多强调了贫富差距、贫富分层的合理性。它认为，既然贫困是一种社会存在的普遍现象，它就必然发挥着某种功能，满足着社会的某种需要。

早在19世纪，法国社会学家涂尔干就提出了社会分层的正功能观点，强调了地位差别的合理性。随后，美国社会学家W.沃纳·伯克(W.Warner Burke)提出贫富差别是社会秩序必要机制的思想；戴维斯和穆尔则论证了社会分层必要性的具体细节。同时，功能学派在指认社会不平等现象存在的同时，并没有提出任何需要消除它的意愿。相反，功能论者的信念是：大凡某种社会事实屡禁不止，又不断出现，就一定有它不能不如此的社会功能，不平等或贫困现象就是如此。

美国社会学家赫伯特·甘斯有关贫困功能论的观点最为著名。1972年，甘斯在《美国社会学》杂志上发表论文，提出了贫困和贫困阶层在美国社会的十项具体功能：(1) 保证有人去承担社会中“肮脏的工作”；(2)穷人的低收入为社会的富裕提供了廉价的劳动力；(3)穷人购买一些其他人不愿意购买的商品；(4)穷人常常被看成受到惩罚的“典型”，从而提醒另一些人更勤劳、节俭；(5)穷人使非穷人能够维持其社会地位；(6)穷人的存在可以使他们中一些稍好的人从穷人身上获利，从而达到向上流动；(7)穷人可以成为社会变迁和经济增长的代价；(8) 穷人的政治功能，在于使社会的政治制度始终保持穷人处于低下的地位，而不接受大家人人平等的“社会主义制度”；(9)社会变迁的顺利进行，总要有些人付出一些代价，成为牺牲者，在这个队伍里，首当其冲的就是穷人；(10)穷人通常对选举政治参与不感兴趣，这使得集权主义政治领导人在决策时更为方便，可以将穷人忽略不计①。他主张，社会不平等是由社会发展的价值目标和功能需要共同决定的。这种理论假定社会中各种职位在实现社会价值目标中的重要性程度是不同的，同时个人的天赋和努力程度也不同。社会为了有效地达到其主要的价值目标，就需要一些天赋优秀的人去担当较为重要的角色。为了吸引天赋高者去占领这些更重要的社会位置，并使其充分发挥才能，就必须赋予这些位置较高的报酬。同样，那些对实现社会主导价值目标的重要性程度不高的职位，社会所提供的报酬就较低②。总之，不平等和贫困的存在，在甘斯等功能主义者眼中，是必须的、合理的，因为社会需要它们“调色”③。

因此，在功能主义视角下，贫困及贫困阶层的存在成为社会结构自身的需要，以及社会和谐和进步的必然要求。同时，他们对于社会发展还具有一定的正面作用。这一观点与主流的贫困研究形成了鲜明的对比，也体现出贫困认知的多元性和复杂性。

(二)冲突学派的贫困观

冲突学派有关贫困的看法观点与功能学派正好相反。冲突学派认为，贫困和贫困阶层的存在，是社会制度、社会政策失当的结果，而不是由社会功能需要所决定的。阶级的剥削与压迫，不合理的政治、经济结构对穷人的制约以及社会歧视等造成了贫困及贫困阶层的存在。同时，由于穷人长期饱受歧视，不能保护自己

①[美]赫伯特·甘斯：《贫困的正功能》，《美国社会学》1972年第78期。

②Gans,H.. The Urban Villagers: Group and Class in the Life of Italian-Americans. Positive Function of Poverty. American Journal of Sociology, New York: Free Press.1979,p275-289.

③周怡：《贫困研究：结构解释与文化解释的对垒》，《社会学研究》2002年第3期。

的利益，很容易使其转化为一个与社会不统一的、独特甚至格格不入的社会群体，这一群体的存在和发展，也会加剧社会的冲突和矛盾。

冲突学派的贫困观认为，不平等和贫困是社会各群体之间在利益分配过程中争夺有限资源的结果，群体间利益的争夺是遭遇不平等和贫困现象的根源。每一个群体在任何一种生存与发展的竞争中，都倾向于为自己争夺更多的利益，但由于各个群体所拥有的权力和占有的资源不等，以及能够给予争夺的资源总有短缺，利益争夺的结果必然是出现不同群体间利益的不平等分割，进而使部分群体处于相对贫困状态。马克思主义贫困观是典型的冲突理论视野下的贫困研究。马克思、恩格斯认为，无产阶级贫困的根本原因是资本主义生产关系，即生产资料不平等的占有关系。他们揭示了资本主义制度下，无产阶级贫困化的根源及其增长趋势，提出工人阶级的贫困不是由于社会财富的不足，也不能简单地归结于供求关系变动而引起的摩擦性失业、结构性失业，更不是工人阶级的懒惰和无能，最根本的原因是工人阶级在资本主义经济活动中所处的被剥削地位。美国社会学家格尔哈斯·伦斯基(G.E.Lenski)在其《权力与特权:社会分层的理论》一书中指出，贫困者之所以陷入贫困，主要是由于他们所拥有的资源很少。具体而言，穷人在经济领域里缺乏资本和技术等生产要素，因而难以获得较多的经济收入。在政治领域里他们缺乏政治活动的参与能力和机会，因此不可能对决策、投票等产生实际的影响。在社会生活中，穷人无力于影响教育、传媒和社区组织，他们普遍受到社会的歧视和排斥。总之，是权力结构的不平等、不合理，迫使社会部分成员“失能”而陷于贫困或长期陷于贫困，其结果往往进一步强化了社会对他们的排斥和偏见，加剧了社会矛盾[1]。同时，冲突学派学者大多是激进的社会改革论者，认为如果不对社会结构和社会制度进行重大改革，就无法解决贫困问题。如马克思、恩格斯认为无产阶级要改变自己的地位，只能彻底地改变资本主义制度本身，消灭雇佣劳动制度。

事实上，冲突主义的贫困研究与功能主义的贫困观都将贫困问题与社会分层和社会流动相结合，从结构的视角探讨贫困产生的原因和机制。同时，冲突学派的贫困研究将贫困置于社会群体利益的分配过程和分配结构之中，指出了社会结构或社会制度对于贫困的影响和作用，以及贫困和贫困阶层对于社会秩序和结构的冲击，形成了与功能主义贫困观相反的观点和看法。

表 6　关于贫困结构解释

分层说(功能主义取向)	冲突说(冲突主义取向)
1.分层是普遍的，必要的	1.分层可能是普通的，但不可避免的是不必要，可避免的
2.社会制度形成分层体系	2.社会分层体系形成社会制度
3.分层产生于社会一体化、协调、凝聚的需要	3.分层产生于群众征服、竞争、冲突
4.分层促进社会和个人最理想的功能	4.分层阻碍社会和个人最理想的功能
5.分层是共享社会价值	5.分层是有权力群体的表现价值
6.权力通常是社会中的	6.权力通常不是社会中合理分布的
7.任务和奖励同等分配	7.任务和奖励不是同等分配
8.经济尺度从属于社会的其他尺度	8.经济尺度是社会中首要尺度
9.分层体系一般通过革命过程而变化	9.经济尺度常常通过革命过程而变化

总之，20 世纪中期以后，西方社会学已经实现了学科化、制度化发展，开始进入现代社会学发展的重要历史时期。社会学研究的问题日益清晰、具体和微观，并向着多元化、应用性以及研究方法科学化的方向进一步发展。贫困问题作为一种全世界关注的社会现象，自然成为贫困研究领域关注的重要课题。因此，伴随社会学研究的发展，社会学研究者开始以其独特的学科视角展开对贫困问题的研究和总结，形成了一系列贫困的社会学解释和探析。总体上看，社会学领域的贫

① G.E.Lenski.Power and Privilege:ATheory of Social Stratification. New York:Mc-Graw-Hill,1966.

困研究更加侧重于从个体和结构的视角对贫困问题进行分析和阐释。注重从贫困人口或贫困群体的主观和微观层面进行观察和分析,不仅形成了相应的贫困与反贫困理论,也促进了国际贫困研究范式的重大转向。与这一时期的经济学贫困研究相比,社会学领域的研究也受到经济学研究的影响,出现学科综合和交叉的趋势,并在解释贫困现象的同时,注重反贫困策略途径的构建和意见建议。这一方面与全球贫困问题及减贫发展的实践过程密切相关,另一方面也积极推动了国际反贫困进程的进一步发展。

6

第六章　微观视角下的贫困与反贫困理论

贫困从本原上讲是一个微观概念，是指个人或家庭的基本需要得不到满足，或者只能在很低水平上满足。贫困又是对一定社会群体生活状况相互比较的结果描述，且伴随社会经济活动交往紧密程度的加深和经济联系半径的扩大，这种比较范围也不断扩大，逐渐形成了区域或国家层面的贫困研究。20 世纪中期以后，贫困研究的视角和范式已经开始发生转变。一方面，经济学领域的贫困研究虽然仍然强调资本因素对于贫困的影响，但已经逐渐突破了对国内个体贫困现象的观察和分析，开始进行国家区域之间、国家之间贫困落后现象及发展问题的反思，形成了贫困研究的国家视角和区域视角。另一方面，社会学贫困研究的兴起则更加关注个体和微观层面的贫困解释，形成了贫困研究的个体和结构视角。贫困研究的微观视角也逐渐影响经济学领域的贫困研究，形成了基于个体、家庭的贫困与反贫困理论。20 世纪后半期尤其是 60 年代以后，作为对全球人口问题、贫困问题、环境问题日益凸显而做出的一种回应，大量国际性或区域性的民间组织不断兴起和发展。许多民间组织自产生之日起就将扶危济困作为自身发展的目标与宗旨，扶贫领域也成为民间组织活动的重要领域。这些不仅推动了世界减贫议程的发展，也成为减贫实践和理论的产生载体，探索形成了一大批具体的、微观的贫困与反贫困理论模式。本章将继续介绍20世纪中期以后国际贫困与反贫困理论的发展情况，且更加侧重微观视角下基于个体、家庭和社区层面的贫困研究，主要阐述人力资本理论、社会排斥和剥夺理论、参与式发展理论等一系列经济学、社会学领域的贫困与反贫困研究理论。

一、人力资本与贫困：教育与制度

1979年，经济学家西奥多·W.舒尔茨（Theodore W. Schultz）在美国经济学年会上发表《人力资本投资——一个经济学家的观点》一文，首次提出了人力资本理论。随后，罗伯特·卢卡斯（Robert Lucas）、罗默尔（Paul Romer）、斯宾塞、布迪厄等一批经济学家和社会学家对这一理论进行了深入的研究和拓展，形成了有关教育、制度、文化对人力资本投资以及经济增长的主要观点和看法，为发展中国家的反贫困实践提供了十分重要的启发和借鉴价值。

（一）人力资本投资与传统小农经济的改造

舒尔茨的贫困研究主要是基于对传统小农经济的分析。他认为，传统农业（即“完全以农民世代使用的各种生产要素为基础的农业”）是“贫穷”的经济，但农业可以成为经济发展的主要源泉。他提出，“对于农业能否成为经济增长的一台强大发动机，已不再有任何怀疑了”，欧洲、以色列、墨西哥和日本正是通过农业而使经济得到了比较快的发展。但他强调，只有现代化的农业才能对经济增长做出重大贡献，而使用传统要素的农业无法做到这一点。因此，实现经济增长的关键在于如何把传统农业改造为现代化的农业。

1979年，舒尔茨提出了人力资本的概念，认为人力资本就是劳动者的知识、技能和健康状况的总和，同时“人的知识、能力、健康等人力资本的提高对经济增长的贡献远比物质、劳动力数量的增加重要得多”。伴随这一研究的拓展，学界出现了其他对于人力资本内涵的界定和理解，如贝克尔提出人力资本就是人们在教育、职业培训、健康、移民等方面的投资所形成的资本，强调“人力资本是通过人力投资形成的资本、用于增加人的资源、影响未来的货币和消费能力的投资”。舒尔茨认为，结构主义的贫困理论关注自然资源尤其是物质资本（机器、厂房、原材料等）的多寡，而没有把人力资本纳入分析视野，从而造成发展中国家经济增长战略的片面性。他提出，不包括人力资本的资本概念是不完整的，人力资本投资能有效增加劳动者的技能，就像投资于厂房和机器设备一样，可以提高劳动生产率和经济效率。舒尔茨运用这一思想考察贫穷国家经济时，便得出与传统经济理论迥然不同的结论，即贫穷国家经济之所以落后，其根本原因不在于物质资本的短缺而在于人力资本的匮乏，以及人们对人力资本投资的轻视。他尖锐地指出：“在发展中国家中，低估人力资本投资的情况相当严重，人力资本投资被许多发展中国家领导人和代表人物所忽视，结构主义的经济增长理论教条对此起到重要作用。而这些教条总是把物质资本的形成置于突出地位，以为人力资源的过剩只是理所当然的事。”①

在反贫困和发展问题上，舒尔茨主张，发展中国家应增加人力资本投资，尤其是教育投资，由此改善发展中国家的人口质量，促使人力资本的形成、经济结构的转换以及经济的持续发展。舒尔茨反贫困战略的另一个支撑点是对传统农业的改造。他认为，传统农业具有两大特征：一是技术水平落后，习惯按一种落后的、一成不变的技术进行操作；二是传统农业虽然很贫穷但很有效率，这是舒尔茨的“贫穷但有效率”的著名命题。为了改造传统农业的不利因素，舒尔茨主张，一方面在传统农业中引进新的生产要素，包括技术变化，如高产品种、化学肥料等；另一方面对农民进行人力资本投资，即对农民进行教育、在职培训以及提高健康水平。舒尔茨认为，建立适当的制度，从供求两个方面为引进现代生产要素创造条件以及对农民进行人力资本投资，是最重要的三个方面。特别是“人民的后天能力的提高，实用知识的进步，是未来的经济生产率及其对人的福利贡献的

①西奥多·舒尔茨：《论人力资本投资》，北京经济学院出版社，1992。

关键所在”。舒尔茨指出:“提高生产的决定因素并非空间、能源和耕地,而是人口素质的提高。”他列举了许多实例来证明,从欧洲看,除局部地区外原来的土壤是贫瘠的,但是在今天,欧洲的土壤变得肥沃了;芬兰原来的土壤不如邻近的俄罗斯西部土地富饶,可是今天的耕地却比其近邻要优良得多;日本的耕地原来也比印度南部差得多,而现在却要肥沃得多。因此,舒尔茨强调“不要总念念不忘土地面积,这并不是决定性的”,关键在于人的素质,或者说在于对农民进行人力资本投入。可见,舒尔茨的“贫穷经济”已远远超出一般的经济学范畴,特别是他关于“人力资本”的思想,更是对传统经济学的超越。

(二)现代人力资本理论与经济增长

继舒尔茨、贝克尔、丹尼森等人对人力资本理论的提出和发展,美国经济学领域的研究者罗默、卢卡斯等人在不同程度上进行了进一步的拓展,形成了现代人力资本理论。特别是20世纪80年代以后,以“知识经济”为背景的“新经济增长理论”在西方国家兴起,它们采用新的经济增长模型,克服了70年代人力资本理论的一些缺陷。

新经济增长理论的主要内容之一是把新古典增长模型中“劳动力”的定义扩大为人力资本投资,即人力不仅包括绝对的劳动力数量和该国所处的平均技术水平,而且还包括劳动力的教育水平、生产技能训练和相互协作能力的培养等,这些统称为“人力资本”。卢卡斯和罗默被公认为“新经济增长理论”的代表,他们构建了新的增长模型——技术进步内生增长模型,将人力资本纳入新经济增长模型,丰富和拓展了传统人力资本理论。这一模型不仅纳入了人力资本,并且使其内生化,克服了经济均衡增长取决于劳动力增长率这一外生变量的缺陷。总的来看,他们将经济增长建立在内生技术进步上。技术进步内生增长模型则建立在以下基础之上:(1)技术进步是经济增长的核心;(2)大部分技术进步是出于市场激励而导致的有意识行为的结果;(3)知识商品可反复使用,无须追加成本,成本只是生产开发本身的成本。

新经济增长理论将知识和专业化的人力资本引入增长模式,认为知识和专业化的人力资本积累可以产生递增收益并使其他投入要素的收益递增, 进而总的规模收益递增,这就形成了经济增长持续的和永久的源泉与动力。新增长理论认为,国与国之间发展对外贸易不仅可以增加对外贸易的总量,而且可以加速世界先进知识、技术和人力资本在世界范围内的传递,使参与贸易各国的知识、技术和人力资本水平得到迅速提高。可以说,新经济增长理论把传统人力资本理论纳入更大范围的经济研究当中,拓展和丰富了人力资本理论,这对于当前发展中国家的经济增长、人力资本建设和反贫困提供了理论基础和政策导向。

(三)文化资本与教育

与经济学的研究拓展相比, 社会学者对于人力资本的研究主要关注人力资本、文化资本、教育等对于贫困与反贫困的影响。

英国社会学家奈杰尔·托马斯(Nigel Thomas)强调了人力资本对贫困的影响。他认为,人力资本低下的劳动者难以找到好的工作,而父母受教育水平低会阻碍其孩子人力资本的发展。法国社会学家布迪厄在其新作《世界的贫困》中,通过记载穷人遭遇的实录论述了一个既有的社会事实,即穷人的窘迫源于他们“没有选择”,“没有选择”的原因是穷人在市场竞争中缺乏必要的文化资本。布迪厄的文化资本概念,既包括由人们长期内化的秉性和才能构成的生存心态,也包括由合法化的制度所确认的各种学衔、学位, 还包括那些已经物化或对象化的文化财产。布迪厄指出,在文化资本分配的再生产过程中,也就是在社会领域的结构再生产中,起决定性作用的教育制度,是争夺统治地位斗争中的关键环节。无论怎样的社会,一旦教育制度被视为争夺和维持统治阶级地位的重要工具,文化资本潜在的不平等分配将是必然的。作为社会底层的穷人, 历来是教育制度的牺牲品;而那些社会精英层多半具有高等教育背景,因为他们把持着支配文化资源和制度的权力。比如,“扩大英才教育的最初得益者,就是那些原本就具有文化资本的专业人员家庭出身的孩子。虽然文化资本可以在不同程度、不同阶段中通过社会中的阶级来获得,即便这种获得并没有经过精心的策划,但终究被烙上最初条件的痕迹”。因此，作为制度化形式的文化资本，在布迪厄的论述中具有明显的代传递特征，那些原本缺乏文化教育的穷人，其孩子的受教育程度亦将是低下的。穷人因其具有教育程度相对低下的历史，他们所积淀或内化的适应主流社会的能力也相对较低，因而他们的生存心态、他们所能建构或鉴赏的文化财产都不会被主流社会认同和接受。也就是说，穷人在文化资本上的匮乏，决定了他们的贫困归咎于他们自身别无选择。

布迪厄的研究突出了文化资本和教育在贫困发生机制中的作用，文化资本和教育显然也是人力资本及其投资的重要表现形式。虽然布迪厄将文化资本与贫困的代际传递相结合，阐述了一种悲观的贫困发生论调，但其仍然突出了文化、教育等人力资本的重要性，对于人力资本理论进行了深化和阐述。

二、社会群体与贫困：排斥与剥夺

20世纪60年代，伴随欧洲社会模式的提出和发展，“社会排斥”概念开始出现。1964年，法国学者皮埃尔·麦斯（Pierre Masse）在其报告《利益成长》中首次使用了“排斥”一词。1965年，克兰弗尔（Klanfer）出版了专著《社会排斥》一书。同一时期，法国社会学家布迪厄也开始使用“排斥”概念。20世纪70年代，世界经济进入大重组，由此带来了许多社会问题。比如越来越多的人发现生活无保障，只能依赖剩余式的家计调查收入项目生活，甚至被排除在福利安全网之外。尽管当时法国经济正处于进步和发展阶段，但仍然有一些人生活在经济发展的边缘，被“增长所遗忘”。基于这样的背景，1974年，法国学者勒努瓦发表了论著《被排斥群体：法国的十分之一人口》，开始使用“被排斥者”的概念指代那些没有被传统社会保障体系覆盖的人，包括单亲父母、残疾人、失业者等易受伤害人群。这些人群不能参与政治活动，医疗条件较差，而且在地理位置上受到社会孤立。此后整个70年代,“被排斥群体”(theexcluded)一词开始被法国人越来越多地提及。据此,1979年,英国学者汤森提出了“社会剥夺”的概念。尤其是20世纪80年代以后,贫困研究的公共话语开始经历重要转向,即关注社会排斥(social exclusion)与社会融合(social inclusion)。尤其是在欧洲,“社会排斥”以及“消除社会排斥”的概念开始成为欧盟社会政策的主要概念和基本目标。21世纪初,世界银行在《2000/2001年世界发展报告》中指出,贫困不仅仅指收入低微和人力资本的不足,还包括人对外部冲击的脆弱性、缺少发言权以及被社会排斥在外。由此,社会排斥理论不仅成为欧洲社会政策的新兴理论,也进一步丰富了贫困研究的内容,社会歧视论、社会排斥论以及文化剥夺论都是在此基础上的理论演绎和发展。

(一)社会歧视论

早在20世纪50年代,美国一些政策分析家就将社会歧视看作一种文化现象。他们认为,歧视出自人们头脑里根深蒂固的信仰。在他们看来,反黑人情绪来源于欧洲根深蒂固的原始情感,它反映了西方的文化中心主义。另一些美国学者认为,种族偏见起源于美国历史上对黑奴剥削的本土发展历史,一旦具有了这种剥削关系,偏见就获得了栖身之地,为白人至上主义的态度和行为创造了一个坚实的基础。因此,歧视深埋在美国社会中,黑人、少数民族将永久贫困。美国自由派学者萨缪尔·亨廷顿(Samuel P.Huntington)一直将种族歧视视为贫困解释的重要变量。按照亨廷顿的观点,“美国黑人遭遇的社会经济崩溃,是白人精心策划、种族歧视及其病态心理状态的结果”。整个美国社会普遍“存在一种种族主义的经济结构”,“它并不是国家的主张,而是一个植根在劳动市场中的历史和制度化的职业等级制度”。

(二)社会排斥论

兴起于欧洲的“社会排斥理论”横跨结构和文化的解释之间,对于后工业社会依然存在的贫困问题研究依然具有一定的理论启发。1999年,博恩(David Byrne)在《社会排斥》一书中提出要以社会整体为背景,在变迁的语境中讨论贫困现象。博恩将社会排斥定义为一个多向面的动力过程,这个过程包含各种各样的排斥形式,包括参与决策和政治过程时的排斥、进入职业和物质资源时的排斥以及整合成为共同文化时的排斥[①]。社会排斥论者认为,“社会”方方面面的变迁不可避免要导致“排斥”,“排斥”会作为一个社会的总体力量压迫某些个体或群体,制造出社会贫困;也会以各种不同的形式,对人群做自然的抑或人为的区分。同时,因为认同排斥是人内在而自我的选择,多半受文化因素的支配,它实际存在于任何一种属于经济关系的排斥之中,像一种语境、一个支持背景,内在地支撑着那些属于外显的“排斥”:一拨人排斥另一拨人。因此,无论如何,“排斥是社会作为整体而犯的过错”[②],受经济和社会权利发展优先于政治权利发展观念的影响,贫困者往往会受到一定程度的社会排斥。他们在参与公共政治生活、管理集体公共事务、子女接受教育、平等实现自己利益诉求等方面都受到诸多限制,从而处于社会的最边缘,而这些反过来又加剧了他们生活的贫困程度。

(三)文化剥夺论

20世纪70年代,英国学者K.约瑟夫博士提出了文化剥夺理论。他用这一理论解释为什么在经济比较繁荣,长期就业得以实现,以及国家建立了比较完善的福利制度和提供大量福利拨款的情况下,贫困依然会存在。约瑟夫认为,这主要是由于剥夺循环造成的,即由于造成被剥夺的因素在社会下层和穷人中被一代又一代地不断地生产出来,因而贫穷和穷困也就被世代相传。这些剥夺因素包括穷人受教育水平程度较低、穷人生活在穷人区或贫民窟中、穷人的特殊就业领域等。因此,要解决贫

①Wilson William Julius. The truly disadvantaged: the inner city, the under class and public policy. Chicago: The University of Chicago Press, 1987, P22.

②Byrne, David S.. Social Exclusion, Buckingham, Open of Development: Essays of Andre Gunder Frank. California: Sage Publications, 1999, P2.

困问题首先就要消除穷人中的世代相传的剥夺因素，中止它们的循环。文化剥夺理论与贫困文化理论具有一定的相似点，即都认为家庭行为是贫因的传递工具，贫困在家庭的传导下，一代一代地循环。剥夺循环论和贫困文化论都试图从穷人自身的因素中寻找贫困的原因。二者在贫困文化的性质、贫困文化的形成方式方面也存在一定的分歧。剥夺论的另一研究者凯瑟认为，任何一种反贫困措施必须以把穷人纳入和看作主流文化的一部分作为前提和目标，要改变穷人，使穷人和主流社会的成员一样思考、一样行动和感觉。方法就是打破循环，改进家庭行为，包括改变现有穷人家庭中父母的行为方式、补偿儿童不能从父母处获得的欠缺以及为子代将来成为父亲做好完善的准备。

三、社区及参与式发展：增权与参与

微观视角的转换带来了反贫困理论研究的视角聚焦，一方面是微观分析单位，如社区和社区贫困群体的聚焦；另一方面是微观实践模式和方法的聚焦，如参与式发展理论及增权理论的提出。

（一）社区发展战略

“社区发展”（Community development）概念最早是由美国社会学家F.法林顿在《社区发展：将小城镇建成更加适宜生活和经营的地方》一书中提出。20世纪中期，一种“社区导向性社会工作方法”开始在各国乡村重建行动中兴起并推广，这是西方一些国家机构和组织对外援计划失效的反思和社区意识觉醒的产物，也符合人们对于尊重、平等、信任以及集体认同感的精神需求，对各国乡村发展计划乃至国家发展战略都产生了巨大而持久的影响①。

20世纪五六十年代，西方一些发展援助机构企业通过社区发展过程，使当地人纳入改进社区的活动中。这种社区发展形势一方面修建基础设施，另一方面运用地方人口的知识和技能，使其加入基础设施建设上来。同时也试图建立社区组织，组织扫盲运动，使社区群体与管理机构建立更加密切的联系。“社区”成为一

①闫琳：《社区发展理论对中国乡村规划的启示》，《城市与区域规划研究》2011年第2期。

个基本的行动单位，参与体现在主区层次上。20 世纪 60 年代以后，社区发展战略逐渐占据主导地位。

（二）参与式发展理论

20 世纪 70 年代以后，参与式发展开始成为国际发展领域中创新性的理论与实践突破。一方面，对不发达国家的分析开始为贫困问题提供不同的说辞，贫困人口被置之于广泛的社会参与和直接的发展活动之外也成为其中的解释。另一方面，一些主要的援助机构如世界银行等开始将其援助重心和发展重点向促进参与式发展方面实行全面转移，参与式发展的理论和模式开展在全世界范围内发展起来。

从理论溯源来看，“参与式发展”的提出建立在对传统发展理论的反思批评以及“参与式”发展的新思路和实践基础上。1994 年，世界银行形成的报告中将“参与”定义为：“参与是这样一个过程，项目利益相关群体能够通过它影响、共同控制涉及他们的发展介入、发展决策和相关资源。”[①]这一定义避免了在发展过程中将主要利益相关群体简单视为被动的援助接受者、访谈对象或劳动力。此后，一些国际援助机构纷纷出台各类参与式发展项目，不同的机构和研究学者也根据各自的实践对“参与”进行了阐释。拉美经济委员会认为参与是人们对国家发展的一些公共项目资源的贡献，但他们不参加项目的总体设计或者不应该批评项目本身的内容[②]；诺曼·厄普霍夫认为“参与是在对产生利益的发展活动进行选择及实施行动前的介入”[③]；Poppe 将其定义为“在决策过程中人们自愿民主的介入，包括

---

①World Bank.The World Bank and Participation.1994.

②李小云：《参与式发展概论》，中国农业大学出版社，2001。

③Uphoff N.T..Local Institutions and Participation for Sustainable Development. Sustainable Agriculture Programme of the International Institute for Environment and Development, 1992.

确立发展目标、制定发展政策、规划和实施发展计划、监测和评估、为发展努力做贡献、分享发展利益”。“参与”是“农村贫困人口组织自己以及机构来确定自身的真实需求，介入行动的设计、实施及评估的过程”等。由于不同机构、学者在相应的发展项目实践以及项目侧重点上存在差异，所提倡的参与政策各不相同，因此对“参与”的定义、实施范围、策略等方面并没有取得一致的意见。然而作为一种微观的区域发展理论，参与式发展理论区别于现代发展理论的“宏大叙事”，在理论实质上均认同以赋权为核心，尊重差异、平等协商，以及在“外来者”协助下，通过成员积极、主动的广泛参与，尊重和保护发展对象及其地方知识，修正了发展过程中发展者与发展对象之间不平等的权力关系，有利于实现社区有效、可持续发展，使成员共享发展成果。

Oakley 以及 Marsden 回顾总结了众多国际发展项目对“参与”的理解和阐述，将其归纳为以下四个方面：参与是人们对国家发展中一些公众项目的自愿贡献，但不参加项目的总体设计、不批评项目本身；对农村发展来说，参与包括人们在决策过程、项目实施、利益分享以及项目评估中的介入；参与涉及那些被排除在对资源及管理部门控制之外的人们在既定的社会环境和背景下，有计划、有组织地对资源及管理部门施加控制和影响；社区参与是受益人为改善其生活条件而主动影响发展项目实施及方向的过程①。

（三）增权／赋权理论

增权理论（Empowerment Theory）盛行于 20 世纪 80 年代以后，最初是为社会工作而提出的，旨在提高弱势群体的权利和社会参与。1976 年，美国学者巴巴拉·所罗门（Barbara Solomon）出版了《黑人增权：被压迫社区的社会工作》一书，从种族的议题率先提出了“增强权能”的概念。此后，关注增权理论的研究者和实践者甚众，增权理论也成为社会学、教育学等学科的新兴核心概念。

增权理论，是由权力、无权、去权以及增权等核心概念建构起来的。其中，权力或权能是增权理论的基础概念。Rappaport 认为，增权是一个过程，是人们、组织和社区对其事务获得控制的机制。Kieffer 提出，增权可提升正向的自我概念及自

① Oakley, P. and Marsden, D.. Approaches to Participation in Rural Development. Approaches to Participation in Rural Development, 1987.

我认知，增强其自信，使其获得更多的政治及社会资源。另一些学者如 Zimmerman、Perkins 则认为，增权涉及个人、组织和社区等三个层面。其中，个人层面的增权包括参与行为、施加控制的动机、效能和控制感；组织层面的增权包括共同领导、发展技巧的机会、扩展、有效的社区影响；社区层面的增权则包括受到增权的组织、公民参与社区决策的机会、容许在冲突期间公正地考虑多种观点等[①]。同时，对弱势群体的增权实践可以划分为个体、人际关系和社会参与等三个层次。所谓个体增权，是指个体得以控制自身的生活能力以及对所处环境的融合与影响能力，包括实际控制能力和心理控制能力两个方面；人际关系层面的增权，就是通过人与人之间的积极的相互影响，达到相互间的自我权力和能力的提升的过程；社会参与层次的增权大多直接以群体的整体性活动出现，目标指向于对社会决策的影响。西方学界对于"社区赋权"和社区能力建设投入了很大的热情，实质就是深入社区治理的具体过程，探寻社区治理的密码。

增权理论的分析主要运用于社区弱势群体，在贫困地区弱势群体同时也是贫困群体里的特殊群体。Torre 认为，透过增权过程，人们变得足够强大而足以去参与影响他们生活的事件与机构，以及在这些事件与机构的控制下进行分享，并且努力改变他们。关于增权的手段，国外的研究主要集中在"信息增权"和"教育增权"两个方面。增权研究者普遍赞同行为经济学的观点，认为由于信息不对称，弱势群体在进行选择的时候常常不能做出理性的、对自己最有利的选择。其利益可能因为信息不对称而受到损害。因此，信息增权是弱势群体的有效的保护手段。但是，信息供给增权也存在较大局限性，如弱势群体中的绝大部分在理解和处理信息上的能力有限；信息供给可能只对地

①陈树强：《增权：社会工作理论与实践的新视角》，《社会学研究》2003 年第 5 期。

方精英有利；当权者的技巧会在一定程度上抵消信息增权的作用等因素的存在，弱势个人或群体的政治、经济和社会力量往往在社会的主流权力结构中被边缘化、被剥削、被歧视或被排挤了。因而还需要通过教育进行批判性增权，使他们发现“内在权力”（inner power）的能力，进而采取行动来改变现实。然而，教育或通过提供充分的信息、知识和忠告的方式仍然存在一定的局限。即使弱势的社区居民们获得了对称的信息，但是社会政策、政治制度、主流社会文化等都有可能导致他们去权，使其陷入无权的状态，他们还是不得不“理性”地做出“不理性”的决策。因此，增权的实质是要形成新的均衡的权力关系，而这种权力分享的真正逻辑，就要求国家必须从法律或政治上支持和授予社区增权的合法性，建立起一套正式的支持性的制度来保障社区参与的权益，将传统的“自上而下”的社区参与方式改变为“自下而上”的合法增权形式。

本章梳理 20 世纪 60 年代以后微观视角的贫困研究，包括了经济学领域的人力资本投资理论、社会学研究中有关于社会排斥及剥夺的理论以及国际机构推动下产生的社区发展和参与式发展理论。总体上看，微观视角的贫困与反贫困理论研究主要基于个体、家庭以及社区等微观、具体层次的研究对象，并在反贫困载体上依赖这些微观主体本身。同时，微观视角贫困研究的发展，不仅进一步丰富了国际贫困与反贫困理论研究的内容，也体现出 20 世纪中期以后西方贫困研究的重大转向，包括贫困研究视角由宏观向微观的转变，工具性反贫困理论模式以及以国际组织和发展机构为主体的新型贫困研究载体的出现。伴随 20 世纪中后期国际贫困及减贫实践的发展，这些研究转向和趋势将进一步推动西方贫困研究的拓展和完善。

7

第七章　综合视角下的贫困与反贫困研究

二战结束到20世纪70年代，西方各国尤其是美国获得了经济社会发展的“黄金时代”。20世纪70年代，首先兴起于美国的第三次工业革命逐渐达到高潮，推动了人类经济、政治、文化和社会领域的各项变革，并引起人类生活方式和思维方式的重要变化。这一时期，资本主义工业社会开始向后工业社会转变，中产阶级成为社会结构的主要阶层。而伴随社会阶层的分化，贫富差距以及社会不平等问题也日益加剧。总之，现代化进程的推进，日益改变着人类的生产生活和思维方式，人类对于个体生活的追求以及经济社会发展的目标逐渐发生变化，也影响着学界和发展机构对于贫困问题的看法和态度，贫困研究获得了更具综合性和拓展性的发展。

这一时期，贫困概念逐渐从一种简单的“相对较少的收入”和“生活必需品的缺乏”的经济贫困向多维度和多元化的“权利和机会的被剥夺”的人类贫困再到“发展的自由缺乏”转变，同时贫困内涵的不断扩展也直接引起了分析框架以及反贫困理论范式的更新，贫困研究从经济维度的一元视角逐步发展成为多元视角，贫困的解释以及反贫困的建构逐渐从国家主体拓展到社会以及贫困人口本身，从单纯增加经济收入拓展到增进贫困人口政治、经济、文化、社会参与的机会、能力和资本。同时，这一时期西方学者以及国际组织在总结发展中国家农村减贫经验的基础上，逐渐提出了可持续生计的分析框架，为理解多种原因引起的贫困并给予多种解决方案提供了理论指导。布迪厄、格兰诺维特等人相继提出和发展了社会资本理论，构成了反贫困的重要理论范式。因此，本章综合视角的贫困理论，主要梳理阿玛蒂亚·森有关权利贫困理论的解释以及能力贫困的概念，可持续生计的分析框架，以及社会资本理论及其减贫范式。

一、贫困概念的拓展以及阿玛蒂亚·森的权利贫困理论

贫困概念的构建和分析范式历来是贫困研究的核心内容。伴随世界贫困与反贫困实践的发展以及贫困理论研究的演进，贫困的概念和内涵也处于不断的发展和演变之中。从历史发展的角度看，自 19 世纪末朗特里提出以贫困线测量贫困以及绝对贫困概念以来，收入 / 消费的物质贫困观成为界定贫困的主流观点。20 世纪初，国际劳工组织最早提出了“人类基本需要”概念，将满足家庭所需的最低消费，社会提供的公共服务以及人权、雇佣机会、参与社会决策过程等非物质要素纳入人类发展的基本需求，对其后包括减贫在内的全球经济社会发展战略产生了重要影响。20 世纪六七十年代，美国经济学教授 V.法克思等人提出了相对贫困概念，虽仍以收入或消费作为衡量社会平均生活状况和贫困状况的基本维度，但提出相对贫困与实际生活水平无关，更侧重不同人之间相对收入或生活水平的相对比较。随后，英国学者鲁西曼（Runciman）和汤森德（Townsend）等人继续发展了相对贫困理论。根据这些学者的观点，相对贫困是指个人或家庭所拥有的资源，虽然可以满足其基本的生活需要，但是不足以使其达到社会的平均生活水平，通常只能维持远远低于平均生活水平的状况。与绝对贫困不同，相对贫困

是相对于正常的生活水平而非最低生活水平而言的，它还包含以他人或其他社会群体为参照物感受相对剥夺的社会心态。汤森德指出，“那些缺乏获得各种食物、参加社会活动和最起码的生活和社交条件的资源的个人、家庭和群体就是贫困的”[①]。他在使用这一概念时，假设穷人和其他人一样拥有这些权利，但在现实的社会制度下，获得常规社会生活水平和正常社会活动的机会是由人们所拥有的资源决定的。由于穷人缺少这些资源，他们的现实机会和权利相对丧失。20世纪70年代以后，学者赖因在国际劳工组织提出的人类基本需求概念基础上，提出广义贫困的概念，将生活、不平等和外部性作为衡量贫困的维度，其中“生活是指维持健康和劳动所需的最低供给量，也就是维持生存人的肉体所需的最小能量；不平等的概念是指在整个收入群体中所处的相对位置；外部性的概念是相对于贫困者的需要而论的，指社会的其他部分的贫困对社会所带来的影响”。同时，他还提出考察贫困现象时，不仅要从经济上的不充裕、不平等等方面出发，而且还应扩大到威信、权力以及社会公共服务等非经济变量的影响。20世纪七八十年代，有关贫困问题的研究更加趋向综合性和具体化。贫困研究的分析视域也逐渐从发达国家转至发展中国家。在发展经济学领域，彼得·鲍尔、卡尔·布鲁纳、狄帕克·西蒙等人引领了新发展经济学的贫困研究，开始将经济发展与现代化相结合，更加注重经济增长的质量与非经济因素对经济发展的影响，追求生活质量、可持续发展、公平和民主的发展成为发展经济学的目标。福利经济学领域，印度经济学家阿玛蒂亚·森在其一系列著作中提出了贫困的权利分析方法，以及基于能力、权利和福利的能力贫困观，进一步丰富和拓展了贫困的概念。

阿玛蒂亚·森是当代杰出的经济学家和哲学家，其在社会选择、福利分配以及贫困研究领域开展了广泛研究，取得了大量研究成果，并形成了人类发展与可行能力视角的基本理论，对于贫困理论研究的内容和框架进行了创新和拓展。阿玛蒂亚·森不仅是横跨多学科的经济学家，也由于其关注发展中国家的贫困与发展问题，致力于对发展中国家经济政策和发展路径，消除饥饿、贫困和不平等，以及经济和社会福利的增进和社会选择等方面的研究，被世人誉为“穷人的经济学家”以及“当代经济学的良心”。阿玛蒂亚·森曾对印度、孟加拉、埃塞俄比亚以及非洲

①Townsend P.. The concept of poverty. London:Heinemmann,1971.

撒哈拉沙漠地区的自然灾害问题进行过专门研究，还曾将自己的理论应用于印度西孟加拉邦的地方发展实践当中，试图影响当地政府的决策。1998年，阿玛蒂亚·森因其在福利经济学方面的贡献，被瑞典皇家科学院授予诺贝尔经济学奖。

（一）贫困解释的新框架：权利分析方法

阿玛蒂亚·森对于贫困问题进行的研究，集中体现在其《贫困与饥荒——论权利与剥夺》《饥饿与公共行为》等著作中。在《贫困与饥荒——论权利与剥夺》一书中，阿玛蒂亚·森对食物供给下降（food availability decline，简称FAD）这种最一般的饥荒解释方法进行了反驳，指出FAD方法是一种把粮食供给能力运用于整个国家总人口的总量方法，缺乏有意义的分类。在此基础上，他提出了研究饥饿和饥荒的“权利方法”（entitlement approach），指出对食物的所有权是人民最基本的权利（entitlement）之一，而个体遭遇饥饿，往往是其权利失败的结果，同时这种权利失败包括“直接权利失败”（direct entitlement failure）以及“贸易权利失败”（trade entitlement failure）两种类型，前者是指由于可供消费的粮食产量减少而使其食物量的权利下降，后者则是指通过贸易获得的粮食减少而造成的食物量权利下降。

在研究中，阿玛蒂亚·森提出了其对于饥荒及其原因的看法，向传统认为食物短缺造成饥荒的观点提出了质疑和挑战。他认为，饥荒是指由饥饿所造成的大量死亡的恶性现象，而饥饿则是饥荒中的核心问题。“饥饿是指一些人未能得到足够的食物，而非现实世界中不存在足够的食物。虽然后者能够成为前者的原因，但却只是很多可能的原因之一。”[①]也就是说，以粮食为中心的观点很少能够解释饥饿。它不能告诉我们在粮食供给没有减少的情况下，饥饿为何会发生；亦不能告诉我们即使

①阿玛蒂亚·森：《贫困与饥荒——论权利与剥夺》，王宇、王文玉译，商务印书馆，2001，第5页。

在饥饿伴随着粮食供给减少的情况下，为什么一些人啼饥号寒，而另一些人却脑满肠肥。然为什么没有足够的食物？为什么是一些人而不是另一些人控制了现有的粮食？这些问题把他引向了关于权利方法的探讨。他提出，饥饿不是一个粮食问题，而是粮食与人的关系问题，饥饿现象基本上是人类关于食物所有权的反映。因此，“要理解饥饿，我们必须首先理解权利体系，并把饥饿问题放在权利体系中加以分析”[①]。同时，“要理解普遍存在的贫困、频繁出现的饥饿或饥荒，我们不仅要关注所有权模式和交换权利，还要关注隐藏在它们背后的因素，这就要求我们认真思考生产方式、经济等级结构及其它们之间的相互关系”[②]。随后，阿玛蒂亚·森对于1940年以来发生在印度、孟加拉和非洲撒哈拉等贫穷国家和地区的灾荒进行了实证研究，通过这些经验性研究证明饥荒可以在粮食供给没有出现普遍下降的情况下发生，提出“即便在人均粮食供给下降的情况下，促成饥饿的因果机制中也必定包含着粮食供给之外的众多因素。FAD观点只能对饥饿的因果机制做出十分有限的解释，因为它未能深入研究人与粮食之间的关系，对于饥荒的解释显得勉强和模棱两可”[③]。要想彻底解释饥荒的形成机制，必须仔细分析不同的社会经济因素如何影响不同的社会经济群体，进而导致了灾难性的后果。通过权利方法，人们可以发现，与粮食生产毫无关系的一些因素也可能成为饥荒的原因，而权利方法把粮食生产放在权利关系网中加以分析，指出即使粮食生产不发生变化，权利关系的变化也能引发严重的饥荒。权利体系包含四个方面的权利：(1)以交换为基础的权利：一个人有权将自己的商品与他人交换；(2)以生产为基础的权利：一个人有权将自己的资源或雇用来的要素用于生产；(3)以自身劳动力为基础的权利：一个人有权将自己的劳动力用于自己组织的生产或受雇于他人；(4)以继承或转让为基础的权利：一个人有权继承财产或接受赠予。最后，他以四项观察结果总结了饥荒的权利分析方法。第一，权利分析方法提供了一个分析饥荒的一般性框

---

①阿玛蒂亚·森：《贫困与饥荒——论权利与剥夺》，王宇、王文玉译，商务印书馆，2001，第6页。

②同上书，第12页。

③同上书，第154页。

架,而不是一个关于饥荒原因的特殊假说。第二,无论是在经济繁荣时期还是经济衰退时期,饥荒都有可能发生,即争夺市场控制或支配权力的斗争中，一部分人会因为另一部分人的繁荣而受损。第三,粮食供给与对粮食的直接权利之间的区别非常重要,前者关注的是一个经济中存在有多少粮食,而后者涉及的是一个粮食生产者有权直接消费多少他自己生产的粮食。第四,对权利的重视具有强调合法权利的后果,其他相关因素如市场力量,可以被看作是通过法律关系体系发挥作用的,法律耸立于粮食供给与粮食权利之间,因饥饿而死是过度墨守成规的结果[①]。

在阿玛蒂亚·森与让·德雷兹(Jean Dreze)合作的《饥饿与公共行为》一书中,再次指出权利是"一个人利用各种能够获得的法定渠道以及所获得的可供选择的商品束的集合"[②]。"如果一群人无法确立支配足够数量食物的权利,那么他们将不得不面临饥饿。如果这种剥夺足够大,饥饿的结果就可能导致死亡。"[③]同时,私有制经济中,权利可表现为"禀赋权利"(endowment)和"交换权利"(exchangeentitlementmapping)两种类型。前者是指一个人的初始所有权,比如他所拥有的土地、自身的劳动力等;后者是指一个人利用自己的禀赋从事生产并与他人交换所能获得的商品束。阿玛蒂亚·森指出,不同阶层的人对粮食的控制和支配能力表现为社会权利关系，这种权利关系又决定于法律、经济、政治等因素,如果权利体制不合理或者失败则会导致贫困与饥荒，或者当一个人的市场交换权利减弱或被剥夺时,

---

①阿玛蒂亚·森:《贫困与饥荒——论权利与剥夺》,王宇、王文玉译,商务印书馆,2001,第200—202页。

②让·德雷兹、阿玛蒂亚·森:《饥饿与公共行为》,苏雷译,社会科学文献出版社,2006,第24页。

③同上书,第23页。

即发生贫困。

总之,在阿玛蒂亚·森的权利分析方法中,人们普遍关注的是通过社会现有的合法手段支配食物的能力。这些手段包括生产机会、交易机会、国家富裕的权利以及其他获得食物的方法。一个人之所以挨饿,要么是因为他没有支配足够食物的能力,要么是他拒绝使用这种能力。而权利方法所重视的是前者发生的可能性,而不考虑后者发生的可能性以及在一个社会现有的法律体系中,合法控制食物的手段。同时,他也意识到贫困的权利分析方法只是一个具有一般性的方法,并不试图把所有可能导致饥荒的因素都包括进去,诸如不合法的转移(如抢劫)以及选择失败(比如拒绝改变饮食习惯)等。而对食物的所有权是最基本的权利之一,每一个社会都有规范这种权利的法律。权利方法所重视的是每个人控制包括食物在内的商品组合的权利,并把饥饿看作是未被赋予取得一个包含有足够食物消费组合权利的结果[①]。同时,阿玛蒂亚·森的权利方法,强调了不同阶层人们对于粮食的支配和控制能力,这种能力表现为社会中的权利关系,而权利关系又决定于法律、经济、政治等的社会特性。因此,贫困的权利分析方法的主要意义不在于检验大部分饥荒是否与权利失败有关,而是阐释发生权利失败的本质和原因,以及区别不同类型的权利失败,这些对于理解饥荒的真正原因,制定饥荒的预测、救济和预防政策具有重要的意义。

可以说,阿玛蒂亚·森从经济与社会两个维度探讨贫困问题,提出贫困与饥荒的产生与穷人权利缺失有重大关系,一个人之所以贫困并不完全是因为其缺乏商品,而是因为缺乏获得商品的能力和权利,在贫困的解释层面进行了有益的拓展。而权利方法的创立,将贫困的原因分析从经济因素扩展到政治、法律、文化、制度等领域,也将贫困问题置于经济学、伦理学、政治学、社会学等学科的综合研究之中,为贫困问题的研究开拓了新的视野[②]。

---

①阿玛蒂亚·森:《贫困与饥荒——论权利与剥夺》,王宇、王文玉译,商务印书馆,2001,第 61 页。

②马新文:《阿玛蒂亚·森的权利贫困理论与方法述评》,《国外社会科学》2008 年第 2 期。

（二）贫困概念的拓展：基于能力、权利和福利的能力贫困

在有关贫困概念的论述时，阿玛蒂亚·森指出，贫困概念首先要回答的一个问题是谁应该成为我们关注的焦点。“消费标准”（consumption norms）或“贫困线”（poverty line）也许能部分地完成这一任务：“穷人”是消费水平低于消费标准的人，或者他们的收入水平低于贫困线。但是，这一问题又引出了另外一个问题：贫困的概念是否只与穷人的利益有关，或者只与富人的利益有关，还是与穷人的利益和富人的利益都有关呢①？因此，他对于传统的贫困概念重新进行了反思，提出从绝对贫困到相对贫困的转变尽管提供了有用的分析框架，但作为一种贫困的研究方法仍不完善；生物学的方法联系到绝对贫困这一无法回避的内核，保持了饥饿问题在贫困概念中的核心地位；而将贫困问题视为不平等问题是不合适的，忽视了二者是截然不同的两个概念；同时，贫困的度量并不是一个有关价值判断的伦理问题，而是一个描述性问题；而有关贫困的“政策定义”也存在着根本的缺陷，即按照一个社会现行的最低生活标准来描述穷人的困境必然存在一定的模糊性，并潜伏在贫困的概念之中②。在此基础上，他进行了贫困概念的拓展，形成了基于能力、权利和福利的新贫困观。

在此之前，收入和消费的贫困观是贫困研究的主流观点，传统理论一直将贫困看作是人们低收入的结果。而在阿玛蒂亚·森看来，贫困不仅仅是贫困人口收入低的问题，也应具有更广泛的含义。他认为，贫困意味着贫困人口缺少获取和享有正

①阿玛蒂亚·森：《贫困与饥荒——论权利与剥夺》，王宇、王文玉译，商务印书馆，2001，第17页。

②同上书，第34页。

常生活的能力(Capability),或者说贫困的真正含义是贫困人口创造收入能力和机会的贫困。同时,从能力的角度与从收入的角度来解释贫困的发生原因是有所不同的。造成贫困人口陷入贫困虽然表现为收入低这一现象,但其根本性的原因在于贫困人口获取收入的能力受到剥夺(Capability deprivation)以及机会的丧失。反过来讲,贫困人口的低收入是导致他们获取收入能力丧失的一个重要因素,但并不是全部因素[①]。此外,疾病、人力资本不足、社会保障系统脆弱、社会歧视等因素都可能造成人们收入能力的丧失。在发展问题研究上, 他通过 "实质自由" (substantive freedom)以及"可行能力"(capability)的概念,进一步拓展了能力的贫困观,集中体现在其1999年出版的《以自由看待发展》。他认为,必须超越传统的以国民生产总值的增长衡量发展的狭隘发展观,从"实质自由"的视角来看待发展。在这一视角下,阿玛蒂亚·森进一步提出,个人的实质性自由可以被理解为一个人做自己认为有价值的事的"可行能力",一个人的"可行能力""指的是此人有可能实现的、各种可能的功能性活动组合。因此,可行能力是一种自由,是实现各种可能的功能性活动组合的实质自由(或者用日常语言说,就是实现各种不同的生活方式的自由)"[②],包括"免受困苦——诸如饥饿、营养不良、可避免的疾病、过早死亡之类——基本的可行能力,以及能够识字算数、享受政治参与等的自由"[③],它还包括法治意义上的自由,但不限于权利,以及各种"政治权益"(entitlements)。因而从实质性自由的视角看,欠发展状态是指不自由的程度,而发展则是指消除不自由并扩展人们有理由珍视的各种形式的实质自由的过程。据此,贫困必须被视为基本可行能力的被剥夺,而不仅仅是收入低下。他还提出了采用可行能力衡量贫困的理由,一是贫困可以用可行能力的被剥夺来合理地识别,这种方法集中注意具有自身固有的重要性的剥夺(不像收入低下,它只是具有工具性的意义);二是除了收入低下,还有其他因素也影响可行能力的被剥夺,从而影响到真实的

---

①Sen, A.,K..On Economic Inequality,expanded edition with a substantial annexe. Oxford University Press,1997,p211.

②阿玛蒂亚·森:《以自由看待发展》,任赜、于真译,中国人民大学出版社,2002,第62—63页。

③同上书,第30页。

贫困(收入不是产生可行能力的唯一工具);三是低收入与低可行能力之间的工具性的联系,在不同的地方,甚至不同的家庭和不同的个人之间是可变的(收入对可行能力的影响是随境况而异的、条件性的)①。同时,可行能力——贫困的视角完全不否定低收入是贫困的主要原因之一的观点,因为低收入可以是一个人的可行能力剥夺的重要原因②。因此,“如果我们把注意力从排他性地集中考虑收入贫困,转到考虑更包容的可行能力的剥夺, 我们就能按照一种不同的信息基础来更好地理解人类生活的贫困和自由”③。在他看来,“识别贫困的最普通做法是确定一个‘基本’或‘最低’生活必需品集合,把缺乏满足这些基本需要的能力作为贫困的检验标准”④。而能力贫困的内涵十分丰富,“相关的能力不仅是那些能避免夭折,保持良好的健康状况,能受到教育及其他这样的基本要求, 还有各种各样的社会成就。包括——如亚当·斯密所强调的——能够在公共场合出现而不害羞,并能参加社交活动”⑤。

在界定了“可行能力”后,阿玛蒂亚·森还对提高“可行能力”的途径进行了研究。他认为,有五种基本的工具性自由,能够帮助人们更自由地生活并提高人们的可行能力。第一,政治自由,即人们拥有的确定应该由什么人执政而且按什么原则来执政的机会,也包括人们监督并批评当局、拥有政治表达与出

---

①阿玛蒂亚·森:《以自由看待发展》,任赜、于真译,中国人民大学出版社,2002,第 86 页。

②同上书,第 85 页。

③同上书,第 14 页。

④阿玛蒂亚·森:《贫困与饥荒——论权利与剥夺》,王宇、王文玉译,商务印书馆,2001,第 24 页。

⑤阿玛蒂亚·森:《评估不平等和贫困的概念性挑战》,《中国社会科学文摘》2003 年第 5 期。

版言论不受审查的自由、能够选择不同政党的自由等的可能性。第二,经济条件,指的是个人分别享有的为了消费、生产、交换的目的而运用其经济资源的机会。一个人所具有的经济权益,将取决于拥有的可以运用的资源和交换条件,它会反映在人们经济权益的相应提升上。第三,社会机会,指的是在社会教育、医疗保健等方面所实行的安排,这些安排直接影响个人有多大的机会去选择更好的生活方式和实质自由。第四,透明性保证,就是满足人们对信息公开性的需求,即保证在信息公开和明晰的条件下自由地交易。人们希望信息是公开的、明确的,信誉是不可侵犯的,它不仅为自由市场机制的正常运行提供有效的支持,而且还为人们提供了一种约束公共权力运行、防止权力腐败的工具性约束。第五,防护性保障,指提供一个社会安全网,防止受到影响的人遭受更深重的痛苦,甚至陷入绝境。他认为,一个经济体系无论运行得多么好,总会有一些人由于物质条件的变化而对他们的生活产生不利的变化,从而陷入贫苦悲惨的境地;所以需要这样一种防护性保障来提供社会安全,以防止受到影响的人遭受不幸的悲惨遭遇。以上这些工具性自由作为一个整体,互相补充、互相强化,能够直接扩展人们的可行能力①。

从可行能力视角看待贫困,将人们的注意力从作为手段的单一收入转向人们有理由追求的目的及其得以实现的自由,使得社会对贫困性质和原因的理解,更加接近社会正义所要求的基本信息。另外,收入与可行能力视角的对比,对我们从个人处境和实质自由角度理解不平等的实质也更具有说服力②。

可见,阿玛蒂亚·森不仅以权利贫困拓展了贫困研究的框架,也在权利、自由以及可行能力基础上提出了新的能力贫困理论,对于传统以收入测量的贫困提出了挑战。阿玛蒂亚·森的权利贫困和能力贫困理论极大地拓展了20世纪以来的贫困研究范围,丰富了贫困概念的内涵,也为多维贫困理论的提出奠定了基础。

---

①阿玛蒂亚·森:《以自由看待发展》,任赜、于真译,中国人民大学出版社,2002,译者序言,第8—13页。

②黄荟:《阿玛蒂亚·森的贫困概念解析——以他的自由发展观为视域》,《江汉论坛》2010年第1期。

二、可持续生计的分析框架

可持续生计的理论分析框架形成于20世纪70年代以后，是西方学者在总结发展中国家农村减贫经验基础上提出和完善的新型减贫理论和分析框架，是一种理解多种原因引起的贫困并给予多种解决方案的集成分析框架，也是一种设计以人为本的缓解贫困方案的建设性工具。

从理论溯源来看，可持续生计理论起源于20世纪中期对西方资本主义现代化范式、斯大林社会主义模式以及小农生产者模式等发展范式的反思，即反对这些理论范式将农民视为工业化发展过程中的附属品或补充力量，提倡重视农民利益以及贫困小农在生计改善中的潜在作用。其哲学根源在于强调地方参与和理解所有形式的贫困发展。20世纪70年代舒尔茨人力资本理论中有关小农生产者生计能力的论述以及诺曼·厄普霍夫(Norman Uphoff)80年代初提出的“受援性自立”概念，均包含了可持续生计理论的基本概念，他们认为农民是农村发展以及生计改善的主要资源，肯定了农民在生存策略选择中的智慧和作用，提出农民生计能力的提高需要政府发挥引导与促进作用[①②]。

20世纪80年代，世界银行(WorldBank)、英国国际发展署(DFID)等双边或多边国际援助组织以及发展研究机构逐渐对可持续生计的观念和理论进行发展和完善。1987年，联合国“世界环境与发展大会”明确提出了可持续生计的观念，并将其定义为“具备维持基本生活所必需的充足的食品与现金储备量以

---

①诺曼·厄普霍夫等:《成功之源——对第三世界国家农村发展经验的总结》,汪立华等译,广东人民出版社,2006,第10页。

②[美]西奥多·舒尔茨:《改造传统农业》,梁小民译,商务印书馆,2006,第150—151页。

及流动量”。随后，英国学者罗伯特·钱伯斯(Robert Chambers)在贫困研究中，除了对收入贫困进行研究，还对引起贫困深层次的原因进行了辩证思考，如生计发展的限制因素、发展能力和机会的贫困等，在上述可持续生计观念内加入了能力的因素。1992年，钱伯斯等人对可持续生计观念进行了明确阐述，提出生计是谋生的方式，该谋生方式建立在能力、资产(包括储备物、资源、要求权和享有权)和活动基础上。同时，只有当一种生计能够应对压力，并在压力和打击下得到恢复；能够在当前和未来保持以及加强其能力和资产，同时又不损坏自然资源基础，这种生计才是可持续性的①。1995年，《哥本哈根宣言》提出了社会发展的八大目标，其中较完整地阐述了可持续生计观念的内涵，即创造能够推动社会发展的经济、政治和法律环境；根除贫困；保证温饱生活，提高就业水平；促进社会整合；实现性别平等，妇女充分参与政治、经济、社会和文化生活；实现全民的教育和卫生机会平等；加速非洲经济社会发展；通过社会措施减缓社会结构的调整过程。同时，伴随理论研究的进一步深入，可持续生计理论开始应用于世界各地的减贫发展和生计建设项目评估实践，成为发展干预的重要工作方法，并在这一过程中不断得到发展和完善。20世纪末，由于世界减贫过程中返贫、社会排斥、政府减贫负担过重等新问题的出现，可持续生计观受到学界和发展机构更为广泛的关注和重视。Scoones(1988)认为，侧重于生计资产及其构成的研究是可持续生计及其相关研究的一个重要途径，且应该与当时主流的经济学思想进行广泛的学术交流②；Farrington(1999)则将生计方法归纳为三个要素：一组原则、一个分析框架以及一个发展目标，并且这三者的区别通常不是特别明显③。Carney(2002)回顾了生计思路的演变以及不同情境下的应用；安东尼·哈尔等人在发展型福利框架下形成了更详细的可持续生计理论，阿玛蒂亚·森《以自由看待发展》一书对人的可行能力的阐述

①Chambers R, Conway G R.. Sustainable rural livelihoods: Practical concepts for the 21stcentury (IDS Discussion Paper 296). Brighton UK: Institute of Development Studies,1992.

②Scoones,I.. Livelihoodsperspectives and rural development, The Journal of Peasant Studies,2009,36(1):171-196.

③Farrington J.. Sustainable Livelihoods, Rightsand the New Architecture of Aid. Natural Resource Perspectives, 2001.

基本上也包含了相一致的观点[①②③]。而在减贫发展实践中，生计方法通常被作为一种可以更好地掌握生计复杂性、理解生计方法贫困影响，以及识别如何采取合适干预措施的工具和方法[④]。

由于研究者及发展机构对于生计观念及其内涵的理解不同，国际上形成了多种可持续生计的分析方法，包括学者 Ellis、Bebbington 等人和联合国开发计划署（UNDP）、美国援外合作署（CARE）、英国国际发展署（DFID）、联合国粮农组织（FAO）以及世界银行等学者和国际组织机构分别提出的可持续生计分析框架。其中，Ellis 通过总结扶贫、脆弱性、可持续性和生计策略等相关研究，建立了“资产—调节获得和使用资产活动的程序—活动”的框架结构，以及生计多样化分析框架[⑤]；Bebbington 提出的以资本和能力为核心的、用于分析农民脆弱性、农村生计和贫困的框架[⑥]。联合国开发计划署试图通过探

---

①Scoones I.. Sustainable rural Livelihood: a Framework for analysis.Working,1998,p72;Farrington et al.. Sustainable Livelihoods in practice: early applications of concepts in rural areas. Natural Resource Perspectives,42June,1990.London:Overseas Development Institute; Carney.D.. Sustainable Livelihoods Approaches: Progress and Possibilities for Change.London,2000.

②安东尼·哈尔等:《发展型社会政策》,社会科学文献出版社,2006。

③阿玛蒂亚·森:《以自由看发展》,任赜、于真译,中国人民大学出版社,2002。

④ Farrington et al.. Sustainable Livelihoods in practice: early applications of concepts in rural areas. Natural Resource Perspectives,1999.

⑤Ellis. Rural Livelihoods and Diversity in Developing Countries. Oxford: Oxford University Press,2000.

⑥Bebbington A.. Capital and Capabilities:A Framework for Analyzing Peasant Viability,Rural Livelihoods and Poverty,World development,Vol.22,1999,p20,21,44.

讨穷人所拥有的资源来对发展进行重新定义，把对发展的思考引向支持个体的男性和妇女的才能、知识和技术，其目标在于推动一种整体的发展观，包括收入、自然资源的管理、赋权、使用合适的工具、金融服务和善治等方面。同时，这一可持续生计分析框架强调外部环境和干预对可持续生计的影响，提出可持续生计是发展的目标而非发展的起点和路径。为此，UNDP 建立了一整套的指标体系用以监测生计的可持续性和安全性，包括：(1) 可持续生计政策和规划所投入的资源；(2)来自可持续生计政策和规划的实物产品和服务的产出；(3)上述产出被享用的程度；(4)人们生活得到改善的程度；(5)利用投入以获得上述产出、成果和影响的路径[①]。美国援外合作署(CARE)也将可持续生计途径作为其在全球范围内发展项目干预设计、实施和监测评估的重要方法，并在其长期的发展实践中形成了独特的以农户为中心的可持续生计分析框架。

CARE 的可持续分析框架将分析单位界定在农户层次，基本上以农户为瞄准对象开展发展项目。在可持续生计分析基础上，CARE 提出了发展干预的三个层次：给农户提供食物、饮水、住房以及其他基本服务的生计供给(livelihood provision)，为农户提供以工代赈、种子、工具以及灌溉系统的生计保护(livelihood protection)，为农户提供一定的资产、改善其生产、消费和交换环境的长期的生计促进(livelihood promotion)。他们将农户的生计系统界定为三个要素：拥有的能力(如教育、技能、健康、生理条件等)、有形的和无形的资产的可及性以及经济活动。在 CARE 的框架中，发展干预在农户资产的基础上，对农户的生产、收入和消费等行动进行影响，促进农户实现安全的生计，且这种生计安全不仅表现在粮食、营养、健康、饮水、住房、教育等基本需求的满足，也表现在社区参与的个体的安全上。与 UNDP 的框架相比，CARE 的框架更加具体，也更具可操作性。

DFID 在《可持续生计指南》中提出的可持续生计分析框架(即 SLA 框架)是最具代表性和应用最广泛的分析框架，且具有显著的理论创新性，对于后来可持续生计的研究和发展起了引领性作用。DFID 的可持续生计分析框架用一个二维平面图来展示生计构成核心要素及要素间的结构与关系(见图 1)。

---

①纳列什·辛格乔、纳森·吉尔曼：《让生计可持续》，《国际社会科学杂志(中文版)》2000 年第 4 期。

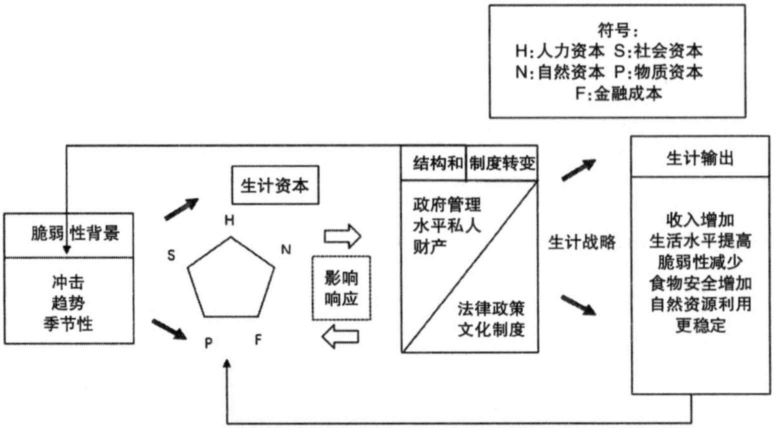

图 1　可持续生计框架示意图

从这个框架中可以看出,在制度和政策等因素造就的风险性环境中,以及资产与政策和制度的相互影响下,作为生计核心的资产的性质和状况,决定了采用生计策略的类型,从而导致某种生计结果,而生计结果又反作用于资产,影响资产的性质和状况。即可持续生计的分析框架将穷人或者贫困家庭对资产禀赋的认识看作是其进行某种行动选择的根本,基本原则是减贫政策必须关注穷人资产状态的改善,或者是能够充分利用现有的资产,赞成用积极的态度去审视穷人,强调穷人有自己的解决办法,而不是去代替、阻止或者是破坏穷人自己的解决方案。具体来看,SLA 框架遵循四个基本的核心原则,包括:(1)以人为中心原则。实现可持续和消除贫困的必要条件是支持和理解不同群体的不同需要,并且协同当地人按照适合当前社会和环境的生存战略共同行动。(2)响应和参与原则。穷人是进行选择和确定优先发展战略的关键角色。外部帮助必须听取穷人的意见,实现穷人的共同参与。(3)多层次原则。实现消除贫困这一目标需要在多个层面上进行,在微观层面上保证的活动能为发展政策提供信息,在宏观层面上保证环境发展以及宏观结构和过程能支持人们增进他们的发展能力。(4)可持续原则。可持续发展有四个维度,即经济—制度—社会—环境的可持续性[①]。从内容上看,可持续分析框架由脆弱性背景、生计资本、结构和制度的转变、生计战略和生计输出五个部分组成,这些组成成分以复杂的方式互相作用,箭头表示只是一个组成影响另一个组成的一些最重要的情形。这些关系主要表现在:在脆弱性背景下的冲击、趋势以及季节性既可以创造资本又可以毁坏资本,政府机构投资于基础设施建设(物化资本)、技术革新(人力资本)以及制度的建设(社会资本)也是创造资本的过程,政策和制度也能在一定程度上调节对资源的拥有和响应的程度以及对不同生计战略的反馈程度[②],拥有较多资本的人们往往拥有更多的选择权并有能力运用一些政策措施确保他们的生计安全,人们获得幸福的能力在很大程度上取决于他们对资产的拥有,不同的资产组合可以达到不同的生计结果。由于可持续生计框架将农户看作是在脆弱性背景下生存或谋生的对象,并可以使用一定的资本,同时这种环境也影响着农户的生计策略——资本配置与使用的方式,以实现预期的成果并满足他们的生计目标。也就是说,在制度和政策等因素造就的脆弱性环境中,在资本与政策和制度相互影响下,作为生计核心的资本的性质和状况,决定了采用生计策略的类型,从而导致某种生计结果,生计结果又反作用于资产,影响资产的性质和状况[③]。

理论上,DFID 的框架充分体现了可持续生计研究的几个原则:(1) 可持续生计是建立在农户或者社区层次上的微观研究;(2) 进行可持续生计分析是在构建一定时间序列上的结构的、历史的、制度的大的框架下进行的;(3)可持续生计框架应该是以人为中心的,是整体性的、动态的;(4)可持续生计分析是从能力分析出发,而不是从需求分析出发;(5)可持续生计的维度是多维的,包括环境、经济、

①Martha G.Roberts、杨国安:《可持续研究方法国际进展——脆弱性分析与可持续生计方法比较》,《地理科学进展》2003 年第 22 期。

②Kollmair.M, Gamper ST.. The Sustainable Livelihoods Approach. paper for Integrated Training Course of NCCR North-South Aeschiried,Switerland,2002.

③苏芳、徐中民、尚海洋:《可持续生计分析研究综述》,《地球科学进展》2009 年第 1 期。

社会和制度的多个方面①。同时,这一框架将穷人或者贫困家庭对资产禀赋的认识看作是其进行某种行动选择的根本,基本原则是减贫政策必须关注穷人资产状态的改善,或者是能够充分利用现有的资产,赞成用积极的态度去审视穷人,强调穷人有自己的解决办法,而不是去代替、阻止或者是破坏穷人自己的解决方案。可持续生计框架方法强调以人为中心或综合性,为理解人们在一定的社会、制度、政治、经济和自然环境下如何行动提供了一种综合性的分析视角②。同时,可持续生计的分析框架也是以资产拥有和升值的持续发展的理论与行动框架。生计可持续归根到底就是实现资产的增值,这就需要资产多元化、效益最大化和风险最小化。其中资产多元化是指资产保值与增值的过程,也就是生计所依赖的资产为生计带来的诸多途径和采用的相应办法;风险最小化是指可持续生计所面临的风险环境,包括自然风险、经济风险、政策风险等,如何在可能的条件下破坏最小;而效益最大化则是可持续生计所依赖的保障环境,包括社会保障、组织保障、文化保障以及生计策略等,从而使生计结果可持续发展,为可持续生计的资产增值并实现效益最大化创造条件,提供环境。就减贫实践而言,可持续生计的分析框架提供了一个指导性提纲,用于鉴别生计中主要限制因素以及不同因素之间的关系,并在此基础上设计有针对性的干预措施。因此,可持续生计的分析框架能够在个人、家庭、村寨、小流域、区域或国家等不同层次上得到应用。尤其是 21 世纪以来,国外学者运用可持续生计分析方法对农户生计的诸多方面

---

①Colin Murray.Livelihoods research:some conceptualand methodological issues.Chronic Poverty Research Centre Background, 2001,p5.

②Carney,D..Implementing the Sustainable Livelihoods Approach. London: Department for International Development,1998.

进行了大量的研究，如生计多样性（Smithetal,2001）、生计脆弱性(Hahnetal,2009)、生计安全(Singhetal,2010)、农户生计与扶贫(Ellisetal,2003)、能源消费与农户生计(Chernietal,2009)、土地利用与农户生计(Soini,2005)等,进一步拓展了这一理论和分析框架。

可以说,可持续生计的分析框架体现了一种更具综合性的贫困分析视角及反贫困评估工具。其建立在能力、资产和活动基础之上的生计概念,直接关注了资产以及在实践中所拥有的选择之间的联系,以及在此基础上追求创造生存所需的收入水平的不同的行动[①]，而强调以人为本和可持续的脆弱性背景等则进一步突出了贫困研究的综合性理论视角。可持续生计的分析框架也是一种对贫困农户的可持续生计进行规范化和系统化的研究方法,建立在对农户生计特别是对贫困问题的诸多影响因素进行梳理、分析的基础上,以及重视对影响生计诸多因素及其过程的分析,并力图区分影响生计主要因素以及它们之间的互动关系,为生计问题的研究提供一种规范的工具和系统化的思路[②]。虽然这也为其带来理论基础的模糊性和不确定性,但总的来看,其仍然提供了看待和分析贫困问题的一种新的视角。

三、社会资本的减贫范式

在有关农村贫困与反贫困的研究中,"资本"一直处于中心位置,但其概念也在不断演进:早期的研究主要强调传统意义上的自然资本和物质资本,如纳克斯"贫困恶性循环理论"从传统资本的供给和需求两个方面的恶性循环来论述发展中国家长期贫困的原因[③]；舒尔茨人力资本理论则认为贫困的主要根源

①Ellis.Household strategies and rural livelihood diversification. The Journal of Development Studies,1998.

②何仁伟、刘邵权、陈国阶等:《中国农户可持续生计研究进展及趋向》,《地理科学进展》2013 年第 4 期。

③Nurkse,R.. Problems of capital formation in underdeveloped countries:and Patterns of trade and development. New York:Oxford University Press,1953.

在于人力资本的投资不足[①];20 世纪 80 年代以来，社会资本在减轻农村贫困中的作用逐渐成为发展经济学家关注的一个热点,社会资本理论为研究贫困问题提供了新的理论视角和经验证据。

作为 20 世纪 80 年代以后兴起的一个重要的社会科学解释框架,社会资本理论最早可以追溯到早期社会学、经济学和政治学研究中关于规范、道德和团体对于个人行为影响的经典论述。从理论研究的谱系来看,社会资本理论横跨政治学、经济学和社会学三大学科领域,包括了社会学、经济学的社会资本理论以及政治学社会资本理论两大派别。从内容上看,这一理论试图超越过去的现代化理论、依附理论、世界体系理论以及理性选择理论和新制度主义,为社会行为(个体和集体行为)、经济效率、制度绩效以及社会民主等提供了一个新的解释框架。

社会学研究构成了社会资本理论的研究基础。学术界一般认为,利达·汉尼范(Lyda J.Hanifan)和雅各布斯(Jacobs)是最早对社会资本进行研究的。利达·汉尼范第一次使用了“社会资本”这一概念,并把社会资本看作是有利于个体和社区发展的资源。其后,许多学者在其基础上进行了补充和完善,逐渐形成了社会资本的理论范式。根据理论的研究内容,社会资本是自然资本、物质资本、人力资本的必要补充,也是发展必不可缺的资本形式[②]。社会资本与传统的资本概念相比有很大不同,最显

①Schultz T.W.. Investment in Human Capital, The American Economic Review,1961,51(1),p1-17.

②Ostrom E. Social capital: a fad or a fundamental concept?.P.dasgupta & I.Serageldin Social Capital A Multifaceted Perspective, 2000.

著的差别在于其是一种非正式制度，是行动者在行动中获取和使用的嵌入在社会网络中的资源[①]。20 世纪 80 年代，法国学者布迪厄对社会资本进行了系统研究。他在《区隔：品位判断的社会批判》一书中，提出了社会资本的思想。他认为，社会资本就是“社会联系、社会荣誉和社会尊敬的资本”[②]。随后，布迪厄发表了《社会资本随笔》，正式提出了社会资本的概念，并对其进行了界定，社会资本是“实际或潜在的资源的集合体，这些资源与拥有或多或少制度化的共同熟识和认可的关系网络有关”。从这一概念界定可以看出，社会资本的关键是“联系”（Connections），正是因为有了彼此的联系，人们之间才拥有了社会义务及其赋予的资本。在文章中，布迪厄对社会资本的构成进行了分析，认为社会资本由两部分组成：一是社会关系本身，它可以使社会中的个体获得群体所拥有的资源；二是所拥有的这些资源的数量和质量。他在研究中还提到，个体不断增加的收益是通过参与群体活动获得的，同时为了获得和创造这种资源，个体会对社会能力进行策划与构建。社会网络必须通过投资于社会群体关系的制度化战略进行建构，它不是自然产生的，这种建构将会给个体本身带来其他收益[③]。1986 年，布迪厄在其研究中更加详细地区分资本的三种形式，包括经济资本（以金钱为媒介，以产权为制度化形式）、文化资本（以文凭、学历、证书等为符号，以学位为制度化形式）、社会资本（以社会声望、名誉、权威和头衔等为符号，以社会契约为制度化形式）[④]。随后，美国社会学家科尔曼通过大量的实证研究，检验了社会资本理论由微观层面到宏观层面的超越，更加丰富了社会资本理论的现代意义。1988 年，科尔曼在《美国社会学杂志》上发表了《社会资本创造人力资源》一文，结合实证研究对社会资本进行了较为深入的论述。科尔曼认为，社会资本的定义由功能而来，它不是某种单独

①周晔馨、叶静怡：《社会资本在减轻农村贫困中的作用——文献述评与研究展望》，《南方经济》2014 年第 7 期。

②Pierre Bourdieu.Distinction a Social Critique of the Judgment of Taste.Cambridge Mass: Harvard University Press,1984.

③Portes A..Social Capital:Its Origins and Applications in Modern Sociology.Annual Review of Sociology,1998(24).

④Pierre Bourdieu.The forms of Capital.inHandbook of Theory and Researchfor the Sociology of Education,Westport,CT: Greenwood Press,1986.

的实体，而是具有各种形式的不同实体。其具有两个特征：它们由构成社会结构的各个要素组成，它们为结构内部的个人行动提供便利①。总体上看，社会资本是基于社会关系、网络和社团的制度和组织，这些社会关系、网络和社团可以产生出共享知识、相互信任、社会规范以及不成文规则。根据社会资本包含的核心内容，它还可以被定义为“社会组织的特征，诸如信任、规范以及网络，它们能够通过促进合作来提高社会的效率”。总之，社会资本概念关注个体与个体间的关系、个体行为的“嵌入”(embeddedness)、个体对社会资源的拥有(access)和动员(mobilization)能力以及个体在社会网络中的位置等方面②。可以说，布迪厄和科尔曼的研究开启了社会资本研究的现代意义，为社会资本理论的进一步发展以及社会资本减贫范式的出现奠定了基础。因此，自社会资本在收入和贫困问题中的作用被“发现”以来，社会网络、信任和规范等社会资本对减轻农村贫困的作用逐渐受到学界的重视，大大推动了反贫困研究的发展。

(一)社会资本的嵌入性理论

20世纪80年代以后，社会资本理论得到进一步的拓展。亚历杭德罗·波提斯(Alejandro Portes)从个人角度来定义社会资本，认为其是通过个体具有的成员资格身份在宽泛的社会结构(如组织、网络等)中获得短缺资源的能力，且这种获取社会资本的能力不是固定不变的，而是存在于个体之间变动着的关

①James SColeman.Social Capital in the Creation of Human Capital.American Journal of Sociology,1988,p94-95.

②周晔馨、叶静怡：《社会资本在减轻农村贫困中的作用——文献述评与研究展望》，《南方经济》2014年第7期。

系中,社会资本是嵌入的结果[1]。随后,社会学者林南又以个体为中心进行了社会资本的定义和解释。他认为,社会资本作为在市场中期望得到回报的社会关系投资,可以定义为在目的性行动中获取的,或被动员的、嵌入在社会结构中的资源[2]。在此基础上,马克·格兰诺维特(Mark Granovetter)借鉴嵌入性理论,对社会资本进行了重新定义。即社会资本是"个人通过他们的成员身份在网络中或者在更宽泛的社会结构中获取稀缺资源的能力。这种能力不是个人固有的,而是个人与他人关系中包含着的一种资产。社会资本是嵌入(Embed-dedness)的结果"[3]。同时,在对嵌入性的研究中,他将其分为两种形式:结构性嵌入和关系性嵌入。其中关系性嵌入与结构性嵌入出现的时期不同。一般来说,关系性嵌入建立的基础是社会网络中双方对于互惠的期望,当双方能够嵌入成为网络的一部分时(这时候的嵌入性称为结构性嵌入),信任就会增加,同时各种约束因素也会被社会网络强制推行,从而增加更多的有利于双方发展的特征。为了对科尔曼的资本形式进行更为细致的分析,他对社会资本两种形式进行了区分,即"价值内向投射"和"有限团结"。"价值内向投射"是指在社会网络中,由于价值的积累效应可以使得其在网络中进行内化,形成一个社会联系价值的氛围和道德,从而推动个体能够在与他人联系时,对方由于价值使然而可以将资源转让。"有限团结"是指能够认同网络集团内部的目标和价值观,从而推动个体建立社会关系的时候可以考虑资源的转让[4]。

在经济学研究领域,从经济学视角研究社会资本,分析社会资本对经济发展

---

①Alejandro Portes. Economic Sociology and the Sociology of Immigration: A Conceptual Overview.Economic Sociology of Immigration: Essays on Networks,Ethnicityand Entreprenership,ed.by AlejandroPortes,New York: Russell Sage Foundation,1995,p11-13.

②林南:《社会资本——关于社会结构与行动理论》,张磊译,上海人民出版社,2005,第 24—28 页。

③ Coleman J.S..Foundations of Social Theory.Cambridge,MA:Harvard University Press,1990,p28-48.

④Mark Granovetter.The Strength of Weak Ties: A Network Theory Revisited.Sociological Theory,1983.

的影响逐渐成为主流。埃文斯(Evans)、方丹(Fountain)和福山(Fukuyama)等从宏观的经济政策、中观的制度以及创新的视角运用社会资本理论,并取得了一系列的研究成果。1996年,埃文斯基于发展经济学的视角,研究了社会资本的内涵,提出社会资本的核心是规范和网络,只有两者具备,才能称得上是具有意义的社会资本。福山则把社会资本的内涵集中在群体的价值和社会规范上来,即普遍的社会信任,尝试用社会的普遍信任程度来分析一个社会或国家的经济繁荣程度,在更宽广的层次来论述社会资本,如群体层面、国家和社会层面等,明确阐明了以社会为中心的社会资本的功能,即普遍的社会信任与经济繁荣之间的关系①。

伴随社会资本概念日益成为贫困研究中的热门词汇,也逐渐被国际组织包括政府组织和非营利机构所采用,逐渐产生了社会资本减贫的制度范式和关系范式。特别是世界银行在推行发展项目帮助发展中国家过程中,逐渐将社会资本作为理论依据,在非洲、拉美和亚洲部分国家及地区实施了一系列发展项目, 并以发展项目证明了社会资本确实是发展中“缺失的链条”。由此,社会资本在反贫困中的作用也受到了越来越多的关注。

(二)社会资本与收入不平等

美国杜克大学教授林南是20世纪80年代以后社会资本理论的重要研究者,他主要研究了社会网络与社会资源之间的关系。在其论述中,并没有使用社会资本这样的词汇,但他提出的社会资源与社会资本的含义基本相同。林南在格兰诺维特研究的基础上,提出社会资本可以获得资源,这些资源可以让个人得到更多的益处,以满足自己的发展需要,但社会资本必须

①吴军、夏建中:《国外社会资本理论:历史脉络与前沿动态》,《学术界》2012年第8期。

嵌入网络社会中才能获得这些资源。他在研究个体拥有这些资源的时候，分别从资源的数量和质量方面予以论述，认为有三个因素影响资源的获得，包括异质性、网络成员的资源拥有量以及关系连接强度。同时，基于格兰诺维特的“弱关系”理论，林南认为在社会结构中，社会是分层式的，如果个体进行工具性行动时，通过“弱关系”将获得更多的社会资源。同时，为了对社会资本的指标进行度量，林南还建立了社会资本指标体系，对社会资本进行了理论建模。

就贫困研究而言，林南是较早从理论上分析社会资本不平等影响收入不平等作用机制的学者①。他认为这种不平等主要是通过资本欠缺(capital deficit)和回报欠缺(return deficit)两个渠道形成。这两个渠道与相对剥夺(relative deprivation)概念不谋而合，而相对剥夺是相对贫困概念提出的理论基础。社会资本可能造成和加剧相对剥夺，从而扩大收入差距。资本欠缺，主要是指因为投资和机会的不同所导致的不同群体拥有不同质量和数量的资本，这一渠道实际上反映了社会资本在不同收入群体间的分布。然而，仅仅从理论上是难以判断穷人是否占有优势的，一方面，穷人时间的机会成本比富人更低，因而在具有时间密集型生产特征的社会资本上可能具有优势；另一方面，社会资本与人力资本之间存在着正相关关系②，尤其是教育对社会信任和社会参与也有正效应，而人力资本又与收入、财富正相关，因此，穷人拥有的社会资本也会更少。Mogues 以及 Carter 也从理论上研究了社会资本的不平等在收入不平等中发挥的重要作用。他们提出，在正规市场不完全的情形下，社会资本(如血缘、地缘或业缘关系)可被视为一种无形资产或担保品，为社会资本的拥有者提供更多机会从而增加其收入③。因此，给定初始的经济两极分化和财富不平等状况，社会资本的不平等将引发进一步的收入或财富不平等。第二个渠道，即回报欠缺，是指由于群体间动员策略、行动努力或制度性反应的不同，从而引起一定数量社会资本对于不同个体会产生不同的回报。农民低收

①Lin,N.. Social Capital:A Theory of Social Structure and Action. New York:Cambridge University Press,2001.

②Carter,M. R. and J. A. Maluccio.Social Capital and Coping with Economic Shocks: An Analysis of Stuntingof South African Children.World Development,2003,31(7).

③Mogues,T.and M.Carter.Social capital and the reproduction of economic inequality in polarized societies.Journal of Economic Inequality,2005,3(3).

人群体的社会资本回报率相对富人而言到底更高还是更低，可能主要取决于两个方向力量的对比。一方面，对于作为一种投入要素的社会资本，如果边际产出递减规律成立的话，则社会资本的回报率会随存量的增加而降低。如果穷人拥有的社会资本更少，那么相对富人而言，穷人的社会资本有可能会有更高的回报率。另一方面，根据林南提出的达高性、异质性和广泛性三维标准，穷人是缺乏高质量社会资本的，穷人能够获取和动用的社会资源也劣于富人，因此社会资本对穷人的回报也可能会低于对富人的回报[①]。更细致的理论研究则聚焦于微观个体的社会资本尤其是社会网络对收入不平等的影响。Calvo Armengol 以及 Jackson 通过分析初始就业成本以及初始就业率的不同，解释了社会网络通过未来就业率和就业前景对收入差异的影响。Mckenzie 和 Rapoport 的研究发现，地区迁移率与该地区的收入不平等之间呈倒 U 形的关系，而这种关系的形成主要依赖于社会网络。由于受到初始高额迁移成本的限制，只有富人家庭才有机会向外迁移，因此会加剧迁入地区的收入不平等。但是当迁入地的社会网络形成后，将会降低后续的迁移成本，从而穷人家庭也有能力迁移并增加非农收入，最终会缓解所在地区的收入不平等状况。他们还验证了迁移率与收入不平等之间的倒 U 形曲线，并发现其曲度主要由该社区在迁入地网络的发达程度决定。

（三）社会化进程与社会资本

经济学思想对社会资本理论的发展也具有重要的推动作用，劳里（Loury）、科尔曼（Coleman）等一批经济学家在对经济理论研究中运用了社会资本的概念。20 世纪 70 年代，劳里借

①Narayan,D.and L.Pritchett.Cents and Sociability:Household Income and Social Capital in Rural Tanzania.Economic Development and Cultural Change,1999,47(4).

鉴了布迪厄关于社会资本理论进行经济学问题的分析。具体来看,劳里论证了社会资源与人力资本之间的关系,提出社会资源对人力资本具有重要影响。在论证中,他使用了社会资本的概念,认为社会资本是存在于家庭或者社会组织中的重要资源之一,对家庭成员尤其是儿童的社会化发展、人力资源的发展有着重要影响。他分析了种族之间的收入不平等现象,并对新古典理论进行了批判,认为其过于重视人力资本的作用,永远不能降低或者消灭种族不平等,提出只有从政策上规定机会平等并对雇主对种族的歧视现象进行根治,才能够促成一个平等的社会①。劳里以黑人为例,论证了黑人由于不具有平等的受教育机会、缺乏物质资源,因而缺少市场信息和工作机会,也就从根本上丧失了与劳动力就业市场的关系。

经济学家、社会学家科尔曼对社会资本的定义主要借鉴了劳里、格兰诺维特和林南的理论,并从社会结构角度对社会资本的概念进行了论述。他研究了劳里对社会资本理论在经济学中的分析以及相应的结论,并在社会化发展过程中对社会资本的影响作用进行了研究。科尔曼主要从人力资本与社会资本的关系出发,研究了社会资本对人力资本的作用②。在研究中, 他从功能的角度对社会资本进行了定义,认为“社会资本就是人们为了共同的目的在集体和组织中一起工作的能力,它是由具有两种特征的多种不同实体构成的,这些实体由社会结构的某个方面组成, 并促进了处于该结构中个体的某些行动”。他提出了人一出生就拥有的三种资本和五种社会资本的形式。其中,三种资本形式包括:(1)人力资本。这是由于遗传因素造成的,因此每个人具有的人力资本是有所差异的。(2)物质资本。这也是生下来就具有的不同资本,比如拥有的货币、拥有的土地等,由于每个人出生的背景不一样,因此具有的物质资本形式就不一样。(3)社会资本。这是由所处的社会环境所造成的。由于社会资本是拥有社会资源的财产,因此它必须存在于社会网络关系中。社会资本是一个高阶概念,拥有不同的形式。科尔曼论述了社会资本的五种形式。一是义务与期望,二是信息网络,三是规范和惩罚,四是权威

①Loury G.C..A Dynamic Theory of Racial Income Differences. Lexington:Lexington MA Heath,1977,p46-58.

②Coleman J.S..Social Capital in the Creation of Human Capital .American Journal of Sociology,1988,p94.

关系，五是社会组织。在第一种形式中，他提出个体为他人服务时确认别人也会对自己目前或者未来进行义务回报，如果这种形式成立，个体就拥有社会资本，他对这种形式进行了隐喻，比喻成“义务赊欠单”；在第二种形式中，个体可以通过社会网络获得有益的社会信息，这种信息可以给个体带来就业或者其他方面的收益，如果这种社会关系存在，个体就拥有社会资本；在第三种形式中，他论述了规范和惩罚的关系，认为规范可以通过有效的惩罚解决问题；在第四种形式中，因为权威可以影响他人，从而为解决网络中个体产生的矛盾和问题提供帮助，尤其是在解决共同性问题时发挥重要作用；第五种形式就是通过有意创建的社会组织从而拥有社会资本。

科尔曼用经济学的研究范式将社会资本概念进行了扩展，并从中观层次对社会资本进行考量，突破了从微观层次研究社会资本的范畴。同时，他从经济学角度对社会资本进行了系统的论述，但是有学者认为其提到的概念诸如社会资本拥有者、社会资本的源泉等经常被混用，因此对以后的研究不利，需要从根本上界定社会资本的起源，也需要对社会资本的性质进行全面研究。

总的来看，20 世纪中后期以及 21 世纪初期的贫困理论研究突出了综合性以及应用性的特点。延续微观贫困研究的思路，以贫困人口、家庭以及社区为研究对象，西方理论界及国际减贫机构在贫困的内涵、分析框架以及反贫困理论模式等研究方面进行了进一步的拓展和完善，形成了基于能力、权利和福利的能力、贫困概念以及贫困的权利分析方法，并在国际减贫机构和理论界的共同推动下，形成了可持续生计的反贫困理论框架以及社会资本理论的减贫范式，为推动新世纪国际减贫理论及实践的进一步发展做出了重要贡献。

8

第八章　贫困与反贫困及发展研究的进一步反思

一、多维贫困的测量和概念拓展

二、多元发展观下的反贫困理论

三、社会质量及治理理论中的反贫困研究

四、资产建设以及家庭经济学的微观反贫困理论

20世纪80年代以后，世界历史进入新的发展历程，人类经济社会发展步入信息化、全球化新时代。由于世界各国及国际组织机构的努力，全球贫困问题得到一定的缓解，但依然是世界各国尤其是发展中国家经济社会发展面临的巨大挑战。2000年联合国千年首脑会议上，191个联合国成员国就消除贫穷、饥饿、疾病、文盲、环境恶化以及对妇女的歧视，商定了一套有时限的目标和指标，即联合国千年发展目标，提出以1990年的贫困水平为标准，到2015年以前将全球贫困水平降低一半。这些对于全球减贫实践及减贫理论研究的发展产生了巨大的推动作用。

在贫困研究方面，研究者及减贫实践工作者对于贫困认定视角由“客观”到“主观”拓展，贫困内涵从单维收入贫困到多维福利贫困的拓展，有关贫困问题的认知和分析又发生了新的变化，出现了以主观贫困线和主观福利贫困为主要研究内容的主观贫困(Subject Poverty)研究框架，对穷人和弱势人群信息行为和信息世界研究基础上形成的信息贫困理论（Theory of Information Poverty)，地理学视角下空间贫困理论的进一步拓展，这些研究重塑了人们对于贫困的传统认知，丰富了知识社会、信息时代贫困研究的分析视角和理论方向。同时,二战后以“华盛顿共识”为代表的传统发展主义模式开始受到批判和质疑,特别是20世纪80年代以后,信奉西方发展主义的欠发达国家并没有像理论预测的那样实现全面的现代化,加之西方国家自身发展面临的危机以及后现代主义思潮的影响,一些学者开始对传统发展主义展开理论反思和实践批判,形成了新发展主义思潮。新发展主义质疑传统发展观下西方“普世性”的现代化工业文明及其合理性,并以后现代主义的“多元化”“多中心”和“反基础主义”为原则,指出发展中国家不应完全沉溺于西方价值体系,而应结合自身的文化传统和制度实践,创造属于自己的发展方式和路径①。在贫困与反贫困问题上,新发展主义反对单纯以收入提高为指标的扶贫活动,强调重视为增加收入而付出的成本或代价。基于此,在新发展观指导下,益贫式增长、包容性增长、绿色减贫增长等多元发展理论开始出现,并成为减贫发展领域重要的理论和价值观。

20世纪90年代,为对抗新自由主义经济趋势以及社会政策日益成为经济政策附属和工具的现象,欧洲一些社会科学家和政策分析者提出了社会质量的概念和理论,强调重新审视社会政策的基础和目标,重视“社会”内涵,建立经济发展和社会发展之间的平衡,为反贫困政策理论发展提供了新的视角。而美国经济学家迈克尔·谢若登提出的资产建设理论以及加里·斯坦利·贝克尔(Gary Stanley Becker)的家庭经济学理论,以家庭为观察和分析单位,从家庭资产建设及其消费、生产、理财等经济活动出发,构建了微观的反贫困理论框架。同时,伴随志愿团体、慈善组织、社区组织、民间互助组织等社会组织力量的壮大以及治理理论的兴起,进一步拓展了反贫困行动主体及其关

①李胜:《浅析二战后发展主义文化的后现代解构》,《学术论坛》2007年第12期。

系建构的研究，为反贫困行动提供了相应的理论解释和分析框架。

本章以贫困测量和界定的拓展为契引，介绍 20 世纪 80 年代至今贫困与反贫困问题以及发展研究的进一步反思，包括贫困测量的发展演变，尤其是主观贫困理论分析框架以及信息贫困、空间贫困等贫困研究的拓展，新发展主义基础上益贫式增长、包容性增长、绿色减贫增长等多元发展理论和社会质量理论的政策分析框架，资产建设理论、家庭经济理论等微观反贫困理论以及治理理论有关反贫困行动的建构和解释等。

一、多维贫困的测量和概念拓展

贫困的测量是贫困研究显性化的路径，它既是贫困研究的理论问题，也是一个重要的实践问题。其一方面涉及贫困研究过程中的主体确认、识别、维度指标的选取和加总；另一方面也关系实证运用时贫困人口的瞄定、地区或维度的分解以及反贫困政策的制定等[①]。从贫困研究的不断深化来看，其测量方法也随之变迁，逐渐成为一个涉及货币指标、福利水平以及家庭脆弱性等复杂问题，涵盖了与贫困有关的概念和方法论。从研究历程来看，朗特里的贫困线指标奠定了以收入为基础的传统贫困测量方法，即以家庭收入低于某个临界值（一般是指满足日常生活最基本生活的收入水平）作为衡量贫困的标准。20 世纪中后期，由于卡尔布雷斯、朗西曼以及汤森德等人提出了相对贫困概念，与收入分配相关的相对贫困线开始出现。相对贫困线是将一个国家国民收入的 30%~50%作为贫困标准，位于此标准之下的个体被界定为贫困人口。1990 年，世界银行根据 1985 年的购买力平价不变价格计算，提出了一天 1 美元的极端贫困标准以及一天 2 美元的贫困标准[②]，成为到目前为止国际上大多数国家及反贫困项目广泛认可和执行的贫困测量方法。伴随贫困研究的深入，社会排斥、权利贫困、能力贫困等多维贫困理论产生和发展，对于以收入为标准的绝对贫困和相对贫困测量方法提出了挑战和补充，也开启了多维贫困测量的研究。

①张全红、周强：《多维贫困测量及述评》，《经济与管理》2014 年第 1 期。

②世界银行：《1990 年世界发展报告——贫困问题·社会发展指标》，中国财政经济出版社，1990。

由于多维贫困的复杂性、动态性特征，多维贫困测量的研究者在指数构建、测量以及加总等问题上产生了不同的观点。Hagenaars 最早从收入和闲暇两个维度构建了多维贫困指数，并从维度指标选取上进行了创新①。20 世纪末，联合国开发计划署（UNDP）增加了贫困指数中的社会福利水平维度，提出了能力贫困测度（Capability Poverty Measure）及人类贫困指数（Human Poverty Index，简称 HPI）②。其中，HPI 是衡量一个国家平均人类发展水平的参考指数，针对发展中国家和发达国家不同的贫困状况，联合国开发计划署分别采用了不同的维度指标。发展中国家的 HPI 维度指标标准包括寿命（预期寿命在 40 岁以下人口比重）、读写能力（成人文盲比重）和生活水平（拥有安全饮用水的人口比重、5 岁以下营养不良的人口比重以及没有获得医疗保健的人口比重）；发达国家的贫困指数则包括寿命（预期寿命在 40 岁以下人口比重）、16~65 岁年龄组中缺乏技能的人口比例、人均可支配收入不到平均水平的比例和失业率四个维度。

进入 21 世纪，研究者对于多维贫困的测量提出了新的思考，萨比娜·阿尔基尔（Sabina Alkire）考察了 139 个关系人类发展和福利水平的指标③；Nussbaum 基于阿玛蒂亚·森的能力贫困理论，从寿命、情感、健康、思维、休闲等十个维度考察了贫困的多维情况④。与此同时，一些研究者建构了具体的测量方法或

①Hagenaars,A.. A Class of Poverty Indices.International Economic Review,1987(28),p583-607.

②UNDP.Human Development Report.Oxford: Oxford University Press,1997.

③ Alkire,S..Valuing Freedom's:Sen's Capability Approach and Poverty Reduction.Oxford:OUP,2002.

④Nussbaum M.. Capabilities as Fundamental Entitlements:Sen and Social Justice.Feminist Economics,2003(9),p33-59.

模型，包括 Wagle 的结构方程模型[①]、Maasoumi 和 Lugo 的公理化方法[②]以及 Erik Thorbecke 提出的多维度立体扶贫测度等[③]。2010 年，Alkire 和 Santos 在 UNDP 提出的人类发展指数（HDI）基础上进行了完善，形成了包含预期寿命、预期受教育年限（包括成人识字率）以及购买力平价折算实际人均国内生产总值（PPP）三个维度的多维贫困测度指数。由于 HDI 在统计过程中缺乏实证基础，不能清楚反映各指标对总贫困的贡献率，且在权重上存在缺陷，主观性较强，因此，UNDP 与英国牛津贫困与人类发展中心（OPHA）合作设计了多维贫困指数（Multidimensional Poverty Index，简称 MPI）。作为 HPI 的完善补充，MPI 已经成为目前国际通用的多维贫困指数，涵盖了 100 多个发展中国家的贫困情况，反映了贫困个体或家庭在不同维度上的贫困程度。该指数也包括三个维度十个指标，即健康（营养状况和儿童死亡率）、教育（儿童入学率和受教育程度）和生活水平（饮用水、电、日常生活燃料、室内空间面积、环境卫生和耐用消费品），MPI 取值越小，说明该个体或家庭贫困程度就越低，反之则越高。同时，MPI 从微观层面来反映个体贫困状况，以及贫困的深度，能更全面、准确地反映一个国家或地区在人文发展方面取得的进步。而且，该指数选取的维度面广，能较好地近似反映贫困人口所处的真实情况，是一种更加符合现代社会发展需求的贫困测度方法[④]。

中国学者也进行了贫困测量理论研究的探索。李小云等引入主动参与式贫困评估方法，构建了参与式贫困指数（PPI），通过调查对象主动参与的方式来获取数据，包括生产条件、生活状况和卫生条件三个维度上的八个定性指标，并运用事先构建的 PPI，对贫困村进行识别[⑤]。王小林和 Sabina Alkire 采用 Alkire&Foster 提出

①Wagle U.R.. Multidimensional Poverty:An Alternative Measurement Approach for the United State?Social Science Research,2008,37(2),p559−580.

②Maasoumi E,M.A.Lugo.The Information Basis of Multivariate Poverty Assessments. Quantitative Approaches to Multidimensional Poverty Measurement, London:Palgrave Macmillan,2008,p1−29.

③ Thorbecke,E..Multidimensional Poverty: Connceptual and Measurement Issue. Thorbecke in Many Dimensions of Poverty,2005,p13−21.

④张全红、周强：《多维贫困测量及述评》，《经济与管理》2014 年第 1 期。

⑤李小云等：《参与式贫困指数的开发与验证》，《中国农村经济》2005 年第 5 期。

的多维度测量方法，利用中国健康与营养调查（CHNS）数据，对住房、饮用水、卫生设施、用电、资产、土地、教育、健康保险等八项指标进行等权重赋值，对中国城市和农村多维度贫困情况进行了分析①。邹薇和方迎风则利用CHNS数据，从“能力”方法的视角，选取收入、教育和生活质量三个维度上的八项指标，考察了国内家户多维贫困的动态变化②。

总之，伴随贫困内涵的演进发展，贫困的测量已经开始从单一的以收入或支出为标准发展到测量公共产品的提供、教育、住房条件、健康状况等多维视角的变化。而贫困认定视角由“客观”自定到“主观”自定的拓展，以及贫困内涵从单维到多维的变迁，也促成了主观贫困概念的出现。

（一）主观贫困的拓展

主观贫困是指在特定社会环境和群体比较中，由个体和社会所接受的最低生活标准构成的主观判断。主观贫困的研究者放弃了对贫困的严格量化，他们认为给定个体支配商品的水平、个体的环境影响对福利的判断，在奢华和贫困的生活之间不是客观的和不可改变的，而是由社会决定的和不断变化的③。

主观贫困的概念源于研究者对于客观贫困线（Objective-Poverty Line）概念的反思，最初以主观贫困线（Subject Poverty Line）概念出现。一方面，传统客观贫困线很难对基本需求的定义尤其是对非食品需求的界定有一个理想的标准；另一方面，客观贫困线所反映的是由非贫困者本身的“他者”专家精英垄断进

①王小林、Sabina Alkire：《中国多维贫困测量：估计和政策含义》，《中国农村经济》2009年第2期。

②邹薇、方迎风：《关于中国贫困的动态多维度研究》，《中国人口科学》2011年第6期。

③Scitovsky Tibor.The Joyless Economy.Oxford: Oxford University Press,1978,p24.

行的贫困认定，具有“家长式作风”意味，即由政府或“专家”来决定何种消费水平对应于贫困，但这种贫困线是“客观”的，有些由“客观”贫困线所确定的贫困家庭不认为自己贫困，而有些被定义为非贫困的家庭却感觉到很贫困①。因此，自 20 世纪 70 年代起，以荷兰学者为代表，率先对贫困线测量方法进行了创新，并提出了主观贫困线的测量方法。与客观贫困线由政府与专家等他者来决定贫困线标准的做法不同，他们认为，社会个体本身拥有最丰富的信息，是社会生活的具体载体，也是自身处境最好的判断者②。具体而言，主观贫困线测量是通过专门的调查问卷来获得个体对于最小收入或基本经济情况的主观判断，即实际收入小于个人自己认为满足最低需要的收入时被定义为贫困者。同时，按照调查问题类型的不同，主观贫困线的确定方法可以分为三种类型：SPL（Subjective Poverty Line）型，指基于最低收入问题的主观贫困线；LPL（Leyden Poverty Line）型以及 CSP（Centrefor Social Policy Poverty Line）型③。在有关主观贫困线的使用及贫困实证研究中，Goedhart 等人最早采用主观贫困线的测算方式，他们通过采访家庭户主以获得他们所认为的适合其家庭规模最小收入这一方式来确定贫困线④。VanPraag 等人进一步将主观贫困线测量方法运用到对欧盟国家的贫困线研究方面⑤。随后，Pradhan 和 Ravallion 在对牙买加和尼泊尔的研究中引入了主观贫困线的测算方法，较早将主观贫困线测算方法运用到发展中国家。他们的结果也表明，这两个国家总体的主

①Van Praag,Bernardand Ada Ferrer-i-Carbonell. A Multi-dimensiona Approach to Subjective Poverty.Presented on the conference on The Measurement of Multidimensional Poverty,Theory and Evidence.Brasilia,August 29,2005,p221.

②左婷、杨雨鑫：《重塑贫困认知：主观贫困研究框架及其对当前中国反贫困的启示》，《贵州省社会科学》2013 年第 9 期。

③Flik R.J., Van Pragg B..Subjective Poverty Line Definitions .De Economist 139,1991 (3),p596-615.

④Theo Goedhart, Victor Halberstadt, Arie Kapteyn, Bernard Van Praag. The Poverty Line: Concept and Measurement. Journal of Human Resources 1977,12 (4), p503-520.

⑤Van Pragg B., Goedhart T.,KapteynA..The Poverty Line:A Pilot Survey in Europe. The Review of Economics and Statistics,1980,62(3),p461-465.

观贫困线同官方贫困线非常接近，而在地理与人口特征上则存在显著差异[①]。

主观贫困在研究中往往被操作为主观福利贫困的研究，即通过对个体福利或生活的不同领域的满意度进行测量并加总以对个体的主观贫困状态进行分析。主观福利主要研究绝对收入和相对收入对幸福感的影响，并区别了经历贫困(Experienced Poverty)、经历经济贫困(Experienced Economic Poverty)以及收入贫困三种概念。根据主观福利对贫困的理解，如果一个人有一个较低的生活满意度，那么这个人处在经历贫困的状态；如果一个人有一个较低的经济满意度，那么这个人处在经历经济贫困的状态；如果一个人在事先设定的收入贫困线以下，这个人则处于收入贫困的状态[②]。同时，对生活满意度或幸福感的判断取决于经济因素和非经济因素。根据不同因素的影响，国外主观福利的研究可以划分为四种理论：绝对理论、相对理论、预期理论以及适应理论。其中，绝对理论和相对理论主要从收入角度判断生活满意度或幸福感，适应理论和期望理论主要从非经济角度判断。因此，在狭义层面，主观贫困线在本质上仍属于以收入或消费为依据的单一“物质”贫困线，贫困概念的内涵仍局限于经济收入低下，并未脱离对贫困的传统理解。这也是其受到学术界质疑的所在，即由于贫困的其他维度都与收入贫困密不可分，主观福利贫困的多维标准是否必要也受到一定的质疑。广义层面的主观贫困概念则是在既强调贫困本身主观性的同时也强调其多维性。贫困的主观性强调主观贫困是一

---

①Pradhan M., Ravallion M.. Measuring Poverty: Using Qualitative Perception of Consumption Adequacy. The Review of Economics and Statistics,2000(3),p462-471.

②岳希明、李实、王萍萍等：《透视中国农村贫困》，经济科学出版社，2007，第 91 页。

种感受贫困(felt poverty),是个体对于自身是否属于贫困状况的评估。且这种评估标准通常与个体所设定的参照群体(reference group)有关,在一定程度上也是一种相对贫困(relative poverty)。贫困的多维性则是强调个体对于贫困的理解不仅包括经济维度,而且还包括社会、心理以及政治等其他维度在内。即如果个体感觉到自身收入低下(对应经济维度),或感到受排斥(对应社会维度),或缺乏安全感与自卑(对应心理维度),或话语权利与权利被剥夺(对应政治维度),都可以认为其就处于主观贫困状态。因此,对主观贫困的度量不仅应关注经济收入,也需要关注更广阔的维度。如同阿玛蒂亚·森强调可行能力的重要性那样, 主观福利贫困这一概念以及相应的研究不仅具有工具性的价值,其本身就蕴含着丰富的内在价值。人类社会的发展观经历了以经济增长看发展到以权利看发展再到以自由看发展的演变,而对贫困的认知经历也相应从绝对贫困线到主观贫困线再到主观福利贫困的变迁就是对此最密切的回应。

总的来看,主观贫困概念及测量方法的出现表明社会对于贫困的认识日益由单维、数量化的收入贫困拓展为多维、感性的福利贫困,显示了贫困内涵的进一步扩展以及分析框架的更新,也为贫困的测量提供了新的指标维度和操作方法。且作为对传统贫困认定标准的拓展与重塑,主观贫困概念本身就象征着贫困认定权力突破政府和专家的垄断,而使得普通人能够对贫困这一极其重要而又复杂的经济、社会、政治、心理现象有一定的话语权。这种通过对于公民大众贫困认定"权利诉求"的主动回应,彰显了对社会个体生存和发展状态的人文关怀,与以往客观贫困线相比具有独特的优点,也为政府反贫困公共政策的制定提供了有益的借鉴[①]。

(二)信息贫困理论

21 世纪以来,伴随信息化、信息革命的出现,人类进入知识社会、信息社会的新时代,信息和知识匮乏成为影响个人发展机会的重要因素,由此而产生的信息贫困开始成为一种新型贫困现象, 并为发展中国家的发展和减贫带来新的挑战。

①左停、杨雨鑫:《重塑贫困认知:主观贫困研究框架及其对当前中国反贫困的启示》,《贵州社会科学》2013 年第 9 期。

它既表现为发展中国家信息资源存量和发展潜力方面的匮乏，也体现为信息资源的利用和信息处理能力上的不足。

信息贫困研究最早可以追溯到20世纪六七十年代一些学者对于城市穷人及其他弱势人群的信息需求、信息获取渠道等方面的研究。如20世纪70年代布拉德利·格林伯格（Bradley Greeberger）以及布伦达·德尔文（Brenda Dervin）对城市穷人信息交流行为（包括媒介需求、媒介使用和对媒介的态度）的研究，托马斯·奇尔德斯（Thomas Childlers）1975年对美国信息穷人的研究等。20世纪末到21世纪初期，美国学者埃尔夫瑞德·查特曼（A.Chatman）等人从社会规范和文化特征角度，对于穷人及社会边缘人群的信息行为进行了专门和系统的研究，提出信息隔阂或交流屏障是导致弱势“小世界”信息贫困的主要原因，因此埃尔夫瑞德·查特曼成为这一理论的代表人物。

20世纪80年代以前，查特曼在对穷人延伸服务项目的工作经历以及研究工作中，逐渐产生了对信息贫困这一问题的关注和研究兴趣。她首先对于传统认为穷人由于很少使用纸质媒介而大量使用电视，从而活在贫困的信息世界当中的观点产生了疑问。她提出，社会根本不知道什么因素影响了穷人对日常信息的需求和使用，以及信息在他们的社会世界中如何扩散，也不了解在贫困环境中意见领袖对日常信息的传播起了什么作用[①]。为回答这些问题，从20世纪80年代到90年代中期，查特曼先后调查了失业黑人女性、美国南部某大学的女性清洁工、生活在老年公寓中的退休女性等探究她们的信息需求、分享、使用等行为特征。在此基础上，查特曼形成了“小世界生活”（Small world life）或“小世界情境”（Small world context）的小世界信息行为理论。20世纪90年代后期，查特曼在前期对穷人

①Chatman E.A.. The diffusion of information among the working poor. Berkeley:University of Califomia ,1983.

和弱势人群信息行为和信息世界研究总结和反思的基础上，深入信息贫困形成原因和机制的探讨，构建了信息贫困理论（theory of information poverty）。她利用“小世界生活”视角来解释信息贫困，指出信息贫困并不一定与经济贫困相关，“小世界”的社会规范和社会交往行为等所形成的局内人和局外人结构也会为信息获取和分享行为带来屏障①。

20 世纪 80 年代初期到中期，查特曼访谈了 50 位加州伯克利地区参与综合就业和培训法案项目的失业女性，运用信息扩散、意见领袖以及闲暇时间使用理论，研究了工作或就业信息在工人阶层穷人中是如何扩散的。随后，查特曼又以美国东南部一所大学的女性清洁工作为研究对象，以希曼的疏离理论及其概念——无力感、孤立感、无意义感、自我疏离感以及无规范感作为理论框架，分析了她们的日常信息搜寻行为。查特曼认为疏离理论并不能完全解释她所观察的清洁工人群的信息行为现象，信息贫困研究需要考虑导致信息被接受的条件或状况，以及个人对信息有效性的认知。基于此，查特曼再次调查了清洁工人，并尝试运用满意理论分析其社会世界和信息行为，以回答“为什么穷人不积极搜寻信息以及不能或不认为能从那些看起来有帮助的信息来源中获益”的问题②。这些研究逐渐使查特曼意识到，“小世界生活”有助于解释信息贫困。1990 年，查特曼开始从社会网络理论角度来研究信息贫困。即社会孤立和自我满足可能比经济贫困更直接与信息贫困有关。为此，查特曼选择了居住在老人公寓、拥有中产阶层收入，同时又脆弱且孤立的退休女性群体为研究对象③，进一步否定了以社会网络理论来完全解释退休老年女性的信息行为，但也由此形成了查特曼后期建构信息贫困理论的两个重要概念——隐秘和欺瞒。

据此，借助一系列的研究观察，以及应用创新扩散理论、疏离理论、满意理论、

①王素芳：《信息与贫困：埃尔夫瑞德·查特曼的小世界信息行为理论述评》，《图书情报知识》2015 年第 6 期。

②Chatman E.A.. Life in a small world:applicability of gratification theory to information seeking behavior.Journal of the American society for information science. 1991.42(6),p438-449.

③Chatman E A.. The information World of Retired Women. New Yock:Greenwood Press,1992,p23.

社会网络理论等研究穷人或社会边缘人群的信息行为，查特曼认为上述理论无法完全解释所观察到的现象。在研究过程中，她日益发现了“小世界生活”与信息贫困的相关性。1995年和1998年，查特曼和其北卡罗来纳大学教堂山分校的同事发表了《知识沟、信息获取和穷人》等文章，对“小世界生活”进行了研究总结，将之描述为“功能失常的生活世界”，必须由该世界范围内的成员诊断。与低收入和低社会地位生活相关的是缺乏社会联系，这要比仅仅缺乏教育和金钱为信息获取带来的障碍更大。此后，查特曼在前期对穷人和弱势人群信息行为和信息世界研究总结和反思的基础上，深入信息贫困形成原因和机制的探讨，构建了信息贫困理论。

信息贫困理论主要运用默顿的“局内人”和“局外人”概念，阐释了四个核心概念和六个理论命题。四个核心概念是定义贫穷生活世界的基础，包括隐秘、欺瞒、冒险、情形相关。其中，隐秘，指贫穷者有隐秘的倾向，不易与他人分享信息，因为他们担心一旦信息交流后，会对自己不利，这样的倾向也会影响他们接受别人的建议或信息；欺瞒，指贫穷者通过提供误导或错误的信息来隐瞒真实状况，这导致他们对获得信息之相关性持不确定感；冒险，指对贫穷者而言，他们很少通过与自己生活世界外的他人互动获得信息，因为他们比较不易相信他人，会认为与别人分享信息是一种冒险（冒险这一概念借鉴自创新扩散理论，但这里指信息被采纳或接受的可能性）；情形相关，强调信息的实用性，指信息会选择性地被贫穷者接受，该信息必须与穷人日常生活问题或当下所关注事物相关。以此为基础，查特曼提出了六个理论命题，作为信息贫困理论框架。一是被界定为信息贫困的人认为他们自身缺乏任何能够帮助他们的信息源；二是信息贫困部分与阶层分化有关，即信息贫困的状况受到那些掌握着信息获取途径的局外人的影响；三是信息贫困由自我保护行为决定，自我保护行为用来回应社会规范；四是无论是隐秘还是自我欺骗都是自我保护机制，这一机制来源于不信任感，不信任别人会有兴趣或能力提供有用的信息；五是被界定为信息贫困的人，通常不会冒险暴露自己真正的问题，因为他们认为这样做带来的负面结果要远大于可能得到的好处；六是新知识被有选择性地引进穷人的信息世界。

因此，查特曼将信息穷人定义为"那些认为自身缺乏任何可能帮助他们的途径"的人。这一界定不仅着眼于信息获取的缺乏，也将个人在社会规范中对信息的认知纳入进来，即认为社会规范决定了从外部信息源接受什么样的信息。同时，信息穷人并非是没有任何信息可获取、可利用，相反，是个人不认为能获取的信息在实际中对自己有用。同样，查特曼还将信息贫困界定为"部分上是与阶层分化相关的"，即信息贫困的状况受到信息获取方面拥有特权的局外人影响，但是正是局内人的相应行为，特别是社会规范影响下的"自我保护行为"（如隐秘、欺瞒、拒斥等）导致了信息穷人自身与他们所需要的信息以及外部世界之间的隔离[①]。随后，查特曼进一步研究了一般情况下的"小世界"信息行为的概念化，并提出了圆周生活理论（theory of life inthe round）以及规范行为理论（theoryof normative behavior）。

就国内信息贫困研究而言，于良芝在长期研究信息不平等和信息分化过程中，对查特曼的"小世界"理论进行了反思、批判和发展。其认为，"小世界"理论是一种中观层次理论，从贫困的生活世界来探究信息贫困原因和产生机制，但就信息贫困和信息世界本身而言，很少回答"信息"贫困的程度[②]，且查特曼的论述大多从社会世界的信息方面出发，并未真正论述"信息"世界。加之研究的质性取向也导致其不可能从量化指标角度更精确测量何为信息贫困或信息穷人[③]。同时，信息贫困和信息不平等的产生是一个复杂问题，查特曼"小世界"理论在对信息贫困或

---

①王素芳：《信息与贫困：埃尔夫瑞德·查特曼的小世界信息行为理论述评》，《图书情报知识》2015 年第 6 期。

②Yu L.. How poor informationally are the information poor?Journal of Documentation,2010(6),p906-933.

③于良芝、周文杰：《信息穷人与信息富人：个人层次的信息不平等测度述评》，《图书与情报》2015 年第 1 期。

信息不平等发生机制理解上存在强调个体主观能动性的解释局限，缺乏一个整合了社会结构和个体能动性双重视角的整体性理论。因此，其提出“个人信息世界”这一概念，用以解释信息不平等和信息贫困现象的发生。即从个人信息世界的内容、动力和边界为逻辑起点，结合主客观因素对信息贫困进行研究，提出“一个边界狭小的个人信息世界意味着贫乏的信息经历和体验，因而对应着贫弱的信息主体。这样的信息主体才是真正意义上的信息穷人”①。于良芝指出，个人信息世界概念框架能更好界定和测度信息穷人、信息不平等概念，以及更好解释信息贫困的发生。于良芝认为，信息贫困的发生源于信息主体受资源、机会、社会流动、教育模式等因素的限制，只能构建狭小的个人信息世界边界，而狭小的个人信息世界边界又反过来限制信息资源的获取和利用。此外，在有关信息贫困的定义方面，孙贵珍提出，信息贫困主要指信息社会中由于经济发展落后或经济收入低下而导致的信息活动中处于弱势地位，对信息资源的占有不足或匮乏，不能凭借信息技术和信息设备获取和利用信息以满足自身发展需要的一种信息边缘化状态②。相丽玲、牛丽慧则以信息作为资源的内在属性为出发点，探讨信息贫困形成的经济学机理，提出信息贫困是信息资源配置内在规律的表现。即市场机制作用下，信息生产商为实现其利润最大化，对不同经济水平的信息用户分配以不同量的信息资源，导致经济水平低的群体信息水平低下。同时，信息外溢效应可以缩小信息弱势群体与信息强势群体之间的信息差，但信息弱势群体的内在学习能力也决定了信息外溢效应的发挥。信息贫困群体的学

①于良芝：《“个人信息世界”——一个信息不平等概念的发现及阐释》，《中国图书馆学报》2013 年第 1 期。

②孙贵珍：《河北省农村信息贫困问题研究——基于信息生产、传播、利用》，2010 年博士学位论文，河北农业大学。

习能力低下导致信息弱吸收与弱处理能力，进而拉大了与信息强势群体之间的信息差，最终形成信息贫困现象。此外，信息的私有制使得市场提供的信息产品数量不足，引发信息资源配置无效率，使部分群体无法获得相关信息资源，导致信息贫困。总之，信息贫困不仅取决于个人信息资源禀赋，而且决定于信息交换权利映射，是信息所有权缺失的反映①。

总体上看，与以往从信息基础设施或数字鸿沟、贫困亚文化以及个人态度等视角解释信息贫困不同，查特曼引入“小世界生活”的视角，提出信息贫困并非与经济贫困相联系，而在很大程度上与“小世界”的社会规范、文化和态度等社会情境有关。查特曼信息贫困理论的提出，吸引了大批后世学者进行理论的检验和拓展，包括学者赫斯伯格（Hirschberg）以及弗兰克·斯莱戈等人据此进行的实证研究，尼尔·波洛克、吉姆·汤普森等人进行的理论批判，以及伯内特和雅格在此基础上提出的信息世界理论（theory of information world）、于良芝的“个人信息世界”（information worlds of individuals）理论以及凯伦·费舍尔的“信息场”（information-ground）理论等。可以说，其为贫困人口日常生活信息行为研究、信息不平等以及信息贫困等研究提供了丰富的理论和方法论资源。但现有研究仍然以简单引用为主，缺乏应用或检验的经验研究，尤其在跨文化背景中的实证研究更是缺位。也有学者对理论的解释力提出了质疑，但并没有进行有效的理论评估和修正，而以构建发展新理论为主。因此，开展跨文化领域的信息贫困理论验证性研究，将成为未来信息贫困理论研究的主要方向。

（三）空间贫困理论的拓展

地理学是贫困研究的多学科视角之一。与经济学或社会学从资本（物质资本、人力资本、社会资本等）、结构（文化、制度、社会网络等）等维度解释贫困现象相比，地理学视角更加关注贫困的空间分布问题，以及贫困与空间地理因素之间的关系。即穷人为何会集中分布在某一区域，贫困的空间分布是否具有一定的共同点，空间地理因素是否是造成贫困的原因等。

20 世纪 50 年代，空间经济学家哈里斯、缪尔达尔等人开始提出欠发达地区

① 相丽玲、牛丽慧：《信息贫困形成的经济学机理》，《图书馆理论与实践》2015 年第 10 期。

经济发展与地理位置有关的观点和看法，形成了空间贫困研究的基础。随后，地理学视角下的贫困研究开始发展和深化，逐渐形成了空间贫困理论。特别是20世纪90年代以后，伴随地理信息技术、遥感技术以及微观数据统计的发展，贫困地理研究开始从宏观层面对贫困陷阱形成机理和低水平均衡的解释转向微观、中观及宏观多层次的结合，更加关注空间贫困陷阱的识别、地理因素和农村贫困耦合关系的研究、区域贫困测度以及区域瞄准及评估等方面的研究，空间贫困理论得到进一步拓展。

确切来讲，空间贫困理论是地理学视角贫困研究的一个方面，其主要贡献在于将贫困与空间地理因素相联系，并提出“空间贫困”“地理资本”“空间贫困陷阱”等概念，探讨贫困与空间地理位置之间的关系。20世纪90年代，全球贫困的空间分布问题引起了世界银行的研究和关注。研究者发现，有些地区即使经济发展了，但仍然有大量人口处于持续性贫困之中，并呈现空间聚集（spatial poverty concentrations 或者 spatial clustering）现象。其中，雅兰和瑞福林对中国1985—1990年南方四省微观数据进行了回归分析，发现由一系列指标合成的地理资本（geographic capital）对农村家庭消费增长具有显著影响，即地理因素导致了“空间贫困陷阱”（spatial poverty traps，简称 SPT）①。同时，他们还提出了“地理资本”这一重要概念。“地理资本”把多种差异集合在空间地理因素之中，即承认经济社会发展中教育、卫生、社会保障、政治等各种差异性，最终可以用空间地理位置禀赋不同来加以解释。“空间贫困陷阱”及“地理资本”概念的出现，引发了研究者对于贫困空间集中现象的进一步讨论。学者 Daimon 将“空间贫困陷阱”定义为由于具体

① Jalan J.,Ravallion M.. Spatial Poverty Traps. TheWorld Bank Policy Research Working Paper, 1997,No.1862.

区位特征或过高迁移成本,贫困持久存在的状态[①]。英国曼彻斯特大学持续性贫困研究中心(The Chronic Poverty Research Centre,简称 CPRC)对于“空间贫困陷阱”的特征进行了概括[②]。同时,有关“空间贫困陷阱”存在性的检验也成为实证研究者关注的热点。雅兰和瑞福林用一个含有地理资本特征的微观模型检验了“空间贫困陷阱”的存在性:空间地理位置禀赋低劣,造成农户自身资本的生产力低下,进而使之陷入持续性贫困之中。随后,更多的贫困问题研究专家将空间因素纳入贫困发生的分析体系中,并概括出空间贫困的四大基本特征以及主要衡量指标,包括区位劣势(村庄到基础设施的距离、教育的可获得性)、生态劣势(土地的可利用性和质量、雨量线及其变化性)、经济劣势(与市场的连通性)、政治劣势(与执政党思路发展相反的地区或被认为投资回报率低的地区)[③]。

Rupasingha 和 Goetz 则运用空间计量模型对美国 90 年代县域贫困率变化特征进行了研究。他们发现,贫困的改变会受到相邻县贫困率变化的影响[④]。Ramajo 等利用空间计量方法估计了欧盟 163 个地区 1981—1996 年的趋同, 证明空间效应的恰当考虑能够为欧洲趋同过程带来新的启示[⑤]。Daimon 对印度尼西亚的研究也表明其存在空间贫困陷阱,当本地社区的禀赋不足时,区域瞄准计划不能

① Daimon T.. The Spatial Dimension of Welfare and Poverty:Lessons From a Regional Targeting Programme in Indonesia.Asian Economic Journal,2001,15 (4), p345-367.

② Chronic Poverty Research Centre. The Chronic PovertyReport 2004—2005,The Chronic Poverty Report 2008-2009,Escaping Poverty Traps, http://www.chronicpoverty.org.

③ Bird K.,McKay A.and Shinyekwa I.. Isolation and Poverty: The Relationship between Spatially DifferentiatedAccess to Goods and Services and Poverty. Paper prepared for the CPRC international workshop Understanding and Addressing SpatialPoverty Traps,29 March 2007.

④ Rupasingha A,Goetz S.J.. Social and Political Forces as Determinants of Poverty:a Spatial Analysis. The Journal of Socio-economics,2007,36(4),p650-671.

⑤ Ramajo J.,Marquez M.A., Hewings G.J.D.,et al.. Spatial Heterogeneity and Interregional Spillovers in the European Union:Do Cohesion Policies Encourage Convergence Across Regions.European Economic Review,2008,52(3),p551-567.

实现其政策目标[1]。Azevedo 和 Robles 使用家庭变量和地理变量的伪动态面板数据，对厄瓜多尔地理因素对家庭消费增长的影响进行研究，发现地理因素在解释家庭消费支出差异方面起着重要作用，从而证明厄瓜多尔存在地理贫困陷阱[2]。21 世纪初，联合国粮农组织（FAO）利用地理信息系统（Geographic Information System，简称 GIS）建立了地理空间框架，用以分析贫困与周围环境之间的关系，进一步拓展了空间贫困研究的内容[3]。由于 GIS 技术是一种交互式、可视化的分析工具，能够将各种与空间有关的数据与地理位置联结在一起，从空间视角出发表达、分析各种数据，较好地刻画一个确定地域的经济社会特征。联合国环境规划署和全球资源信息库还专门制作了贫困绘图的网页，并提供了多达 134 幅的贫困地图产品，包含人口统计、经济和市场、能源、水和卫生设施、粮食安全、健康、贫困指数等众多发展指标的空间分布情况[4]。贫困地图的出现，对于完善贫困信息、识别贫困的地理因素以及提高政策干预的瞄准精度具有十分重要的意义。特别是 20 世纪 90 年代后期，出现了将家庭抽样调查数据和普查数据相结合的小区域估计方法（small areaes timation method），可以在不增加额外家庭调查费用的基础上，估算小尺度区域的贫困，并允许在此基础上构建“贫困

---

① Daimon T..The Spatial Dimension of Welfare and Poverty: Lessons From a Regional Targeting Programme in Indonesia. Asian Economic Journal,2001,15(4),p345-367.

② Ravallion M.,Wodon Q.. Poor Areas,or Only Poor People?. Journal of Regional Science,1999,39(4),p681-711.

③FAO.A geospatial framework forthe analysis of poverty and en-vironment links. Environment andNatural Resources Working Paper No.25,2006.

④绘制穷人生活的地图（关注全球贫困和饥饿人口——2020 焦点简报），http: //www. iprcc. org. cn。

地图”。这种估计方法对于积聚很多家庭居住的区域具有一定的准确性[①]。目前，基于小区域估计方法所绘制的“贫困地图”在揭示各国农村贫困的空间分布模式、分析农村贫困的空间决定因素、评估扶贫项目的实施效果等方面都发挥了显著的作用[②]。如 Lang 等基于小区域估计方法，估计了各种资产的边际收益，并指出，在此基础上创建的瞄准地图可以帮助识别减贫措施在何处收益最大[③]。贫困空间理论尤其是“贫困地图”的出现，对于区域扶贫政策的实施和评估提供了理论基础。Schady 提出，鉴于贫困人口通常集中于特定的区域，区域瞄准作为引导社会项目削减贫困的常用机制，具有很大潜力[④]。Crandall、Weber 对于美国贫困的空间集聚以及贫困发生动力机制的研究发现，区域瞄准政策能够显著提高反贫困政策的效率[⑤]。Bigman 和 Fofack 也提出，区域瞄准相比其他瞄准方法，具有受信息约束小、监督和管理容易、对家庭行为影响小、易与其他扶贫方法结合等优点[⑥]。此外，近年来，以伯吉斯、哈里斯、帕克等学者为代表的美国芝加哥社会学派对于城市区域及城市贫困的研究，也进一步拓展了空间贫困理论的研究内容和领域。

总的来看，空间贫困研究将贫困与地理因素相结合，将贫困分布、生态气候、环境、距离、基础设施、公共服务等众多内容纳入“地理资本”的要素中，提出了“空间贫困陷阱”的概念及分析框架，并利用信息统计技术描绘了贫困的空间地图，不仅拓展了贫困研究的学科视角和分析维度，也为减贫政策的实施和评估提供了有

①Hentschel J.,Lanjouw J.O.,Lanjouw P.,et al.. Combining Census and Survey Data to Trace the Spatial Dimensions ofPoverty:A Case Study of Ecuador. The World Bank Economic Review,2000,14(1),p147.

②罗庆、李小建:《国外农村贫困地理研究进展》,《经济地理》2014 年第 6 期。

③ Lang C,Barrett C.B.,Naschold F.. Targeting Maps:An Asset −based Approach to Geographic Targeting. World Development,2013(41),p232−244.

④ Schady N.R.. Picking the Poor:Indicators for Geographic Targeting in Peru. Review of Income and Wealth,2002,48(3),p417−433.

⑤Crandall M.S.,Weber B.A.. Local Social and Economic Conditions,Spatial Concentrations of Poverty,and Poverty Dynamics. American Journal of Agricultural Economics,2004,86(5),p1276−1281.

⑥Bigman D.,Fofack H.. Geographical Targeting for Poverty Alleviation:an Introduction to the Special Issue. World Bank Economic Review,2000(1).

益的支持工具。空间贫困研究也得到中国地理学、经济学领域的关注和思考,如区域经济学者陈斐对区域空间经济关联的模式进行了实证研究,他选用 ArcView GIS 作为开发环境,利用 Avenue 开发了一个交互式的空间统计分析模块,实现了空间统计分析与 GIS 的集成,将区域经济分析空间化①。陈全功等认为,空间贫困研究的目标在于基于可靠资料和客观透明的分析,促进人们更好地了解和争论一个国家的贫困和不平等,以及需要为此做些什么,提供“看得见的政策建议”。他还指出,从空间贫困研究结论看,中国所推行的地区瞄准、整村推进扶贫方案是有意义和价值的②。同时,也有学者认为,空间贫困理论的研究具有分散性和非系统性,提出贫困陷阱研究应更加注重分析各种地理因素对贫困陷阱形成的作用方向和作用强度,以及发挥地理学的区域性和综合性特征③。同时,贫困区域地图的绘制和应用、城市空间贫困的研究套索等,也将成为空间贫困理论未来一段时期研究和关注的重点。

二、多元发展观下的反贫困理论

从贫困研究历史来看,如何通过经济增长实现反贫困是发展经济学研究的主要议题。正是在发展主义的话语框架内,理论研究开始将贫困问题化,成为有意义、可操作的“难题”。事实上,“发展”的概念起源于 17 世纪以来欧洲启蒙运动中有关“进步”“进化”的观念。第二次世界大战以后,发达国家对发展中国

①陈斐:《区域空间经济关联模式分析:理论与实证研究》,中国社会科学出版社,2008,第 93—120 页。

②陈全功、程蹊:《空间贫困及其政策含义》,《贵州社会科学》2008 年第 8 期。

③罗庆、李小建:《国外农村贫困地理研究进展》,《经济地理》2014 年第 6 期。

家和地区实施了大规模的援助和贷款项目,“发展”开始演变为一套“战略”“规划”和“方案”,成为世界经济社会发展的主流意识形态[①]。在传统发展主义模式下,“发展”包括了诸如工业化、城市化、现代化等内在含义,也包括对现代化发展变迁线性模式的赶超意义。即发展主义的关注点在于经济(以 GNP/GDP 和人均收入为主要指标)的增长和财富(以财政、税收和总产量为标志)的积累,是一种认为经济增长是社会进步先决条件的信念。以经济增长作为主要目标,依据不同的手段,例如高科技、工业化、国家干预或市场机制,产生出不同版本的发展主义学说——自由市场、依附发展或以发展为主导的国家等[②]。因此,传统发展主义观念下,发达国家和社会为发展中国家或欠发达地区设计出种种方案,包括以人均收入为主要指标的各类扶贫项目计划。

然而,伴随世界历史进程的发展,西方发展主义逐渐暴露出各种各样的弊端,如环境污染、贫富分化、社会分层以及公共管理危机等。尤其是进入 20 世纪 80 年代以后,信奉西方发展主义的欠发达国家并没有在理论预设下实现全面的现代化,加之西方国家自身发展面临的危机以及后现代主义理论的影响,一些学者开始对发展主义展开理论反思和实践批判,这一思潮被冠名为“新发展主义”[③]。20 世纪 80 年代,法国经济学和社会学家弗朗索瓦·佩鲁应联合国教科文组织基多“研究综合发展观”专家会议要求,出版了《新发展观》一书,并提出经济社会的综合发展观。他提出为一切人的发展,发展应以人的价值、人的需要和人的潜力的发挥为中心,把人的全面发展作为评价发展尺度和发展目的,开启了发展观的新时代。

基于新发展主义或新发展观对于发展目标的设定,以及联合国、世界银行等国际机构的推动,国际学术界逐渐形成了益贫式增长、包容性增长、绿色减贫增长等多元发展理论,并区别于以往传统发展经济学强调经济增长的涓滴效应实现反

①黄平:《关于“发展主义”的笔记》,《天涯》2000 年第 1 期。

②许宝强:《发展主义的迷思》,《读书》1999 年第 7 期。

③叶敬忠、孙睿昕:《发展主义研究评述》,《中国农业大学学报(社会科学版)》2012 年第 2 期。

贫困的理论假设。

(一)益贫式增长理论

20世纪90年代,面对战后华盛顿共识及其政策安排在广大低收入国家的失败以及发达资本主义国家自身发展中的社会问题,传统发展主义广受批判,新发展主义基础之上的益贫式增长(pro-poor growth)理论应运而生,并迅速成为发展经济学领域研究的前沿和热点。益贫式增长强调既要关注增长速度又要关注增长质量,其核心是考察贫困—增长—不平等三角的互动关系,研究如何通过政府的一系列制度安排,使穷人或低收入群体更多地分享经济增长成果,改善社会不平等状况。

宽泛意义上讲,益贫式增长理念是伴随对传统发展主义的批判而产生和发展的,中国学者梳理了国际上有关益贫式增长的研究的主要发展阶段,包括经济发展目标一体化理念的推动阶段、贫困分解技术的推动阶段以及新古典宏观经济学派和新凯恩斯学派的推动阶段。20世纪70年代初,英国学者Chenery和Ahluwalia提出了"贫困化增长"(Immiserizing growth)概念,指出当国民收入中的大部分被富人控制时,其自身的收入增长决定国家的增长速度。因此,增长最大化的战略将永远偏向富人,当分配不平等上升到足以抵消经济增长的有益影响时,高速的经济增长仍会导致贫困的增加①。由此,他们建立了增长再分配模型(redistribution with growth),被视为益贫式增长研究的起源。这一模型将经济增长、贫困减缓以及不平等状况的改善作为经济发展的应有之义,提出收入分配与经济增长目标一体化的分析结构和理论模式,强调增长利益的再分配,这与当时

---

① Chenery H.B., M. S.Ahluwhalia,C.L.G. Bell, J.H. Duloy, and R.Jolly. Redistribution with Growth: Plolicies to Improve Income Distribution in Developing Countries in the Context of Economic Groeth. Oxford:Oxford University Press,1974.

主流的华盛顿共识及其新自由主义的发展理念相对立。20 世纪 90 年代起，这一理念被大量国际组织机构提出，学术界掀起了益贫式增长研究的热潮，但大多将其作为一种理念而未开展进一步的规范性研究。同时，在贫困分解技术出现以前，益贫式增长理论侧重关系一体化的理论研究。经济政策研究分解技术出现以后，穷人福利的变化可以被精确表示为增长和不平等变化的数学函数，发展战略由增长率和分配的变化决定，进而使得益贫式增长的测度和经验分析成为可能。从研究来看，这一阶段初步建立起益贫式增长的测度框架和方法体系，包括益贫式增长指数（Pro-Poor Growth Index，简称 PPGI）、益贫式增长率（Pro-Poor Growth Rate，简称 PPGR）以及减贫等值增长率（Poverty Equivalent Growth Rate，简称 PEGR）等多种测度方法。20 世纪 90 年代到 21 世纪初，后凯恩斯主义以及制度主义学派成为益贫式战略的主要理论依据。这些理论关注穷人的基本需求以及贫穷国家收入、财富和权利分配的改善，主张增长成果不是被少数人专享，而是被所有人共享。同时，新古典宏观经济学派以及新凯恩斯学派发展出的具有微观基础的宏观经济理论，以及“宏观—微观”相结合的研究方法论，也为益贫式增长研究带来了新的思路，益贫式增长问题的观察进入更加细化和深化阶段。包括运用开放经济模型和微观模拟技术探讨宏观经济政策对总福利和贫困的影响，探讨增长方式、劳动力市场效率以及社会政策三者之间关系的分解方法等[①]。

与理论研究相比，益贫式增长理念也被一些国际组织机构提出和倡导。1990 年，世界发展报告提出了“普遍增长”（broad-based growth），强调社会利益的均等化。随后，世界银行、亚洲发展银行、美国发展组织等大部分双边发展援助机构和非政府组织也开始频繁提出益贫式增长。1999 年，亚洲发展银行提出了减少贫困战略，益贫式增长就被作为其三项支柱之一。亚洲开发银行（ADB）指出：“当劳动力被吸收，贫困缓解，穷人特别是女性和其他被排斥群体的收入和就业有所改善，这时的增长是益贫的。”[②]21 世纪初，联合国和经济合作与发展组织（OECD）将

①刘畅：《中国益贫式增长中的经济政策研究》，博士学位论文，东北财经大学，2009。

②Asian Development Bank. FightingPoverty in Asia and the Pacific:The Poverty Reduction Strategy of the Asian Development Bank.2011-11-10,http://www.adb.org/documents/policies/poverty_reduction/default.asp.

益贫式增长定义为有利于穷人的增长，使穷人从经济增长中显著受益并获得提高其经济地位的机会[①]。即如果经济增长速度加快，穷人的收入有较快增长，导致贫困的广度(生活在贫困线以下的居民的比例)和深度(最贫困居民平均收入离贫困线的距离)同时下降，则该增长模式是益贫式增长。虽然这些定义并未回答穷人必须从增长中获得多少利益才算是益贫的，但开启了对于益贫式增长界定的研究。随后，一些研究进行了该理论的定义，包括经济合作组织进行的一般性定义，如果穷人的收入增长率大于 0，则增长就是益贫的。在这种定义下，穷人的任何收入增长都是益贫的，即使穷人的收入增长远远低于平均收入增长。2007 年，亚洲开发银行进行了益贫性概念的重新界定，将其定义为“有利于较穷的人参与不断扩大的市场机会，重点强调提高卫生保健、教育和基础设施等基本服务”[②]。同时，一些学者也进行了益贫式增长的界定，Kakwani Son 指出，OECD 的一般性定义实质还是滴漏式增长，与“pro-poor”的“偏向穷人”的字面意思相悖。因此，益贫式增长的严格定义为：益贫式增长不仅减少贫困，同时增长的利益更多地流向穷人。同时，White 和 Anderson 还提出绝对益贫式增长的概念，即穷人获得的增长的绝对利益要等于或多于非穷人获得的增长的绝对利益。与之相对的，相对益贫式增长概念则是指经济增长给穷人带来的收入增长比例大于非穷人，或者穷人的收入增长率超过平均收入增长率，这意味着当增长减少贫困的同时还改善不平

---

①OECD. Rising to the Global Challenge: Partnership for Reducing World Poverty.2011-11-12,Paris:OECD.http://www.oecd.org/dataoecd/45/28/1895254.pdf..

② Asian Development Bank. TowardA New Asian Development Bankin a New Asia. Report of the Eminent Persons Group to the President of the Asian DevelopmentBank .2011-11-10, http://www.adb.org/Documents/Reports/EPG-Report.

等。与国际组织和机构提出的定义相比,学术研究者更关注绝对贫困还是相对不平等的考察。目前来看,相对益贫式增长的严格定义获得国际学术界的更多共识。

从理论上看,益贫式增长还是一个多维的战略,按照 DAC(Development Assistance Committee)减贫网络(POVNET)的观点,如图 2 所示,益贫式增长应涵盖经济、政策、社会文化、保护以及人的能力五个范畴。此外,对国家而言,推行怎样的政策以实现益贫式增长成为重要的政策问题。有关益贫式增长策略的研究方面,国际政策理论界围绕宏观经济稳定性、贸易政策、小额信贷、教育、健康、环境政策等进行了相关研究。总体上来看,成功的益贫式增长策略必须同时注意经济的增长及其模式(即谁从增长中获利较多),保证在促进经济增长的同时也能够改善收入分配、减少贫困[①]。

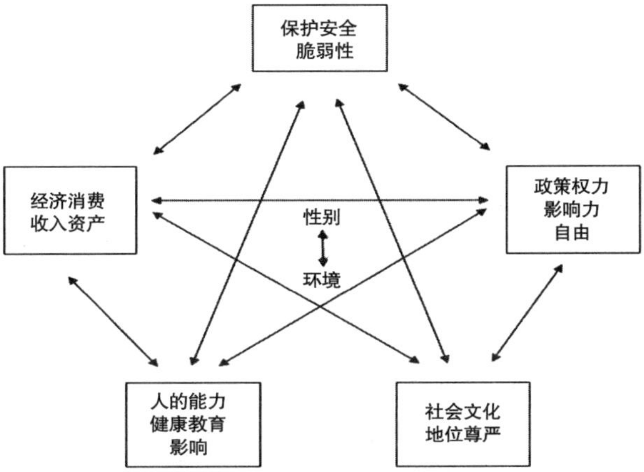

图 2　DAC 减贫网络(POVNET)2003—2006 年

(二)包容性增长理论

21 世纪初期,伴随新发展主义理论的发展以及世界对贫困问题的认识,亚洲开发银行和世界银行在益贫式增长基础上又提出"包容性增长"(inclusive growth)理念,不仅关注增长模式和增长速度,也更加注重市场准入和资源拥有等机会的平等和企业及个人公正的监管环境,更加强调"对社会排斥以及权利缺失"的重视。与益贫式增长理论相比,二者都关注贫困国家以及贫困人口的发展问题,且包

①周华:《益贫式增长的定义、度量与策略研究——文献回顾》,《管理世界》2008 年第 4 期。

容性增长理念更具政治色彩。

从理论溯源上看,包容性增长理念源于2000年联合国《千年发展目标》(Millenium Development Goals)中提出的一些概念以及世界各国尤其是印度提出的"包容性增长"概念,旨在促进机会均等,促进贫困人口共享发展的成果,以及从根本上减少贫困人口。2007年,"包容性增长"首次出现在亚洲开发银行的研究报告中,主要基于经济发展和物质财富增长没有减少贫困,反而扩大贫富差距的事实。报告认为,上述现象缘于部门影响(如产出的构成和产出的增长、部门增长率)、公共投资(如健康、教育、住房、农业等)以及治理的质量等原因所致。而要解决这种经济社会发展中存在的贫困和机会不均等现实问题,必须实行"包容性增长"。因此,包容性增长提出以后,首先作为一种全新的经济政治理论进入世界各国经济社会发展的实践当中,在世界范围内形成了一系列包容性增长策略,包括欧盟提出的《巧妙、可持续和包容性增长战略》(A Strategyfor Smart, Sustainable and Inclusive Growth)、非洲委员会根据《千年发展目标》提出的"包容性增长"路线图以及为解决高失业率而制定的《扩大公共工作方案》(EPWP)、拉丁美洲巴西实施的包容性增长"家庭补助金计划"、亚洲开发银行实施的"包容性增长"扶贫政策等。从内涵上讲,亚洲开发银行指出,包容性增长既强调速度,也强调增长模式,且增长并非通过再分配形式来盘剥富人的财富,或分配给贫困人口,而是要通过扶贫或是益贫(pro-poor)、生产性就业(productive employment)、提升人力资源能力(human capabilities)以及加强社会保障(social protection)等途径,使贫困人口在国家政策的扶持和自身能力的提高中,能够均衡分享社会财富,有尊严和体面地生活。也有学者和国际机构将包容性增长界定为机会平等的增长(Aliand Zhuang,2007;ADB,2007)。即包容性增长既强调通过高速和可持续的经济增长以创造就业和其他发展机会，又强调通过减少与消除机会不平等来促进社会公平和增长的共享性。Ali 以及 Hyun 认为，包容性增长要达到四个结果，包括可持续和平等的增长、社会包容、赋予权能以及安全；同时，这种增长应建立在广泛的部门和区域基础上，包容大部分劳动力、穷人以及脆弱群体。

总的来看，包容性增长在实质上是一种在经济增长过程中通过倡导和保证机会平等，使增长成果能广泛惠及所有民众的发展理念和理论体系。包容性增长在内涵上强调参与和共享，在发展理念上强调由“物本经济主义”向“人本经济主义”转变，核心是协调发展、共同发展，包括在可持续发展基础上的经济增长以及公平正义基础上的增长共享两个方面。在反贫困理念上，它强调市场和非市场行动相结合，保证机会平等以及高速、有效、可持续的增长模式，以消除权利贫困和社会排斥，注重扩展发展机会使民众福利得到持续的改善和增加，实质自由得以扩展[①]。因此，包容性增长理论的基本要义可以概括为经济增长、权利获得、机会平等以及福利普惠。同时在政策层面包含三个层面的宏观政策：培育和提升人力资本使民众获得人力资本价值公平，增强制度设计与政策制定的公平性使民众获得市场竞争环境公平，建立公平的防护性保障体系使民众获得社会保障价值公平。此外，还有一些学者进行了包容性增长评估和测度等方面的研究。Ifzal 等人提出，包容性增长评估框架要考虑以下因素：背景分析（一个国家过去增长和减贫走向、生产力与就业的动力机制、面临的主要机会和挑战、实现经济转型和经济多样化的可能性等），对经济行为者（economic actors）尤其是被排挤在外的群体及其收入水平、收入来源、就业类型以及城乡之间差异性等因素的描述，市场增长的必要条件以及制约包容性增长的主要因素等[②]。

2009 年 11 月，时任中国国家主席胡锦涛在亚太经合组织第十七次领导人非正式会议上首次提出和倡导“包容性增长”理念，使其成为中国学者研究关注的热点。目前来看，国内有关其提出背景、理论内涵、影响意义、政策意涵、实践途径

---

①杜志雄、肖卫东、詹琳：《包容性增长理论的脉络、要义与政策内涵》，《中国农村经济》2010 年第 11 期。

②Ifzal,Hyun Hwa Son. Measuring Inclusive Growth. Asian Development Review,Vol. 24,No.1,2007,p11-31.

等方面的研究均取得了丰富的研究成果。特别是在反贫困研究方面,包容性增长作为一种发展的理念和方式,成为评估中国扶贫开发的政策效果以及政策调整的有效分析框架和理论基础。如文雁冰基于中国地区发展与民生指数(DLI)的分析比较,指出全国和区域层面包容性增长存在的地区偏向和结构偏向,继而从包容性增长视角提出相应的减贫策略,即经济增长和收入分配"自上而下"以及自生能力和社会流动"自下而上"相结合的减贫新思路;向德平以包容性增长为理论视角,分析中国扶贫政策的变迁发展走向,提出重视经济社会协调发展、突出发展机会平等、加强贫困人群能力建设、坚持并完善开发式扶贫以及建立社会大扶贫格局将成为未来扶贫开发政策调整的方向①;李炳炎等从收入不平等、人的发展以及脆弱性等相对贫困角度对包容性增长理念进行了探析②;王志章等人从印度包容性增长扶贫经验以及国内反贫困现实出发,提出构建参与式反贫困体系等包容性扶贫开发路径③。

(三)绿色增长理论

20世纪80年代,国际自然资源保护联合会、联合国环境规划署(UNRP)在《世界自然保护战略:为了可持续发展的生存资源保护》的报告中首次提出了"可持续发展"概念,并经美国农业学家莱斯特·R.布朗(Lester R. Brown)在《建设一个持续发展的社会》中的系统论述,初步形成了可持续发展的理论框架。1987年,世界环境与发展委员会(WCED)在报告《我们共同的

①向德平:《包容性增长视角下中国扶贫政策的变迁与走向》,《华中师范大学学报(人文社会科学版)》2011年第4期。

②李炳炎、王冲:《包容性增长:基于相对贫困视角下的探析》,《经济研究》2012年第6期。

③王志章、王晓蒙:《包容性增长:背景、概念与印度经验》,《南亚研究》2011年第4期。

未来》中，将可持续发展定义为“既满足当代人的需要，又不对后代人满足其需要的能力构成危害的发展”，成为可持续发展理念的经典定义，由此也开启了有关经济增长、环境治理与社会发展的综合性研究领域。

可持续发展理念提出以后，一方面，学术界对此进行了广泛的讨论和研究；另一方面，可持续发展模式也在国际社会得到进一步的实践和推广。进入 21 世纪以后，绿色发展、绿色增长等理念日趋流行，开始从另一层面为“可持续发展”提供更加灵活、可操作的方法，以实现一种稳定的、可测量的经济环境发展过程。2005 年，绿色增长概念首次出现在第五届亚洲及太平洋环境与发展部长会议《汉城绿色增长倡议》中，强调绿色增长是实现可持续发展及联合国千年目标的关键战略，成为可持续发展理论的继承和发展。尤其是 2008 年全球金融危机以后，以绿色增长为导向的增长模式成为世界各国实现经济转型、寻求新发展动力的主要方向，国际上一批学者也随即开展了有关绿色增长的研究。联合国亚洲及太平洋经济社会委员会（UNESCAP）提出，绿色增长是一种强调环境可持续性的经济增长过程以促进低碳社会包容发展①；OECD 认为绿色增长是“在推动经济增长和发展的同时也要保证自然资源能够持续提供人类赖以生存的资源和环境服务”②；联合国环境规划署（UNEP）认为，绿色增长意味着“提高人类福祉和社会公平，同时显著降低环境风险和生态稀缺”③；世界银行则认为，“绿色增长是关于使增长过程实现资源节约、清洁和更有弹性而不必减缓增长速度”④。可以说，国际社会对于绿色增长的理解包含了经济高效、规模有度、社会包容等要素，相较于以往经济增长基础上兼顾资源环境的改进，是一种深度经济范式变革⑤。

---

①UNESCAP.A guidebook to the Green Economy.2012.

②OECD. Inclusive Green Growth:For the Future We Want.2012.

③ UNEP.Towards a Green Economy:Pathways to Sustainable Development and Poverty Eradication,2011,p17-37.

④ World Bank.Inclusive Green Growth:The Pathway to Sustainable Development, Washington,D.C.: World Bank,2011,p40-42,p2-5.

⑤明翠琴、钟书华：《国外“绿色增长评价”研究述评》，《国外社会科学》2013 年第 5 期。

与此同时，伴随绿色增长理念及其理论框架的发展，绿色发展、绿色经济等相关概念和研究理论开始出现。2012 年，联合国可持续发展大会将“绿色经济在可持续发展和消除贫困方面的作用”作为会议两大主题之一，强调以绿色增长模式取代传统主要依靠资源和环境的增长模式，并实现贫困的消除。因此，贫困研究领域也在绿色增长理论基础上产生了绿色贫困、绿色减贫、益贫式绿色增长、包容性绿色增长等概念，进一步拓展和丰富了多元发展主义框架下的贫困与反贫困理论研究。其中，绿色贫困是指包容性绿色强调要在发展过程中协调发展中国家在经济快速增长、减贫与避免不可逆的、昂贵的环境破坏之间的矛盾，强调了对“人”在环境、经济与社会发展中的地位和作用。尤其是对穷人和脆弱群体的包容，可以理解为具有包容性的绿色增长①。绿色减贫则是在扶贫开发过程中为保护生态环境，减少资源浪费而推行的一种减贫理念，其核心思想包括：实施的扶贫开发项目必须是可持续的，对环境友好的，以及将生态环境看成是一种可资利用的扶贫资源加以有效开发，实现生态环境保护和地区人民生活水平提高的有效统一②。益贫式绿色增长概念源于益贫式增长，即有利于减贫的绿色增长，强调在保护贫困地区生态环境的前提下，有限度地开发利用自然资源，进而实现脱贫致富。核心在于促进贫困地区绿色发展，从单纯追求经济增长向追求贫困地区整体的、与生态结合的现代化发展；从单纯追求物质发展到实现人的全面发展为目标，从而达到全面脱贫③。包容性绿色增长是一种具有包容性的绿

---

①The World Bank.Inclusive Green Growth:The Pathway to Sustainable Development.2012.

②北京师范大学绿色减贫指数课题组：《贵州省绿色减贫指数特点及分析》，《贵州社会科学》2014 年第 11 期。

③徐秀军：《解读绿色扶贫》，《生态经济》2005 年第 2 期。

色增长，强调发展中国家发展过程中协调经济快速增长、减贫与避免环境破坏之间的矛盾，强调了对"人"在环境、经济与社会发展中的地位和作用，尤其是对穷人和脆弱群体的包容[①][②]。

在西方绿色增长理论基础上，国内学者也提出了相应的概念和解释，彭红斌提出了"绿色型经济增长方式"，称一种健康的、科学的、经济发展与环境保护协调的，能够实现经济、社会、环境可持续发展的经济增长方式。且绿色增长并不排除集约增长方式，而是一种"可持续的集约型"增长方式，其继承了集约型增长方式的特点，又考虑了经济增长与环境保护之间的关系[③]。郑长德将绿色增长作为可持续发展的基本组成要素，认为其目的在于获得坚实的增长，而不陷入不可持续的模式。绿色增长是使得增长过程中资源高效、清洁和更有弹性（复原）而不必降低增长[④]。在发展机制方面，胡鞍钢等人则构建了"三圈模型"，对绿色发展进行了机制分析，这一模型包括经济、社会和自然系统，三大系统的共生性形成了以绿色增长（GreenGrowth）、绿色财富（GreenWealth）以及绿色福利（GreenWelfare）的耦合关系（Coupling）[⑤]。在绿色增长的测度方面，李晓西等根据经济合作与发展组织构建的绿色增长指标，提出了"中国绿色发展指数"[⑥]，张琦等人在借鉴人类发展指数（HDI）、经合组织绿色增长测度指标体系以及中国绿色发展指数等指标体系的可行方法基础上，结合中国集中连片特困地区实际，构建的中国绿色减贫指数指标

---

①The World Bank. Inclusive Green Growth:The Pathway to Sustainable Development. The World Bank,2012.

②张晓颖：《经济、环境、社会发展与人：从可持续发展观到包容性绿色增长》，《江淮论坛》2014 年第 6 期。

③彭红斌：《绿色型经济增长方式：中国经济发展的必然选择》，《理论前沿》2002 年第 8 期。

④郑长德：《基于包容性绿色发展视域的集中连片特困民族地区减贫政策研究》，《中南民族大学学报(人文社会科学版)》2016 年第 1 期。

⑤胡鞍钢、周绍杰：《绿色发展：功能界定、机制分析与发展战略》，《中国人口、资源与环境》2014 年第 1 期。

⑥李晓西、刘一萌、宋涛：《人类绿色发展指数的测算》，《中国社会科学》2014 年第 6 期。

体系，其中包括经济增长绿色度、资源利用与环境保护、社会发展、扶贫开发与减贫效果 4 个一级指标、27 个二级指标①。综上可知，绿色增长理论及其基础上的贫困与反贫困研究愈益成为国际学术领域及实践机构关注的重要问题，也成为当前及未来阶段贫困及发展研究领域研究的热点。

三、社会质量及治理理论中的反贫困研究

20 世纪 90 年代以后，社会质量理论在欧洲社会政策领域兴起，引发了政策实践者和研究者对于传统社会政策从属于经济政策不均衡地位以及社会政策目标的反思。社会质量理论不仅是对欧洲新自由主义影响下国家福利水平下降以及政策不均衡结构的回应，也为减贫与社会发展的福利政策实现提供了新的分析框架。同时，新公共管理运动及其产生的治理理论，也为反贫困研究提供了多元主体参与以及社会治理的新视角。

（一）社会质量理论

伴随全球化进程的推进，欧洲社会在 20 世纪 90 年代开始流行新自由主义。传统意义上，经济政策以及经济价值观往往占据主导地位，国家层面的社会政策常常处于从属地位，被称为“社会政策是经济政策的侍女”②。尤其是新自由主义过分重视社会发展过程中的经济性因素，排斥社会性以及社会政策，严重威胁了欧洲社会的贫困和弱势阶层，导致社会凝聚力降低并引发严重的社会安全问题。社会政策受到忽视，与经济政策间的不均衡状态日益突出。特别是经济政策主导下福利国

---

①北京师范大学绿色减贫指数课题组：《贵州省绿色减贫指数特点及分析》，《贵州社会科学》2014 年第 11 期。

②Amsterdam. European Foundation on Social Quality.July 2001, p22.

家水平的大幅度下降,引发了政策实践者及研究者的批判和反思,社会政策改革呼之欲出。2000 年,欧盟发布《社会政策议程》,一度强调了经济政策、就业政策和社会政策制定的动态互动,但仍未改变“社会政策从属于经济政策”的传统局面[①]。对此,英国学者艾伦·沃克指出,“在欧洲语境下,社会政策通常被民族国家以及地区和地方当局等同于社会管理,通过收入转移以维持社会经济保障,最初是雇员的社会经济保障,后来扩大到全体公民的社会经济保障”。因此,在这种经济观主导下,“经济系统中运行的问题被方便地定义为‘社会问题’并被化为‘外在性’问题”[②]。可以说,新自由主义以及对社会政策及社会性从属于经济增长这一中心目标的批判,是社会质量理论产生的重要历史背景。

早在 1996 年,欧洲一些学者开始对新自由主义及其将社会政策从属于经济政策的传统进行了反思和研究,为社会质量理论的形成创造了相应的条件和基础。1997 年,欧洲成立了社会质量研究基金会,为整合相关的理论研究并使之形成社会质量理论,起了积极的推动作用,并出版了有关社会质量理论的第一部专著——《欧洲的社会质量》(The Social Quality of Europe),为社会质量理论的形成发展奠定了基础。1997 年 7 月,欧洲 1000 多名从事社会政策、公共行政、社会学、政治学、法学以及经济学研究的专家学者,在阿姆斯特丹签署并发表了《欧洲社会质量的阿姆斯特丹宣言》(The Amsterdam Declarationon Social Quality of Europe),明确提出了社会质量这一全新的社会发展理念及其产生原因,开启了社会质量的理论研究和建设进程。宣言指出,“考虑到所有市民的基本尊严,我们声明:我们不想在欧洲城市目睹日益增长的乞讨者、流浪汉,我们也不希望面对数量巨大的失业群体、日益增长的贫困人群,以及只能获得有限医疗服务和社会服务的人群。这些以及其他指标都表明欧洲社会为所有市民提供社会质量不足”(Beck,2001)。社会质量概念的提出,旨在重新审视社会政策的基础和目标,并通过社会政策和经济政策服务于社会质量的方式,改变经济政策和社会政策之间的不平等状态,

---

① L.J.G.Vander Maesen.European Foundationon Social Quality.Working Paper: Forming Theory of The Network.Amsterdam,15th February 2002,p7-14.

②艾伦·沃克:《社会质量取向:连接亚洲与欧洲的桥梁》,《江海学刊》2010 年第 4期。

建立欧洲经济发展和社会发展之间的平衡①。由此，一些学者开始对欧洲各国的“社会质量”展开讨论，逐渐形成一个新的社会理论框架及发展模式。1999 年，《欧洲社会质量期刊》(European Journal of Social Quality)创刊，成为社会质量理论研究的重要平台。2001 年，欧洲社会质量研究基金会出版了《社会质量：欧洲的前景》(Social Quality：A Vision for Europe)一书，进一步推进了社会质量理论的发展进程。2001 年以后，欧洲加强了社会质量指标体系建设，最终形成了包括 18 个领域、45 个亚领域以及 95 个指标的欧洲社会质量指标体系，社会质量理论逐渐成为国际社会政策领域一个新的理论范式。

沃尔夫冈·贝克(Wolfgang Beck)等人将社会质量定义为：公民在那些能够提升他们的福利状况和个人潜能的条件下，能够参与其社区的社会和经济生活的程度②。即社会质量理论包含两个假设：一是社会质量是为了个人的福祉；二是个人具有参与的动机和能力，只有找到聚焦于社会个体需要上的“激活措施”，社会质量建设才能获得动力源③。因此，从本质上讲，社会质量理论以“社会”为导向，认为人的自我实现是其在大量的集体认同(如家庭、社区、公司、机构等)中与他人互动中实现的，包括正式的系统世界和由家庭、群体、社区构成的非正式的生活世界两者之间的水平方向的紧张关系，以及社会发展和个人发展两者之间纵向的紧张关系④。而社会质量理论倡导建立

①L.J.G. Vander Maesen.Social Quality:Social Services and Indicators: A New European Perspective?Amsterdam,November2002,p7.

②Beck W.,Maesen L.,and Walker A.. TheSocial Quality of Europe,The Hague,Netherlands:Kluwer Law International,1997, p267-268.

③卡尔·博格斯：《政治的终结》，陈家刚译，社会科学文献出版社，2001，第 12 页。

④艾伦·沃克：《社会质量取向：连接亚洲与欧洲的桥梁》，《江海学刊》2010 年第 4 期。

一种以公民权、民主、平等和社会团结为核心价值的社会，并将每个个体都看成是处在其自我实现和集体性认同两方面的辩证关系中①。因此，社会质量也被描述为一种体现"人的社会本性"的关系状态。通过对社会个体间互动而形成的"社会关系结构"的关注，社会质量理论将个体认定为"存在于社会"，从而完成了对新自由主义社会理论的超越②。在此意义上，一些学者将社会质量理论与过去影响甚大且获得全世界认可的生活质量理论、人类发展与人类安全理论相提并论，甚至指出该理论实质上是属于"一个综合的元理论方案"③。因此，可以说，社会质量理论不仅仅建构了一套评估欧洲社会建设状况的全新工具，更通过引入"社会性"而超越了市场至上的社会发展逻辑。概括来看，社会质量理论的内涵包括以下几个层面：作为一种理想社会愿景的社会质量，作为社会发展范式的社会质量，以及作为社会评测工具的社会质量④。

社会质量理论提出了"人具有社会属性"这一规范性原则，指出相互作用的个体应当被视为社会存在，社会性就是在作为社会存在的个人的自我实现与各种集体认同形成之间的相互依赖中实现的，且这一互动过程涉及三个方面的因素：建构性因素、规范性因素和条件性因素。其中，建构性因素反映了社会质量的人力资源维度，包括个人安全、社会认可、社会回应以及个人能力四个方面⑤；规范性要素反映了社会质量的意识形态维度，包括社会正义、平等、团结和人的尊严四个方

①Maesen L..Social Quality,Social Services and Indicators: A New European Perspective? Presentation at the Conference on Indicators and Quality of Social Services in a European ContextGerman Observatory for the Development of Social Services in Europe in Berlin, October 16-17,2002.

②德斯·加斯铂：《人类与社会性》，载张海东主编《社会质量研究理论、方法与经验》，社会科学文献出版社，2011，第 54 页。

③Nijihuis.The Significance of the Theory of Social Quality in Process of Urban Development. Second Asian Conference,2007,p24-46.

④王星：《社会质量建设过程中的国家与社会——对欧洲社会质量理论的本土省思》，《江海学刊》2015 年第 1 期。

⑤艾伦·沃克：《社会质量取向：连接亚洲与欧洲的桥梁》，张海东译，《江海学刊》2010 年第 4 期。

面;条件性因素是社会质量的核心,包括社会经济保障、社会包容、社会凝聚和社会赋权四个方面。这些也是对"社会质量"的界定因素,即衡量一个社会是否具有高度的社会质量,主要考察其是否能够提供一定的社会经济保障并不断提升公民的福利水平,促进公民潜能的发挥以及社会融入。因此,社会经济保障、社会包容、社会赋权以及社会团结等维度构成了社会质量理论的分析框架。其中,社会经济保障维度评估主要是考察社会成员在收入、就业、住房、教育机会等物质生活条件以及社会福利的获得状况;社会包容维度关注社会公正理念指导下的社会制度体系和社会融入;社会赋权维度考察促进社会成员潜能发展的社会条件满足状况,如社会事务参与、文化、社会资本等;社会团结维度则是评估社会规范、社会信任等反映出来的社会凝聚力。一定意义上看,这些维度分别对应了不同的理想社会理念:社会经济保障意在追求社会正义,社会包容关注的是减少社会排斥以增强人们的平等权利,社会赋权要求的是建构为个体提供公平机会的自由环境,社会团结向往的是社会个体相互信任的共同体式的团结状态①。在此基础上,欧洲学者根据对四个条件性因素的解析,分别建构了测量的领域,在每个领域下又区分了不同的子领域以及具体指标,形成了欧洲社会质量的测量指标,并被许多欧洲国家用以衡量各自的社会质量,以及进行有关社会政策的调整。总的来看,社会质量理论以消解社会发展与个体发展的矛盾为出发点,旨在解决制度世界(即系统、制度和组织)与生活世界(即社区、群体和家庭)的冲突,从而改善社会状况,提升个人的福利和潜力。2006 年以后,欧洲社会质量理论开始在亚洲以及国际社会上得到进一步的

①沃尔夫冈·贝克等:《社会质量的理论化:概念的有效性》,载张海东主编《社会质量研究理论、方法与经验》,社会科学文献出版社,2001,第 21 页。

研究拓展和政策推广。

就国内而言，也有学者提出中国本土的“社会质量”概念和理论。1989年，王沪宁在《中国：社会质量与新政治秩序》一文中提出并阐述了“社会质量”的概念：“所谓社会质量，指的是社会非政治有序化程度。非政治有序化程度指的是社会各个环节、各种运动和各种因素自我组织的程度，即在没有政治控制和协调下它们的自组织达到何种程度。他把现代社会分为两大类：一类为政治的有序化社会，一类为非政治的有序化社会。在这两大类中，各有高低之分，结果可以得到两大类、四大基本类型：政治的有序化低的社会、政治的有序化高的社会、非政治的有序化低的社会、非政治的有序化高的社会。”①同时，王沪宁也提出了测量社会质量的指标，包括物质性的指标（历史发展的道路、经济发展的水平、人口、沟通、教育、文化）和价值性指标（整合、自主、自律、稳定、适应、开放）。随后，学者吴忠民从社会哲学的视角对社会质量进行了较为详尽的论述。他认为，社会质量是指社会机体在运转、发展过程中满足其自身特定的内在规定要求和需求的一切特性的总和。社会质量具有三个特征：其一，它所反映的是同一时代条件下，社会机体的实际状况同自身内在的最佳规定要求及最适合需要之间的吻合程度；其二，社会质量虽不直接反映“时代”状况，但它附着于“时代”内容；其三，它所反映的是一种社会整体性的品格②。同时，吴忠民提出了社会质量研究的意义和内容，将其研究内容划分为社会质量的理论研究以及社会质量问题的应用研究，并将社会质量作为衡量社会完善与否的重要尺度。由于社会背景的原因，本土社会质量研究在当时并没有产生积极的回应，但也为国内社会质量理论研究奠定了基础。21世纪以来，伴随欧洲社会质量理论的传播和引入，社会质量理论获得空前的关注。一方面，学术界进行了相应的理论阐释和介绍，包括社会质量理论的内容、意义、适应性和本土化等。如郑卫荣等阐释了欧洲社会质量理论的背景、内涵及其综合性和超越性特征，并以荷兰海牙为例，分析社会质量理论在城市发展方面的实证研究概况及其初步成果，探讨亚洲社会背景下对社会质量理论的修正及其

①王沪宁：《中国：社会质量与新政治秩序》，《社会科学》1989年第6期。

②吴忠民：《论社会质量》，《社会学研究》1990年第4期。

进展[①]。张海东等比较了中西方社会质量研究的两大起源，着重分析了欧洲社会质量研究在亚洲的推进情况，并提出目前国内社会质量理论在理论研究、方法论研究、实证研究、政策研究等各个方面局限性和研究进路的反思[②③]。由于社会质量从起源上是一个纯粹的欧洲概念，并且没有想过拓展其相关应用的可能，十分有必要思考其适用于亚洲环境的可能性[④]。因此，杨泉明等提出，中国与欧洲对于理想社会发展图景的设定以及规范向度上存在不一致，欧洲社会质量理论对中国问题的解释力受到中国和欧洲在政治制度背景、经济发展水平和社会福利模式等方面存在的诸多实质性差异的限制，为此他们提出了具有中国特色的社会质量概念、内涵和指标体系[⑤]。

由于提升社会福利水平和促进社会公正体现了社会政策的主旨，评价社会质量的四个要素也与社会政策的核心价值理念相一致，社会质量理论本身具有较强的普适性，由此也被广泛应用于中国灾难社会救助、农村扶贫、和谐社会建设、社区创新、社会福利改革、包容性社会政策构建、民生建设、社会风险应对、政治参与等现实问题的研究和分析[⑥]。而反贫困在本质上包含了社会福利水平的提高，因而社会质量理论无论是作为

①郑卫荣、李萍萍、刘志昌：《社会质量理论：理论阐释与实践探索》，《国外社会科学》2013 年第 1 期。

②张海东、石海波、毕婧千：《社会质量研究及其新进展》，《社会学研究》2012 年第 3 期。

③张海东：《中国社会质量研究的反思与研究进路》，《社会科学辑刊》2016 年第 3 期。

④艾伦·沃克：《社会质量取向：连接亚洲与欧洲的桥梁》，《江海学刊》2010 年第 4 期。

⑤杨泉明、张洪松：《社会质量理论本土化命题探析》，《四川大学学报（哲学社会科学版）》2015 年第 3 期。

⑥同上。

社会政策的价值理念抑或是一种发展理念和模式，都将对于贫困与反贫困研究产生相应的启示和价值。尤其是国际社会福利委员会(ICSW)、欧洲反贫困网络(EAPN)等国际非政府组织参与的社会质量调查及政策建议,进一步推动了其在反贫困问题领域的研究和应用。如林卡等结合中国和谐社会的建设背景,提出社会质量理论作为国际社会政策领域的一个新的研究范式,可以为中国的社会政策分析提供理论依据。尤其是社会团结理念,将对于缓解改革开放以来中国以市场化为导向的快速经济增长所造成的各种社会问题具有一定的借鉴作用[①]。谢海峰提出,传统以经济增长为主导的扶贫政策已不适应新时代的要求,需要配合以社会公平为主导的社会政策,社会质量理论为此提供了合理内核,即社会经济保障维度要求建立健全农村就业和社会保障网络、社会团结维度要求完善监督评估机制、社会融合维度要求改变贫困治理方式、社会赋权维度则要求以增权理念推进农村扶贫开发工作等[②]。

(二)治理理论及其在反贫困领域的应用

伴随新公共管理运动以及“公民社会”的兴起和发展,理论界开始重新反思政府与市场、政府与社会的关系问题,并在20世纪90年代产生了重要的治理理论,日益对社会公共生活产生重要影响。如果说新公共管理运动主要关注公共部门对市场机制和企业管理技术的引进,治理理论的兴起则进一步拓展了政府改革的视角,其对于现实问题的处理涉及政治、经济、社会、文化等诸多领域,逐渐成为引领公共管理未来发展的潮流。同时,治理理论在反贫困过程中的应用,也从多元主体参与的视角提供了反贫困理论建构的新方向。

从理论溯源来看，治理理论的兴起源于20世纪七八十年代社会科学对某些范式危机的批判和反思,即过度简单化的二分法世界观越来越难以解释和描述现实世界。尤其在公共行政学领域,学者所关注的协调方式不仅已经跨越公私部门泾渭分明的传统观念与制约,而开始涉及“错综复杂的等级组织”、平行的权力网络,或其他跨越不同政府层级和功能领域的复杂而相互依存的协调形式。特别是

①林卡、高红:《社会质量理论与和谐社会建设》,《社会科学》2010年第3期。

②谢海峰:《社会质量理论指导下我国农村扶贫事业发展研究》,《社会保障研究》2010年第6期。

二战后，伴随全球化的历史进程以及冷战结束以后国际政治经济秩序的发展变化，“公民社会”兴起，自组织的协调和治理逐渐成为国家和市场作用失败后的重要治理形式而备受关注。20世纪90年代，治理理论在西方政府改革运动以及全球公民结社运动背景下逐渐形成和发展，并广泛地运用于政治发展研究中，特别是被用来描述后殖民地和发展中国家的政治状况。一些专家认为并非一定需要借助国家的强制力量才能完成对社会的有序统治，通过共同目标支持的不同主体，也能够能达到统治的最佳状态，这就是一种全新的“治理”方式。

治理概念自产生以来，被广泛运用于各个领域，治理理论也逐渐成为国际学术界的前沿理论。由于不同领域和组织的推动，国际上对于治理的概念及其内涵也形成了不同的界定和阐释。既包括国际组织和机构的定义，也包括政治学、经济学、管理学、社会学、国际关系学等不同学科学者基于不同学术背景提出的理解和认识。1992年，全球治理委员会将治理(Governance)定义为“各种公共的或私人的个人和机构管理其共同事务的诸多方式的总和”[①]。世界银行提出，治理在本质上是为了发展而在一个国家的经济与社会资源的管理中运用权力的方式[②]。同时，治理也被看作一种由多数协议形成的规范系统，各种政府间组织以及由非政府组织或跨国公司所推动的非正式调节程序也都被包括在这种治理当中[③]。奥利弗·E.威

①全球治理委员会:《我们的全球伙伴关系》,牛津大学出版社,1995,转引自俞可平《治理与善治》,社会科学文献出版社,2000。

②《世界银行:治理与发展》,转引自王瑞华《合作网络治理理论的困境与启示》,《西南政法大学学报》2005年第4期。

③[瑞士]皮埃尔·德·塞纳克伦斯:《治理与国际调节机制的危机》,《国际社会科学》1998年第3期。

廉姆森(Oliver E.Williamson)从经济学的视角阐述了治理的观点。他认为,治理关注的是各种形式的合约风险的鉴别、解释和缓解,是一项评估各种备择组织模式(手段)的功效的作业,目的在于通过治理机制实现良好秩序。治理也是一种工具,秩序就利用这一工具而在某种关系中得到实现,在这种关系中,潜在的冲突具有消解实现共同利益的机会或使其无效的威胁①。詹姆斯·N.罗西瑙(James N.Rosenau)将治理定义为一系列活动领域里的管理机制,与统治不同,治理是一种由共同目标支持的活动,这些管理活动的主体未必是政府,也无须依靠国家的强制力量来实现。治理是一种内涵丰富的现象,既包括政府机制,也包含非正式、非政府的机制②。总的来看,学术界对于治理产生了六种不同定义:作为最小国家的管理活动的治理,指国家削减公共开支,以最小的成本取得最大的效益;作为公司管理的治理,即指导、控制和监督企业运行的组织体制;作为新公共管理的治理,指将市场的激励机制和私人部门的管理手段引入政府的公共服务;作为善治的治理,强调效率、法治、责任的公共服务体系;作为社会—控制体系的治理,指政府与民间、公私部门之间的合作与互动,强调处于中心的行动者进行管理时所受的限制;作为自组织网络的治理,指建立在信任与互利基础上的社会协调网络③。

治理理论涵括了政治、经济、社会等诸多领域。在社会治理层面,治理理论对政府在社会治理中的独断性和有效性提出了质疑,指出传统政府以一种自上而下的管理方式对社会进行管制,主要解决社会问题,而缺少对于民众的多样性需求和自身管理能力的回应和考量。因此,治理理论主张重新调整国家与社会、政府与市场的边界,提出将国家或政府的权力回归社会,充分发挥"公民社会"的自我治理能力。"治理意味着一系列来自政府但又不限于政府的社会公共机构和行为者。它对传统的国家和政府权威提出挑战,认为政府并不是国家唯一的权力中心。各种公共的和私人的机构只要其行使的权力得到了公众的认可,就都可能成为在各

①奥利弗·E.威廉姆森:《治理机制》,中国社会科学出版社,2001,第13—14页。
②詹姆斯·N.罗西瑙:《没有政府的治理》,江西人民出版社,2001,第5页。
③俞可平:《治理与善治》,社会科学文献出版社,2000,第88—96页。

个不同层面上的权力中心。”①

20 世纪 90 年代中期，治理理论开始被引入中国，对于中国政府制度改革实践以及社会治理的理念、方式产生了重要影响，也加速了其理论的本土化过程。社会学、管理学、政治学等领域出现了社会治理、社区治理、贫困治理、基层治理等研究概念和主题，治理开始成为一种泛化的模式或形态。从理论研究来看，田星亮从治理理论强调国家与“公民社会”、政府与非政府、公共机构与私人机构、强制与资源的合作出发，认为当前社会形式多样的组织及其多元的利益诉求客观上冲破了政治参与的传统框架，进而要求建立起一个合作共治的网络状治理结构，以凸显治理主体的多元化、治理机制的网络化以及治理责任的分散化等明显特征②。张康之、张乾友从新公共管理运动的理论及实践出发，指出正是由于许多社会构成要素获得了公共性的内涵，从而在人类的社会治理体系演进中首次呈现出了治理主体多元化的趋势，进而使社会治理变革呈现出了走向合作治理的必然性。社会治理体系呈现出由政府与非政府组织以及其他社会治理力量等多元要素构成的系统，且这个系统不会复制官僚制组织的模型，而是在社会治理过程中各自扮演着独立的角色，通过合作的方式开展社会治理活动③。

在有关贫困的治理方面，治理理论的提出实际上为社会组织在理论上谋得了一个合法的地位。因为按照传统的政府与市场非此即彼的治理结构来看，事实已经证明在很多社会领域存

①格里·斯托克：《作为理论的治理：五个论点》，《国际社会科学》1999 年第 2 期。

②田星亮：《论网络化治理的主体及其相互关系》，《学术界》2011 年第 2 期。

③张康之、张乾友：《民主的没落与公共性的扩散——走向合作治理的社会治理变革逻辑》，《社会科学研究》2011 年第 2 期。

在着政府与市场同时失败的情形。即使市场机制的优势和政府宏观调控提供公共物品的优势在很多领域能够实现互补，但在一些领域，市场和政府都无法发挥作用，这就需要引入“第三只手”——社会组织的力量。因此，治理理论提出了社会组织参与政府治理，回应公民需求，形成国家社会合作共治的思路，即后工业时代一种主流的社会治理模式：合作治理①。其特征主要表现在治理主体的多元化，强调公共利益至上、信任、公正和公平，政策目标体系化和复杂化以及行政权力的外向功能削弱等②。总之，合作治理要求政府、市场、社会组织在平等前提下共同参与社会治理，为民间组织与政府、市场组织一起参与农村贫困治理提供了理论依据。因此，从政府失灵与志愿失灵的角度出发，政府与民间组织都具有自身无法克服的缺陷，任何一方单独行动都不大可能取得扶贫的良好效果，而根据治理理念，政府组织与民间组织完全可以在共同的反贫困目标下，发挥自身的相对竞争优势，以达到合作绩效最大化的结果，即建立多元主体共同参与的治理模式。因此，贫困治理更强调主体的多元性以及在共同目标引导下各主体间建立一种合作、协商的伙伴关系，内在地要求民间组织参与贫困问题的解决过程。同时，也有学者认为贫困问题是社会管理的重要方面，贫困对社会和谐稳定都会产生深远而复杂的影响，因此应将其纳入社会管理的范畴，通过创新社会管理体制和贫困救助机制，有效遏制贫困问题，消除潜在社会风险③。从这一角度出发，贫困治理也更符合社会管理或社会治理的要求和现状。刘敏从历史的角度出发，指出贫困治理经历了一个范式不断转变的过程，包括贫困治理的主体上从民间慈善为主，过渡到以政府为主，进而发展到政府、企业界与民间组织建立合作伙伴关系、共同治理贫困；治理方式从救助式扶贫到开发式扶贫，进而到参与式扶贫；治理目标从强调改善经济贫困，到强调克服能力贫困，进而到强调缓解社会排斥④。因此，贫困

①卢艳霞：《社会组织参与农村扶贫研究》，硕士学位论文，中南大学，2012。

②张康之：《论参与治理、社会自治与合作治理》，《行政论坛》2008 年第 6 期。

③汪大海、刘金发：《慈善组织参与扶贫领域社会管理创新的价值与对策》，《中国民政》2012 年第 12 期。

④刘敏：《贫困治理范式的转变——兼论其政策意义》，《甘肃社会科学》2009 年第 5 期。

治理显然更符合当前中国农村反贫困的实践及治理范式转变的趋势,也与中国当前社会治理创新的目标相一致。

四、资产建设以及家庭经济学的微观反贫困理论

20 世纪 90 年代,面对美国福利政策的困境,经济学家迈克尔·谢若登提出了资产建设的概念,打破了传统福利政策领域以收入为基础的救助政策和救助思路。借此概念,谢若登阐述了现代社会中福利转支的广泛范围及其对不同群体的含义,并发展出一套关于资产福利效应的具体理论,将福利政策的讨论提升到更新的水平。同时,美国经济学家加里·斯坦利贝克尔以家庭为分析单位,将微观经济学的研究领域延伸到家庭中的人类行为及其相互关系,从而建立起系统的家庭分析理论。这些给以家庭为主体的减贫和发展研究提供了新的研究思路。

(一)资产建设理论

20 世纪 70 年代以后,美国社会以政府收入转支为主的传统社会福利政策开始面临困境。从许多方面来看,福利政策没有发挥应有的作用。有研究证据显示,在 20 年的时间里,美国官方统计的贫困人数从 1965 年占总人口的 17.3%下降到 1984 年的 14.4%,但收入转支并没有改变转支前的贫困率,即贫困率没有下降,1965 年为 21.3%,1984 年为 22.9%,即收入转支虽然暂时减轻了贫困者的困难,但并没有从根本上解决贫困问题。同时,对于极度贫困者的收入转支甚至产生了不良后果,未能持久改善人们的生活,这些也日益引起公众的不满①。加之全球化背景下全球经济结构和社会人口结构发生变化,产生了新的贫困问题和贫困人口结构,这些都对传统福利制度提出了挑战。因此,出于对政策失败和公共不满情绪的认识,以及

①迈克尔·谢若登:《资产与穷人——一项新的美国福利政策》,商务印书馆,2005,第 3 页。

寻求解决问题的出路，社会政策领域和理论界掀起了审视和改革社会政策的浪潮。

然而，在福利政策的大量反思中，无论是保守主义还是自由主义，基本上总是局限于狭隘的思路中。谢若登指出，在西欧和北美发达福利国家，对穷人的社会政策一直主要基于收入的观点，即物品和服务的供应。无论是健康医疗、住房、直接财政救助、教育或者其他领域的福利，重点一直在所接受或消费的物品和服务的水平。而这种政策的基本假定是，贫困和困难产生于资源供应量的不足，所有解决方案使供应量更加充分。事实上，以收入为基础的福利国家并没有从根本上减少贫困（虽然可以缓解困难），没有缩小阶级或种族的差别，没有刺激经济的增长，没有促进公众支持的广泛基础。大多数福利改革的建议，无论来自保守派还是自由派，仍然将此收入为基础的政策作为唯一答案[①]。他提出，将收入作为福利政策的基础是不够充分的，收入只是贫困的一种尺度，而且是一种忽视了家庭福利长期动态的尺度。贫困分析的传统方案关注收入的计算和谁拥有收入，并没有引起有意义的变化，也不可能导致未来有意义的变化。因此，谢若登提出将资产作为一种不同于收入的新参照系。资产作为家庭中的财富储备，区别于作为家庭中资源流动的收入。同时资产具有有形资产和无形资产的分别，有形资产是指合法拥有，包括物质财产和在很大程度上具有与物质财产相同功能的权利，包括货币储蓄、股票、不动产等。无形资产是基于个人资源或社会经济关系，主要包括人力资本、非正式社会资本、正式社会资本等[②]。传统对穷人的福利政策基本上仅仅根据家庭收入报告而建构，而福利政策应该更多根据家庭的结余存单来建构。这种思路基于积蓄、投资和资产积累的概念，而非基于指导现行政策的收入、支出和消费概念。

为此，谢若登分析了两种福利转支的区别：一种是用于直接消费目的的社会福利转支，另外一种是有助于资产积累的转支。这两种福利通常由不同的机制提

①迈克尔·谢若登：《资产与穷人——一项新的美国福利政策》，商务印书馆，2005，第3—4页。

②同上书，第122—125页。

供,那些用于直接消费的福利项目是显而易见的,表现为现金或实物服务形式,直接来自公共开支;而有利于资产积累的福利待遇,则通过很难辨识的非直接方法来资助,如税收支出和信贷补贴。非直接支出手段在最近十年才开始受到关注,除了公共可见度的差别,这两种福利产生了两个不同的接受者阶层,高收入及中产阶级是接受非直接社会转支的群体,在这一思路基础上,谢若登进一步说明了许多非直接转支是以资产为基础的。他强调,刺激资产积累的福利转支最终将是比直接消费福利转支更有力的反贫困措施[①]。在资产研究中,他进一步发现,一个人缺乏资产是导致持续贫穷的重要因素,如果将储蓄分为剩余储蓄和资产储蓄,即一开始就作为资产进入家庭的储蓄,则个人和家庭的资产积累有相当部分甚至大部分来自资产储蓄而并非收入减去消费的剩余。在没有或很少有现存资产的情况下,对穷人的三种主要支持来源:就业、政府和家庭的支持形式,对依靠福利的穷人来说,政府转支是最主要的收入来源[②],而政府只有持续地进行这种转移支付,才能维持穷人最低程度的生存。因此,谢若登提出,现行以收入为基础的社会政策是不公平的。福利政策不应只注重资助手段,也应考虑投资手段。将福利政策看作一种独立的附加性功能是错误的,相反,福利政策应当与国家的社会、经济和政治目标相联系。对美国而言,重要的是福利政策应讲究投资。一种以资产为基础的福利政策会与更强大和更民主的资本主义相一致[③]。就家庭资产而言,谢若登提出家庭资产能够促进家庭的稳定,创造一种未来

①迈克尔·谢若登:《资产与穷人——一项新的美国福利政策》,商务印书馆,2005,第6页。

②同上书,第20页。

③同上书,第15页。

取向，促进人力资本和其他资产的发展，增强专门化和专业化，提供承担风险的基础，增加个人效能，增加社会影响，增加政治参与，增进后代的福利，等等①。为此，谢若登提出，以资产为基础的政策方案应注重通过改变来自政府的金融支持的性质，将类似的制度化资产积累过程引入穷人的福利模型，为穷人建立一种资产积累结构，使政府对穷人的转支不只是收入，也包括资产②。具体而言，谢若登提出了以资产为基础福利政策的目标、先例和问题，提出讨论的议题以及初步的政策方针，并建构了一个福利政策的新方法——建立个人发展账户，以期这一以资产为基础的福利措施可以通过部分减少目前高收入阶层享有的税收支出而得到财政支持。

总的来看，资产建设理论建立在对贫困者福利分析的基础上，提出以资产建设实现贫困人口的减贫发展，不仅为社会政策的改革实践和理论研究提供了新的方向和思路，也减少了贫困研究中结构与个人观点之间的分歧。这一理论提出以后，也引发了国际学术界的学习和探讨。其中，美国国际发展总署的蒂莫西·M.马奥尼提出以资产建设为基础的扶贫策略符合可持续生计的原则，有利于降低穷人遭遇的风险，增强其适应性，以及增加经济社会效益。穆古尔·G.阿谢尔、阿玛任督·南迪从资产建设理论的角度研究了新加坡的退休资助政策，认为单轨的社保体系不完善也不公平，而多轨体系能更好地解决社保供给中的各种风险。威尔·帕克斯顿则研究了资产建设理论视角下的英国福利政策③。

就国内研究而言，一些学者结合这一理论，对中国社会保障及农民福利进行了相应的研究。特别是 21 世纪以来，反贫困领域的研究也开始关注这一理论，并据此提出相应的对策建议。武国丽提出，资产建设就是政府或非政府组织有组织地引导和帮助穷人进行资产积累，而非简单地直接增加其收入和消费，穷人依靠自身积累的资产进行特定目的的投资，从而实现自身发展，走出贫困

①迈克尔·谢若登：《资产与穷人——一项新的美国福利政策》，商务印书馆，2005，第 179—202 页。

②同上书，第 218 页。

③张萍、栗金亚：《资产建设理论视阈下农村贫困救助政策的启示》，《经济与管理》2012 年第 9 期。

困境。在此基础上，结合中国的贫困救助政策，分析其对中国反贫困政策的启示，即树立资产意识，充分认识资产在帮助穷人走出困境的重要性；建立与中国实际情况相结合，在现有基础上促进个人资产账户的建立；加强对穷人的理财教育，形成激励机制解决政策包容性问题；以及注重受助者的能力建设，提升其自主性和积极性等①。赵祁、曾国平也通过对资产建设理论的理解以及“美国梦”示范工程的研究，提出中国反贫困政策适当应用资产建设理论的若干建议，包括建立以收入补贴为主，以资产建设为辅的反贫困政策，且资金支持以政府转移支付为主，社会筹集为辅，账户结构的参数与宏观经济目标相协调等②。

（二）家庭经济反贫困理论

家庭作为人类社会生活最基本的经济单位，是经济学尤其是微观经济学领域的重要研究对象。从理论溯源上看，古典经济学已经对家庭问题进行了研究，但家庭经济学系统的发展则在20世纪50年代以后。特别是70年代以后，西方世界的家庭发生了许多重要变化，离婚率和妇女劳动力参与率出现了上升趋势，人口再生产率则下降。这些对其政治、经济等社会生活的各个方面都产生了广泛而深刻的影响，报纸、杂志充斥着社会对家庭衰落及其未来走向的讨论，对家庭的讨论也就成为90年代一个重要的理论问题。为此，美国著名经济学家加里·斯坦利·贝克尔对于新家庭经济学进行了开创性的研究，他将微观经济学的研究领域延伸到人类行为及其相互关系，在

①武国丽：《资产建设理论及其对我国的启示》，《学理论》2013年第12期。

②赵祁、曾国平：《基于资产建设理论的中国反贫困政策研究》，《重庆大学学报》2008年第5期。

家庭范畴全面应用了传统上只用于研究企业以及消费者的分析框架[①]，打破了以往被社会学家、心理学家和人类学家视为禁区的领域[②]，建立了系统的家庭分析理论。贝克尔提出家庭对经济有重大影响，经济发展也大大改变着家庭结构和家庭决策的性质，这些为以家庭为主体的减贫和发展研究提供了新的研究思路。

贝克尔认为，家庭是人类社会生活一个最基本的细胞，尽管千百年来社会、经济、文化环境已经发生了巨大变化，但家庭却依然保留了对全部制度的最大影响。在包括现代市场经济在内的一切社会里，家庭对一半或一半以上的经济活动都承担着责任。通过对家庭的分析，不仅可以窥见人类历史的许多方面，而且可以指导人们未来的行为。他指出，与早期相比，20 世纪的家庭组织更加松散，作用更小。其根本原因在于 20 世纪的政府和市场机制已经发展到一定程度，它们能够培训和教育年轻人，并且能够保护一些人（包括老人、病人、先天不足的人、长期失业者和其他遭受经济灾难的人）免遭危险，这些新制度淡化了过去依靠家庭来达到这一目的的价值观念。根据这一认识，在过去几十年中，由于妇女收入和就业机会的极大改善以及社会福利的迅速增加，家庭正在以前所未有的速度发生着变化[③]。在《家庭论》一书中，贝克尔以其特殊的“经济方法”，对家庭生活的各个方面进行了探讨和分析，力图用研究人类物质行为的工具和理论框架分析婚姻、剩余、离婚、家庭内劳动分工、威望和其他非物质行为，提出了一个研究关于家庭的经济学或理性选择的方法。他认为，家庭是由多个人组成的生产单位，不同成员的商品、时间、货币和技能等生产要素的投入会产生联合效用，这些效用主要包括孩子、商品、技艺、健康、声望等家庭产出。家庭行为受货币和时间两个因素的限制，决策的代价要用时间和货币来衡量。家庭是一个有效率的经济单位，当一个家庭的时间和货币为既定时，为了使家庭行为最大化，家庭成员就在户主的组织下，对有限的资源进行最合理的配置，进行家庭生产。而家庭成员之间的分工部分地取决于生理上的差异，但

①亨利·帕勒日：《美国新自由主义经济学》，北京大学出版社，1985，第 253 页。
②同上书，第 258 页。
③加里·斯坦利·贝克尔：《家庭论》，王献生、王宇译，商务印书馆，1998，第 22 页。

主要取决于经验和人力资本投资上的不同，且这种差异的存在构成家庭产生的物质基础[①]。

贝克尔假设父母的利他性，认为当孩子的处境较好时，父母的效用就会增加，利他主义的父母乐意负担对孩子人力资本投资的成本，但其奉献受到下列认识的制约：对孩子支出越多，对自己的支出就越少。因此，当孩子人力资本均衡边际收益率超过父母拥有资产（的增长）率时，即使利他主义的父母也会对孩子投资不足。当父母投资不足时，如果孩子向父母借款来筹措人力资本中福利最大化的投资，待孩子长大成人、父母年迈时再还给父母，如此一来，父母和孩子的境况都会更好。较贫穷的家庭从这种组合中得到的收益最多，因为和较富有的家庭相比，他们对孩子的投资可能更为不足[②]。家庭经济学的这种分析非常重要，因为选择子女人数和每个孩子的人力资本投入水平有助于确定经济将达到"良性"均衡状态（即平衡增长）还是"不良"（即马尔萨斯）均衡状态[③]。

此外，贝克尔还论述了不平等及世代变动性理论，认为当孩子从父母那里得到人力和非人力资本时，其收入就会增加。家庭声望、知识和技艺的捐赠以及家庭环境所提供的条件都会提高孩子的收入；从遗传上来看，种族决定了他们的收入和其他特征，因此，不同家庭在收益率、平均捐赠和其他参数方面的差异，扩大了收入的不平等，而这些差异与收入、运气的相互作

①加里·斯坦利·贝克尔：《家庭论》，王献生、王宇译，商务印书馆，1998，第3—5页。

②同上书，第10页。

③加里·斯坦利·贝克尔：《家庭经济学和宏观行为》上，赵思新译，《现代外国哲学社会科学文摘》1994年第12期。

用则又拉大了收入分配的差距[①]。他提出，家庭行为是收入分配不平等的一个重要决定因素。从20世纪60年代后期以来女性互助家庭增加对美国处于贫困线以下那部分家庭的影响可以印证这一点。因此，其家庭经济学研究也有助于理解不同家庭之间不平等的程度。他认为，不平等明显地取决于下列诸多因素：生育率和家庭收入之间的关系，贫穷家庭对孩子人力资本投资不足的程度，夫妇所受的教育，家庭背景和其他特征，离婚率和离婚妇女所抚养的孩子数量，遗产在孩子之间分配的不平，等等。同时，不平等也取决于政府试图通过教育、社会安全项目和其他方法对收入进行再分配，虽然这些项目不平等的净效果取决于家庭的反应。例如，如果妇女将所得到的福利用于多生孩子，或者用于减少花费在每个孩子身上的时间和精力，那么一项福利计划就有可能扩大而不是缩小不平等[②]。因此，广泛涉足家庭的政府会发现，各地通过教育补助、社会保险项目、孩子补贴、调整结婚和离婚的法律以及其他图景，常常能够帮助克服父母和子女间确立约束义务的困难，比如，把教育和社会保障结合起来，也许既能够把对孩子的投资提高到更适当的水平，又能对那些用缴税来筹措投资的老人进行补偿[③]。可以说，国家和社会对家庭决策的很多干预有助于提高家庭组织的效率。

总的来看，贝克尔的家庭经济学理论指出了家庭决策与经济发展的相互作用，将家庭行为视为积极的、内源的而非消极的和外源式的，并通过人力资本投资、代际转移等视角阐释了家庭收入不平等的现象和原因。可以说，家庭经济学理论代表了20世纪90年代以后当代发展经济学的重要发展趋势，即重视发展中国家家庭如何在一定程度上替代市场，通过在家庭内部完成本来应当通过市场来完成的一部分资源配置功能（如储蓄、信贷、保险、营养配置、人力资本形成等），进而提高要素供给的质量并提高发展中国家长期经济发展的潜力[④]。事实上，家庭经济

①加里·斯坦利·贝克尔：《家庭论》，王献生、王宇译，商务印书馆，1998，第273—274页。

②同上书，第27页。

③同上书，第11页。

④马颖、秦永：《发展经济学视角中的家庭经济理论研究进展》，《经济学动态》2008年第5期。

理论自提出以来,引发了国际社会的关注和研究热潮。就国内而言，一些经济学研究者积极进行了家庭经济理论研究的引入、梳理和阐述,并提出其研究中许多方面如家庭公共产品领域的条件效用可能性边界、效用最大化或博弈中的利他主义影响、可转移效用的条件等都取得了相应的研究成果,对经济学研究的进展做出了巨大贡献①。同时,家庭经济学这一微观化的研究方法和研究结论,对于理论研究和实践发展也具有重要意义,即从对家庭经济行为的研究转向为发展经济学寻求微观基础,从完善市场和完全市场的纯理论假设转向不完善和市场缺失的现实假设,以及通过对发展中国家家庭行为的研究为发展中国家政府提供制定相关政策的依据②。事实上，子女教育投入、外出务工、迁移等家庭决策行为对于农村家庭经济发展以及贫困的影响业已被国内贫困研究者所关注,但结合家庭经济理论进行的研究不多。因此,对于中国等发展中国家而言,家庭经济理论不仅为继续研究家庭内部的经济行为,调动家庭在促进经济发展中的潜力提供进一步的理论支持和引导,也将为贫困研究尤其是微观领域的反贫困研究提供相应的理论基础。

20 世纪末至今的西方贫困研究突出了贫困内涵的进一步拓展,出现了主观贫困、信息贫困以及空间贫困等概念和理论;也更加突出贫困研究的微观、具体以及多学科融合趋势,形成了家庭经济的反贫困理论。同时,社会质量理论、治理理论以及多元发展观下的反贫困等理论的提出,将贫困问题置于更加广阔的福利和社会发展视野。这些不仅是国际反贫困实践发展的要求,也将成为当前及未来一段时期国际反贫困理论研究的重要方向。

---

①宋世方:《西方家庭经济理论的最新发展》,《经济评论》2003 年第 5 期。

②马颖、秦永:《发展经济学视角中的家庭经济理论研究进展》,《经济学动态》2008 年第 5 期。

9

第九章　中国扶贫思想的演进与研究评述

一、中国古代扶贫思想及实践

二、中国近现代贫困与反贫困思想

三、西方贫困与反贫困理论的本土化探索

四、新中国扶贫思想的形成与发展

贫困问题并非资本主义社会的产物。与西方社会相比，中国的贫困问题更早受到统治者及知识分子的关注。早在先秦时期，中国就有“夫施与贫困者，此世之所谓仁义”的观点和论述。在儒家思想影响下，古代中国逐渐形成了以民本、大同思想为基础的慈善传统，开展了以个体、邻里、宗族、会社、机构及政府为主体的慈善救助行为，为近现代中国慈善救助事业的发展奠定了基础。近代以来，面对中国贫困落后的局面，伴随西方入侵而产生的现代化进程，一批爱国人士和知识分子提出了相应的民生救助思想以及乡村建设思路，形成了以政府为主体的国家社会救助制度雏形和农村重建的社会实践。新中国成立以后，特别是20世纪80年代政府正式开展农村有组织、有计划、大规模扶贫开发后，研究领域开始进行广泛的贫困研究，并积极开展国际贫困与反贫困理论的本土化探索以及中国特色反贫困思想和理论的研究。本章主要论述中国古代、近代主要的反贫困思想和观点，以及当代研究中有关西方贫困与反贫困理论的本土化探索和中国特色反贫困理论体系的发展演变，旨在进一步丰富国际贫困与反贫困理论研究的内容。

一、中国古代扶贫思想及实践

扶危济困、改善民生是中国传统文化的内在追求。自先秦时期开始，诸子百家就提出了“仁爱”“民本”“兼爱”“大同”等理念和观点，不仅为中国扶贫、救助、慈善思想的形成发展奠定了基础，也推动形成了以邻里、宗族、宗教、会社、机构等为载体的互助、救助和慈善传统。同时，中国也是世界上较早进行国家救助的国家之一，从先秦《周礼》的“荒政十二策”，到清代的《荒政辑要》，中国古代不仅形成了一系列济贫救助实践，也形成了相应的政府救助体系。梳理古代贫困与反贫困的思想论述，对于理解和总结中国特色扶贫开发的理念传统以及指导现代反贫困实践具有积极的启发和借鉴意义。

中国古代自尧舜时代就已经产生了多种形式的民间救助行为，社会救助亦被纳入国家公共职能。经过先秦、两汉、魏晋南北朝、隋唐以及宋元、明清历代各朝的拓展和完善，逐渐产生并丰富了民间救助和国家救助两种重要的反贫困形式。就内容而言，前者包括了始于先秦并延续至今的邻里救助和互助、宗族救助，秦汉开始出现的早期会社僤(单、弹)[①]以及宗教慈善救助，魏晋南北朝时期的六疾馆、孤独园等私人慈善救助机构，完善于隋唐的仓储制度和宗教救助机构，宋元时期的义庄、义田、义塾等宗族救助以及明清时期日益兴盛的民间慈善等，后者则包括以政府为主导的社会保障、灾荒赈济、慈善救济等形式。总的来看，中国古代反贫困以各类社会救助、慈善救济以及灾荒赈济形式为主，包括以个人为主体的慈善救济、邻里宗族的互助救助、宗教机构的慈善救助、会社机构的民间救助以及官方主导的社会保障和慈善救助。可以说，个人、邻里、宗族、宗教组

①吕洪业:《中国古代慈善简史》，中国社会出版社，2014，第41页。

织以及会社机构和国家都成为古代反贫困和救助慈善的重要载体。在此过程中，仁爱、民本、大同等社会思想始终贯穿其中，不仅为早期政府及民间慈善救助行为奠定了思想基础，也逐渐发展和完善了中国古代的反贫困思想。

中国古代反贫困思想和实践是一以贯之、不断发展演进的。伴随历史发展和朝代更迭，政府慈善救助及民间慈善救助的形式和内容不断拓展完善，反贫困的救助和慈善思想也渐趋具体化和系统化。学界有关中国古代反贫困思想和实践的关注和研究已取得了一定的成果，并侧重对古代社会救助、慈善等反贫困形式进行研究，如邓云特的《中国救荒史》、梁其姿的《施善与教化：明清的慈善组织》、周秋光等人编著的《中国慈善简史》等。事实上，贫困本身的复杂性决定了扶贫济困是一项综合性、复杂性的活动。因此，本章将社会保障、慈善救助等内容和形式都纳入古代反贫困的范畴，并将其思想理念的发展视为宏观意义反贫困思想的演进。鉴于古代反贫困实践、思想发展的庞杂多样，本章不是详尽梳理和展示中国古代反贫困思想和实践的发展历程，而是在以历史顺序为主的梳理过程中，突出某一历史时期反贫困思想中具有显著特点的内容，如秦汉会社及宗教慈善的起源、隋唐仓储思想的高度发展等，以总结和揭示中国反贫困思想的重要特点和突出内容。

（一）先秦贫困及济贫思想的渊源

中国先秦时期主要是指秦朝建立以前的历史时期，包括传说中的三皇五帝，经历了夏、商、西周以及春秋、战国等历史阶段。先秦是中国古代史上充满大变动、大发展的时期，《诗经·小雅》形容其为“百川沸腾，山冢崒崩；高岸为谷，深谷为陵”。经济上，生产力获得大发展，生产关系由奴隶制向封建制转化；政治上，周王室实力衰微，诸侯国势力膨胀，争霸战争不断，百姓民不聊生；文化上，周礼逐渐失去了规范人们思想和言行的作用。在此过程中，一大批思想家相继提出各自的治国思想和理念，形成了百家争鸣的文化繁荣局面。“仁爱”“民本”“大同”等思想不仅成为当时社会主流的政治理念，推动了国家有关救助、社会保障的职能扩张，也孕育了中国传统的救助和慈善理念，影响民间救助和慈善实践的发展。因此，先秦作为中国古代慈善的萌芽时期，不但开创了社会保障和民间慈善的先河，而且为两者融合发展、互为促进提供了统一的理念支持，从而形成了政府与民间共同推动、互为影响的独特的社会慈善发展模式，为以后历代慈善的兴起和发展奠定了基础[①]。

1.仁爱思想

历史上关于“仁”的记载最早出现于《尚书》一书中“克宽克仁，彰信兆民”的描述。伴随历史的发展，“仁”的含义由最初的亲人发展到爱人，成为春秋时期儒家学派孔子思想理论体系的核心和根本。孔子系统阐述了“仁”的思想内涵，提出“仁者，人也”，其具体意义就是“爱人”，即“仁者爱人”。因此，孔子不仅站在统治者的角度，提倡国家应从仁治、礼治和德治三方面出发，来解决百姓疾苦，也力图使之成为个体的道德修养以及人与人之间关系的普遍原则。吕洪业将孔子的仁爱思想分为三个层次，即仁爱是一种建立在伦理规范基础之上的道德情感；仁爱是一种推己及人的利他风尚和助人为善的道德品质；仁爱是一种强调自身修养的道德自律[②]。战国时期，孟子进一步发展了孔子的仁爱思想。孟子将仁爱思想视为人性的必然体现，提出“人性本善”的观点（见《孟子·尽心下》），“仁，人心也”。他还提出“君子之于物也，爱之而弗仁；于民也，仁之而弗亲。弗亲而仁民，仁民而爱物”，以及“老吾老以及人之老，幼吾幼以及人之幼”等观点。同时，孟子进一步发展了仁政思想，他关心重视“穷民”的生存状态，提出“鳏、寡、独、孤，此四者，天下之穷民而无告者，文王发政施仁，必先斯四者”（见《孟子·梁惠王上》）。因此，孟子提出“平治天下”的治国理念，认为统治阶级应在物质生活上关心和抚恤社会弱势群体，实现“黎民不饥不寒”。

除儒家学派以外，先秦道家、墨家等学派亦提出了相应的

---

①洪业：《中国古代慈善简史》，中国社会出版社，2014，第 19 页。
②同上书。

仁爱思想。老子是春秋时期道家的创始人，在其看来，道是世界的本原，产生天地万物并赋予事物内在之德，以蓄养万物。老子提出，“夫唯道，善贷且成”“道生之，德畜之，长之育之，亭之毒之，养之覆之，生而不有，为而不恃，长而不宰，是谓玄德”，即唯有道乐善好施、济物成物。因此，道产生并蓄养万物，也是一种仁爱的行为，且这种仁爱是彻底无私的仁爱，不是一般意义的仁爱，这与儒家生即仁的观念一致①。墨家学派创始人墨翟出身平民阶层，提出“爱无差等”，强调了爱人的平等性和普遍性。墨子提出“兼相爱、交相利”的观点，提倡以强扶弱、以富济贫，相互扶持、交相利，“有力者疾以助人，有财者勉以分人，有道者劝以教人”“财多，财以分贫也”“退睹其友，饥则食之，寒则衣之，疾病侍养之，死丧葬埋之。兼士之言若此，行若此”等慈善和救助理念，并在政治上提出“兼爱”“非攻”“尚贤”“尚同”“节用”“节葬”“非乐”等主张，与儒家的仁爱思想具有基本的一致性②。

2.民本思想

民本思想起源于殷商时期，最早记载于《尚书·五子之歌》“民为邦本，本固邦宁”以及《春秋·穀梁传》中“民者，君之本也”，强调天子应以民为本，顾及和养恤万民。民本思想是中国古代占统治地位的政治学说，倡导统治者或上层阶级应关注普通百姓，主张通过济贫、扶困、扶老、慈幼等方式来救助底层的弱势群体，安抚民众，从而使国家长治久安③。在儒家学派当中，“仁爱”精神用于治民，就形成了“养民也惠”的惠民、民本理念。孔子提出，“子为政，焉用杀？子欲善而民善矣。君子之德，风；小人之德，草。草上之风，必偃”以及“修己以安百姓”等观点。其惠民思想是对周王朝“敬德保民”思想的继承与发展，也为孟子的“仁政”学说奠定了基础。孟子是民本思想的集大成者，明确提出“民贵君轻”的观点。他认为，“民为贵，社稷次之，君为轻”（《孟子·尽心章句下》），以及“爱人者，人恒爱之；敬人者，人恒敬之”（《孟子·离娄章句下》）。同时，孟子还提出了民本思想的具体实践，“不违农时，谷不可胜食也；数罟不入洿池，鱼鳖不可胜食也。斧斤以时入山林，材木不可

①李光福：《论老子的仁爱观》，《广东社会科学》1999 年第 2 期。

②吕洪业：《中国古代慈善简史》，中国社会出版社，2014，第 4 页。

③周秋光、曾桂林：《中国慈善思想渊源探析》，《湖南师范大学学报》2007 年第 5 期。

胜用也”(《孟子·寡人之于国也》),以及“易其田畴,薄其税敛,民可以富也。食之以时,用之以礼,财不可胜用也”(《孟子·尽心上》),“市,廛而不征,法而不廛,则天下之伤皆悦,而愿藏于其市矣”(《孟子·公孙丑上》)等观点,倡导遵循四季变化发展经济以及“薄税敛”以“富民”。战国末期,荀子继续发展了儒家的民本思想,他提出“君者,舟也,庶人者,水也;水则载舟,水则覆舟”的思想,将惠民作为维护国家统治的必要条件,指出了百姓与统治者之间的辩证关系。同时,他还提出“收孤寡,补贫穷”“节用裕民,而善臧其余”“岁虽凶败水旱,使百姓无冻馁之患”等具体的惠民和救助策略①。可以说,孟子和荀子的民本思想体现了古代具体扶贫济贫思想的雏形。

先秦时期一些政治家在治国理念中也体现了相应的民本思想。如管仲认为统治者应发政施仁,行九惠之教,包括“老老、慈幼、恤孤、养疾、合独、问病、通穷、赈困、接绝”等(见《管子·入国》),最早提出了国家应设置扶贫济困的机构。商鞅也提出,“治国之举,贵令贫者富,富者贫。贫者富,富者贫,国强”,提倡国家对于贫困者的救济,同时这种救济也是有条件的,即“贫者益之以刑则富”,强调贫困者要通过劳作来摆脱贫困,这与韩非子倡导惠民同时要求引导民众致力农耕的观点相一致。

3.大同思想

大同思想是儒家思想中最具理想色彩的内容,对于后世社会保障及民间慈善救助的发展具有深刻影响。大同思想的形成,与孔子主张财富均分,反对贫富悬殊,以及“博施济众”和“老安少怀”的思想有关。孔子提出,“闻有国有家者,不患寡而患不均,不患贫而患不安。盖均无贫,和无寡,安无倾”(《论语·季氏》),以及“何事于仁?必也圣乎?尧舜其犹病诸”,“老者安

① 吕洪业:《中国古代慈善简史》,中国社会出版社,2014,第6页。

之，朋友信之，少者怀之”。在此，孔子提倡的财物平均分配、解除人民苦难以及老安少怀等社会理想，已经蕴含了大同社会的理念。其后，儒家经典《礼记·礼运》系统地提出了大同社会的理想社会图景：“大道之行也，天下为公，选贤与能，讲信修睦。故人不独亲其亲，不独子其子，使老有所终，壮有所用，幼有所长，矜寡孤独废疾者皆有所养，男有分，女有归。货恶其弃于地也，不必藏于己；力恶其不出于身也，不必为己。是故谋闭而不兴，盗窃乱贼而不作，故外户而不闭。是谓大同。”孟子也在其思想体系中提出了大同社会的理想图景，即“出入相友，守望相助，疾病相扶持，则百姓亲睦”（《孟子·滕文公上》），以及“五亩之宅，树之以桑，五十者可以衣帛矣……百亩之田，勿夺其时，数口之家可以无饥矣。谨庠序之教，申之以孝悌之义，颁白者不负戴于道路矣。七十者衣帛食肉，黎民不饥不寒，然而不王者，未之有也”（《孟子·梁惠王上》），构成儒家大同思想的精华。

同时，墨家、道家等学派也提出了对未来大同社会的设想。其中，墨子描述了“尚同”的理想社会，包括“尚贤”（“聿求元圣，与之戮力同心，以治天下”）、分工（“凡天下群百工，轮车鞼匏、陶冶梓匠，使各从事其所能”）以及“兼爱互利”，促进了古代大同思想的形成与发展。老子对于理想社会的设计，主要体现为“小国寡民”设想，即“小国寡民，使有什伯人之器而不用。使民重死而不远；虽有舟舆，无所乘之；虽有甲兵，元所陈之，使民复结绳而用之。甘其食，美其服，安其居，乐其俗；邻国相望，鸡狗之声相闻，民至老死，不相往来”。“小国寡民”描绘了一个理想化的“乐园”，具有反剥削、反压迫、主张社会公平正义的色彩，构成古代大同社会理想的重要组成部分。此外，《庄子》的“至德之世”等观点也包含了大同思想的理念[①]，并推动其发展和完善，逐渐成为古代社会重要的政治理想和历史传统，也成为古代慈善救助事业的主要思想渊源。

总之，“仁爱”“民本”“大同” 等社会思想蕴含了中国古代对于贫困与反贫困问题的基本看法，形成了古代国家扶贫救助及民间慈善的重要思想渊源。在这些思想影响下，先秦各国开展了国家主导的社会救助实践，形成了基本的国家救助职能。如《周礼·地官·司徒》中有关“赈穷”“恤贫”的规定，司徒即是古代负责社会

①刘开法：《中国“大同”社会理想的历史嬗变》，《经济研究导刊》2012 年第 10 期。

救助的官员，专门负责救助鳏寡孤独和缺少衣食金钱的穷者和贫者。同时，民间社会也形成了多种形式的救助和慈善活动，包括邻里互助救助、宗族救助等，不仅促进了中国早期贫困救助和慈善的萌芽和发展，也进一步丰富了古代贫困及反贫困的思想内容。

（二）秦汉至南北朝时期民间互助、救助思想及宗教慈善的兴起

公元前 230 年至前 221 年，秦嬴政先后灭掉韩、赵、魏、楚、燕、齐六国，于公元前 221 年建立了第一个以汉族为主体的统一中央集权国家——秦朝，中国由此进入大一统的历史时期。从秦汉到魏晋南北朝时期，国家的贫困救助职能得到进一步延续和拓展。国家对于贫困者的救助开始向制度化发展，同时，民间救助形式渐趋丰富，早期会社慈善、宗教慈善开始萌芽发展，并受到国家的支持和鼓励。尤其是太平道、五斗米道以及佛教慈善的出现，形成了中国古代重要的贫困与反贫困思想。

汉魏晋南北朝时期，国家救助思想主要体现在国家对于鳏寡孤独残疾者的经常性赈济以及灾荒年间的开仓赈济、给粥赈饥、移粟救灾等。尤其是汉朝最早设立常平仓，谷贱时增价籴入，谷贵时减价粜出，在汉政府对民众的慈善救济活动中发挥着重要作用。南北朝时期，政府又设立了义仓，遇灾荒时期，政府往往颁布诏谕，组织开仓调粟，赈贫恤孤，或蠲赋免役[①]，仓储思想也逐渐发展成为古代政府贫困救助的重要思想之一。对于老龄人口、幼儿、疾疫患者以及贫困无力埋葬者，政府均采取一定的救助措施，如《后汉书·安帝纪》中有关汉安帝元初元年夏四月疫病的记载，“会稽大疫，遣光禄大夫将太医循行疾病”；《汉书·高帝纪下》中，“令士卒从军死者，为槥归其县，县给衣衾

①周秋光、曾桂林：《中国慈善简史》，人民出版社，2006，第 76 页。

棺葬具，祠以少牢，长吏视葬”；《宋书》记载，“鳏寡孤独不能自存者，人谷五斛”以及“赐高年孤疾粟帛各有差”。同时，政府贫困救助的思想还表现在其对于民间慈善救助的支持和鼓励方面，如两汉通过物质奖励、宣传表彰、输粟拜爵、纳粟除罪等方式鼓励和支持个人慈善行为，充分整合社会资源以救助贫困①。

宗教、会社慈善救助以及机构救助的出现，拓展了这一时期中国的贫困救助思想。秦汉时期，僤这一具有互助、自我保障性质的民间自助组织雏形开始出现。僤由来自下层民众自愿组成，成员共同筹集资金以维持组织运转，在必要情况下对于成员施以救助，体现了团结、协助、互助的原则，具有完全的自愿性和民间性特征②。据考古资料显示，汉朝已经产生了对僤领导人资格、经费来源以及经费使用的明确规定③，僤是中国古代民间慈善的早期组织形式。东汉时期，中国本土宗教道教开始形成，并在东汉末年分化产生出太平道和五斗米道两种主要的教派。太平道提出了建立“太平世道”的设想，描绘了公平、同乐、无灾的理想社会，提出了“周穷救急”“乐以养人”的慈善观念，强调“常言人无贫贱，皆天所生”，天下所有人都要“爱之慎之念之，慎勿加所不当为而枉人，侵克非有”④。因此，社会成员应友好相处，互爱互助，不相侵争，“智者当苞养愚者”“力强者当养力弱者”“后生者当养老者”⑤。除宣扬合作、救助的思想，太平道还为民治病，践行救助实践，劝导教民向善，为当时民间救助的发展以及社会和谐稳定做出了积极的贡献。五斗米道也提倡互助救急、扶危济困，不仅形成了道教的救助、慈善思想和理念，还建立了政教合一的政权，推动道教教义实践的发展。由此，宗教开始成为民间慈善救助的重要载体，并推动了宗教慈善救助理念的形成和发展。特别是两汉传入、兴盛于魏晋南北朝时期的佛教，将慈悲向善、因果报应等理念纳入民间慈善救助思想的体系，进一步丰富了古代贫困与反贫困思想的内容。总的来看，佛教的修善功德

①吕洪业：《中国古代慈善简史》，中国社会出版社，2014，第 37—38 页。

②同上书，第 41 页。

③俞伟超：《中国古代公社组织的考察——论先秦两汉的“单—僤—弹”》，文物出版社，1988，第 178 页。

④王明：《太平经合校》，中华书局，1960，第 576 页。

⑤同上书，第 695 页。

观、因缘业报说以及慈悲观念构成其劝善理论的主要内容，并伴随佛教思想的传播而获得进一步发展。佛教宣扬慈悲、布施，提出“大慈与一切众生乐，大悲拔一切众生苦。大慈以喜乐因缘与众生，大悲以离苦因缘与众生”(《大智度论》卷二十七)，即视一切众生为其子，解除人生苦恼，给予人生幸福。同时，佛教倡导出于怜悯心、慈悲心的布施思想，即“智人行施，不为报恩，不为求事，不为护惜悭贪之人，不为生天人中受乐，不为善名流布于外。不为畏怖三恶道苦，不为他求，不为胜他，不为失财，不以多有，不为不用，不为家法，不为亲近”(《优婆塞戒经》卷五)。同时，佛教强调众生平等以及恩报观念，并在此理念指导下开展了诸如济贫救灾、养老慈幼、施舍医药、施棺待葬等慈善救助活动，在此以后逐渐成为古代民间慈善救助的重要主体。此外，机构慈善的出现也是这一时期贫困与反贫困思想的重要发展。魏晋南北朝时期，出现了古代中国最早的私人慈善机构——六疾馆，用以救助患病贫民，标志着古代民间慈善发展的组织化和制度化。

这一时期，基层社会的邻里互助救助以及宗族慈善救助继续发展，仍然充当了民间救助的主要形式。道教、佛教等宗教思想及其教义指导下的慈善救助活动，更加丰富了古代中国的贫困与反贫困思想和实践。

(三)隋唐政府救助的制度化及仓储思想的发展

隋唐是中国封建社会达到鼎盛的历史时期，古代中国由此进入相对稳定的发展阶段，社会、经济、文化各方面取得了较快的发展和进步。这一时期也是古代中国救助慈善发展的重要历史阶段，一方面，政府救助趋向制度化发展，国家在贫困救助当中的作用愈益重要，并开始指导民间救助的发展；另一方面，以民间会社为基础的仓储制度逐渐发展完善，形成了民间贫困救助的仓储思想。此外，宗族救助、宗教慈善以及机构慈善得到进一步发展,丰富了中国古代贫困与反贫困的救助思想。

隋唐时期对于古代慈善救助思想的一大贡献,就是推动了国家社会保障及民间慈善救助的制度化。在唐代,政府明确将弱势群体优先依养于近亲邻里的救恤程序予以制度化,正式规定“诸鳏寡、孤独、贫穷、老疾不能自存者,令近亲收养。若无近亲,付乡里安恤”(《唐户令》),并在赋税制度层面对于老人、鳏寡孤独、残疾、妇女等做出明确的减免规定,通过法律予以权利保障。此外,政府制定了“三疾令”,将需要救助的人口分为“残疾”“废疾”“笃疾”三等,并依据不同的等级给予不同的赋税减免和刑罚宽免。同时,唐代政府贫困救助的思想也产生了转变,开始寄希望于在有助于社会管理的前提下,利用民间力量来实现政府的社会救助职能[①]。如重视宗族慈善救助的发展,提倡宗族成员内部的救助行为,承认民间互助结社行为的合法性,以及扶持机构慈善发展等。

隋唐是我国古代封建社会发展的鼎盛时期,也是仓储制度及其思想发展完善的重要阶段。自汉朝以来,仓储制度逐渐成为国家荒政制度的重要组成部分。隋朝时,统治者总结历代抗灾救灾的历史经验,更加重视仓储制度的完善。根据《资治通鉴》记载,隋文帝时,“隋度支尚书长孙平奏,令民间每秋家出粟麦一石以下,贫富为差,储之当社,委社司捡校,以备凶年,名曰‘义仓’,隋主从之。五月甲申,诏郡、县置义仓”。可见隋朝已经将义仓作为民间灾荒救急以及缓解贫富差距的重要手段,“自是州里丰衍,民多赖焉”。同时,由于义仓多建立在村社当中,又被称为社仓。唐初,李世民对仓储制度进行了改善,逐渐使其成为历代救灾备荒的常制。“凡义仓所以备岁不足,常平仓所以均贵贱也”(《旧唐书·职官二》),唐朝也倡导各地积蓄粮食,以应对粮食歉收和灾荒,“每有饥馑,则开仓赈给”;“凡义仓之粟,唯荒年给粮,不得杂用”。至唐玄宗时期,义仓税收征收办法得到进一步调整和变革,义仓逐渐兼有了常平仓的功能,由此,有关义仓粮食征收、储藏、管理和赈济的制度逐渐系统和完善。同时,伴随仓储制度的完善化,仓储救灾思想得到进一步深化和拓展,成为中国古代重要的救灾思想和手段,也丰富了古代反贫困思想体系。

隋唐时期,宗教以及机构慈善救助实践的发展也进一步丰富了当时的贫困与

①吕洪业:《中国古代慈善简史》,中国社会出版社,2014,第65—66页。

反贫困思想。尤其是隋唐佛教的发展和兴盛，推动了佛教慈悲、救世理念和思想的传播，以及以寺院和僧侣为载体的民间慈善和救助实践。通过施粥、养老、慈幼、施药等方式，佛教慈善救助推动了社会公益事业的发展。以寺院为主体带有宗教性质的机构慈善救助事业也取得了长足发展。为救治贫困人民，隋朝时期寺院内设立了疠人坊、安乐坊、养病坊、安济坊，为贫困病人提供看病施药的场所。到唐朝时，机构慈善救助的发展更加完善，出现了组织结构更加完备、制度规范，且具有一定可持续性的救助机构，如悲田院或悲田养病坊。这一机构不仅为无力求医的贫困患病者治病施药，实际上也是一个收容贫困老人、病人、残疾人以及孤儿的综合性慈善机构①。由于其宗教性，悲田养病坊也受到政府一定的质疑。到唐朝中后期，政府对于悲田养病坊的管理体制进行了改革，不仅扩大了其救助的范围，而且给予一定的政府财政支持，加强了政府的管理力度，由此也形成了其民间管理、政府监督、财政扶持相结合的运作方式，提升了救助机构的功能和影响力，并与政府社会保障功能相互协调补充，开启了政府与民间社会共同参与社会救助的制度化建设，对于古代反贫困思想的发展产生了巨大推动作用。除悲田养病坊，唐末还出现了具有宗教性质的社邑组织，以实现民间的互助和共济，这些都促进了民间慈善救助实践和理念的发展。

（四）宋元理学泛爱思想及宗族慈善理念的系统化

宋元时期，中国古代慈善救助事业发展程度很高。无论是中央政府采取的大规模、多形式社会救助和慈善活动，还是民间社会救助慈善事业的发展，都达到了较高的发展水平。尤其是两宋期间，由于经济社会文化的发展与繁荣，以及以“仁”为中心的理学思想和政治理念，进一步丰富了儒家社会慈善思

---

①吕洪业：《中国古代慈善简史》，中国社会出版社，2014，第81—82页。

想，提出并发展了泛爱思想。同时，中央政府大力推动社会保障以及民间救助和慈善机构的发展，设置了福田院、居养院、安济坊、慈幼局、漏泽园等多种类型的民间救助和慈善机构，并大力推动宗族慈善救助的发展，成为古代慈善救助发展的重要阶段。《宋史·食货志》谓“宋之为治，一本仁厚，赈贫恤患之意，视前代为切至”。

理学思想是宋代哲学的主流思想，融合了佛、儒、道三教的思想内容，并以儒家“仁”的思想为中心，再次阐释了国家施行仁政的重要性。由此，宋朝思想家进一步提出“以爱己之心爱人，视人犹己，视人父母兄弟犹己父母兄弟，以博施济众为己任”“以爱己之心爱人则尽仁”“大仁所存，盖必以天下为度”等观点，丰富了儒家的慈善救助思想，形成了理学泛爱的思想和理念。在这一思想影响下，宋代不仅建立了从中央到地方、政府与民间社会相互补充和协作的社会救助体系，也推动了宋及其后世救助和慈善实践及其思想的发展和传播。总的来看，一方面，宋元时期政府设置了专门的救助机构，将救助和慈善发展与国家统治和治理相结合，不仅倡导官员劝民出粟，还将救助成果作为官员升迁奖罚的依据和标准，从国家治理层面推动社会保障事业的发展；另一方面，在中央政府财力支持和鼓励倡导下，宋元时期民间慈善救助机构得到了蓬勃发展。宗族、宗教以及机构救助出现了多种新形式，民间慈善和救助理念更加系统化、完善化，形成了政府为主导的、全社会参与的社会救助体系①。

在理学思想影响下，宋代以“敬宗收族”为核心的宗族制度逐渐成熟，并进一步发展除族内救助的慈善思想和理念。其中，以张载、范仲淹等人的思想最具代表性。张载指出：“管摄天下人心，收宗族，厚风俗，使人不忘本，须是谱系世族与立宗子法。”范仲淹也提出：“吴中宗族甚众，于吾固有亲疏，然吾以祖宗视之，则均子孙，固无亲疏也。”他们提出了比较系统的摒弃亲疏的观念，认为同宗族之人无亲疏之分，所有老弱妇幼、鳏寡孤独都要同等济养、救助，以此达到沐族、收族、赡族，以利本宗族繁衍壮大。戴百寿提出，“夫宗族者譬如树之本根也，乡党者，譬树之枝叶也，安有本根不知庇而能庇及枝叶乎”②，即认为族内救助是社会救助以

①吕洪业：《中国古代慈善简史》，中国社会出版社，2014，第 88—89 页。

②严雄飞：《中国古代社会救助慈善思想种类及作用》，《前沿》2002 年第 10 期。

及实现社会稳定的根本,进一步丰富了宗族内部救助的慈善思想。在这些思想影响下,这一时期宗族慈善获得了迅速发展,出现了义庄、义田、义塾等多种宗族慈善形式,宗族慈善在生活救济、收恤孤独、贫困病难、教育求学、助婚济丧等方面日益发挥了积极作用。其中尤为著名的是范仲淹创设的义庄。范氏义庄主要利用族产公田的收入来赈济族人中贫困、鳏寡孤独以及遭遇灾荒者,包括义田、义学和义宅三个部分,分别为宗族内部提供物质、教育和衣食住所。范氏义庄将临时性的宗族救助逐渐转变为经常性的救助,且具有固定的资金来源和稳定的运行机制,标志着宋代宗族内部救助行为的制度化和规范化发展,也促进了民间社会救助理念和救助方式的变化。

宋元时期,贫困救助事业发展的另一重要特点是宗教和机构慈善救助的发展。宋代,"病者则有施药局;童幼不能自育者,则有慈幼局;贫而无依者,则有养济院;死而无硷者则有漏泽园",描绘了民间救助发展的现实图景。其中,施药局、安乐坊、安济坊是专门收容并给予病患医治的卫生类慈善救助机构。安济坊由苏轼所创病坊发展而来,初创时以"养民之贫病者""以处民之有疾病而无告者"为宗旨,是以救疗贫病之民为主要功能的机构,后由政府支持大规模举办[①]。北宋时期,宋仁宗诏令诸州府救济鳏、寡、孤独、癃老、疾废、贫乏不能自存者,安排其居养,以绝户人的屋产充其费,供给米豆,不足则以常平仓的利息补充(见《宋史·食货志上》)。宋哲宗时,政府又下诏要求对鳏寡贫病孤独者"官为居养之",推动了这一官办养老慈善机构的发展。到宋徽宗时期,政府开始大力倡导地方建设居养院、养济院,并由寺院僧侣进行管理。南宋时,居养院逐渐发展成为官民合作的综合性慈善救助机构,并出现了安养院、养济院、利济院

①吕洪业:《中国古代慈善简史》,中国社会出版社,2014,第111页。

等不同名称的组织形式。南宋时期，由政府举办的慈幼局、慈幼庄或举子仓等机构开始出现，以解决民间的贫民遗弃儿童问题，其中福建举子仓、建康慈幼庄、临安慈幼局等是其中比较著名的育婴慈幼机构。宋元时期建立了专门性的丧葬类慈善机构——漏泽园，主要是对因饥疫死亡的无主者或因贫穷而无告而葬之家者，由政府出钱择地安葬。宋代时，漏泽园多由官僧合办，即政府举办，僧侣负责管理，这与宋代施行仁政有关，符合佛教慈悲救世的思想理念。漏泽园的建立丰富了这一时期机构救助慈善的内容和形式。

（五）明清时期政府及民间慈善救助思想的演进

中国传统的慈善事业在元代曾一度衰微。但进入明清以后，两朝统治者对于慈善和民生都较为重视，加之经济实力的提高，以及慈善救助思想的影响，明清政府不仅制定了相应的善政措施，出现了新的官办慈善机构，民间慈善活动也再度活跃起来，慈善事业发展达到鼎盛时期①。这一时期，一方面，民间善书的刊发传播使得民间公益思想蔚然成风，以个体、邻里、宗族、宗教、机构、会社为载体的民间慈善救助得到进一步发展；另一方面，在政府民生理念影响及财政支持下，出现了各类官办民助型、民办官助型慈善和救助机构，政府慈善救助的实践和思想继续演进，为近代中国贫困与反贫困思想的继承发展奠定了基础。

明清时期，慈善救助思想仍是知识分子当中流行的社会思想，为影响和推动民间以及政府开展贫困救济和慈善活动奠定了思想基础。如明代王阳明主张人要有“视人犹己”的良知，倡导以救助天下人为己任。他提出，“良心之在人心，无间于圣愚，天下古今之所同也”，“视民之饥溺犹己之饥溺，而一夫不获若己推而纳诸沟中者”，进而“视天下之人，无内外远近，凡有血气，皆其昆弟赤子之亲，莫不欲安全而教养之，以遂其万物一体之念”。在这一慈善救助思想影响下，明清知识分子多有“以天下为己任”的情怀，不仅将扶危济困作为其实现经世济民抱负的重要手段②，也进一步影响了政府及民间慈善救助思想和实践的发展。

同历代中央政府一样，明清政府依然重视仓储制度建设，提倡建立更具有民间自助性的社仓，以发挥其基层自救作用。面对自然灾害频发，明清仓储制度及

①周秋光、曾桂林：《中国慈善简史》，人民出版社，2006，第 140 页。

②吕洪业：《中国古代慈善简史》，中国社会出版社，2014，第 117 页。

荒政思想得到进一步发展。明成祖时，常有“诏有司发仓赈济贫民”的指示，宣宗以后，明代出现了新名目的仓廪制度——济农仓和预备仓，更加丰富了古代仓储制度和思想。清朝建立以后，常平仓、义仓、社仓等救急备荒制度得到恢复或重建，并在全国得到广泛推广。17世纪后期，清代仓储制度已经相对完善。“备荒莫如裕仓储”，成为当时政府及社会一致性共识，所谓“仓储之善，莫如社仓，以本里之蓄，济本里之饥”。

明清两代也是中国古代机构慈善救助事业发展的鼎盛时期，慈善救助思想得到进一步升华。总体上看，明清机构慈善发展呈现四个方面的特征，一是慈善组织数量进一步增多，二是慈善组织的民间性得到进一步彰显，三是慈善组织功能日趋齐全并进一步细化，四是慈善组织的社会参与度显著提升。这些不仅体现了古代慈善救助思想的发展，也预示着古代慈善向近代慈善的转型①。在中央政府支持下，明清时期官办慈善机构得到较大的发展，各地出现了居养院、安济院、普济堂、广惠坊、慈幼局、惠民药局、济民药局、安养院、慈济局、漏泽园、育婴堂、六文会等官办机构，由政府主持建设并以国家财政予以支持运作，开展了诸如养老、育婴、助葬、济贫等多种形式的救助，突出济贫救困特征。除此以外，民办官助以及民办民营型慈善救助机构也得到迅速发展。尤其是晚清以来，西方慈善组织及其慈善观念逐渐传入中国，吸引了更多民间人士尤其是封建官员投身社会慈善事业。总的来看，明清时期无论是官办慈善救助机构还是民间慈善救助机构的发展，无不彰显了古代慈善救助事业向制度化、规范化、组织化和长效化的发展取向，显示了慈善救助思想的日趋成熟和完善。

明清时期个体、宗族以及会社、机构的慈善救助也都得到

---

①吕洪业:《中国古代慈善简史》，中国社会出版社，2014，第131页。

显著发展。伴随慈善救助实践的发展,中国古代的慈善救助思想得到不断的丰富和推进,仁爱、民本、大同等思想奠定了中国古代反贫困思想的渊源,在此基础上,历代封建王朝形成并发展了仓储思想、宗教慈善以及机构慈善思想,进一步丰富了中国古代对于贫困与反贫困思想的认识,为近代中国贫困与反贫困救助思想的发展奠定了基础。

二、中国近现代贫困与反贫困思想

清朝末年,封建专制统治达到极点,以小农业和家庭手工业相结合的自然经济占据中国社会经济的主导地位,并出现了严重的土地兼并和社会贫富分化问题。清政府长期实行闭关锁国的政策,严重阻碍了中国社会政治、经济、社会的发展。尤其伴随清朝统治的日趋腐败以及对人民剥削压迫的加重,国内阶级矛盾日益激化,清王朝的统治岌岌可危。而此时西方社会,正在经历资本主义的迅速发展阶段。特别是 18 世纪 60 年代起英国开始了第一次工业革命,并迅速实现了工厂手工业向机器大工业生产时代的转变。19 世纪 40 年代,伴随西方资本主义的发展,欧美国家迫切需要扩大商品市场以及争夺原料产地,落后封闭的中国逐渐沦为西方殖民主义者侵略扩张的对象。1840 年,英国发动了鸦片战争,用资本主义的坚船利炮打开了中国的大门。鸦片战争失败以后,中国签署了一系列不平等条约,中国由此从封建社会步入了半殖民地半封建社会。鸦片战争标志着中国近代史的开端,也是中国旧民主主义革命的开端,中国人民从此开始经受更加深重的苦难。

对广大民众而言,清朝在经历 200 多年的统治后,吏治腐败、积弊丛生,经济社会发展面临诸多困境,底层人民生活苦不堪言。自然灾害频发,加剧了人民生活的贫困以及社会矛盾。可以说,近代中国,灾荒与贫困这对孪生物,如鬼魅般吸附在中国的躯体上,使原本并不强大的中国更加贫弱[①]。尤其是伴随世界经济危机、日军侵华以及自然灾害集中爆发的影响,中国农村经济的落后以及农民生活的艰辛,引发了社会各界的广泛关注。大革命结束前后,思想界掀起了有关中国社会性质、中国农村社会性质的讨论热潮,国民政府和知识界提出“复兴农村”的

①方海霞:《孙中山社会救助思想与实践》,《理论建设》2011 年第 5 期。

口号，社会动荡、国民政府统治薄弱所造就的自由论争空间，共同推动了对中国农村社会经济尤其是农民贫困问题的探讨①。在此背景下，不少学者及社会实践者开始关注社会贫困问题，并提出了相应的反贫困思想和主张，形成了近代中国的贫困与反贫困思想。总的来看，中国近代贫困与反贫困思想主要体现在孙中山的民生及救助思想和一批社会学、经济学研究者对于中国近代农村贫困问题的理论阐释和改良实践。

（一）孙中山的民生及救助思想

孙中山的民生及救助思想是其三民主义思想的重要组成部分，也是中国传统慈善思想在近代中国的新发展。作为中国近代民主革命的先行者，孙中山先生毕生致力于创建民主共和的理想社会。在民本及大同思想影响下，基于对近代中国社会灾荒和贫困现象的深刻认识，孙中山对于近代中国发生的贫困和灾荒给予了高度关注，并对社会弱势群体进行了广泛的救助，提出建立以国家为主体的近代社会保障事业以及社会救助的制度化、法治化建设，因此近代中国社会保障制度开始萌芽。

清朝末年，面对灾荒频发、人民贫困的境地，孙中山先生以挽救民族危亡、解放普罗大众为己任，对于近代中国发生的严重灾荒给予了高度的关注。早在 1891 年，孙中山就在《农功》一文中指出："盖天生民而立君，朝廷之设官，以为民也。今之悍然民上者，其视民之去来生死，如秦人视越人之肥瘠然，何怪天下流亡满目，盗贼载途也。"②体现其对于国民贫困以及国家救助责任的基本观点。甲午战争后，随着孙中山改良、清廷幻想的破灭，他对清朝因腐朽统治而导致灾害发生的原因有了更深刻的认识。他指出，"夫以四百兆人民之众，数万里土地之饶，本可以

---

①李金铮：《题同释异：中国近代农民何以贫困》，《江海学刊》2013 年第 2 期。

②《孙中山全集》第 1 卷，中华书局，1981，第 10 页。

发奋为雄，无敌于天下，乃以政治不修，纲纪败坏，朝廷则鬻爵卖官，公行贿赂；官府则剥民括地，暴如虎狼”，造成“盗贼横行，饥馑交集，哀鸿遍野，民不聊生”①的结果。面对国困民穷的现状，孙中山指出其根本原因就在于清政府政治的腐败。“中国人民遭到四种巨大的长久的苦难、饥荒、水患、疫病、生命和财产的毫无保障……其实，中国所有一切的灾难只有一个原因，那就是普遍的，又是有系统的贪污。这种贪污是产生饥荒、水灾、疫病的重要原因，同时也是武装盗匪常年猖獗的主要原因。”②孙中山对灾害原因的认识和理解，批判了中国传统的灾荒观，形成了理论上的超越。

除了指出清腐朽统治是引致灾荒的根本原因，孙中山还提出，“帝国主义的压迫侵略同样是使中国是现在世界上最贫弱的国家，处国际最低地位”③的根源。他指出，中国土地广袤，矿藏丰富，农产众多，却仍然民穷财尽，就是因为受外国的经济剥削，民穷财尽则必然使灾荒加重。在《民族主义》中，孙中山进行了清晰的说明：“前三年，中国北方本是大旱，沿京汉、京奉铁路一带饿死的人本来是很多，但当时的牛庄、大连还有很多的豆、麦运出外国。这是什么缘故呢？就是由于受外国经济的压迫。因为受了外国经济的压迫，没有金钱送到外国，所以宁可自己饿死，还要把粮食送到外国去。”④此外，孙中山还提出了灾荒发生与人口、生态环境的联系。甲午战争以前，孙中山已经指出中国“人满之患”，“人民则日有加多，而土地不能日广也，倘不日求进益，日出新法，则荒土既垦之后，人民之溢于地者，不将又有饥馑之患乎”⑤。他还是“中国近代历史上，第一个把灾荒同生态环境联系起来的人”⑥。1924 年，孙中山在《三民主义》中指出：“近来的水灾为什么是一年多过一年呢？古时候为什么是很少呢？这个原因，就是由于古代有很多森林，现在人民采伐之后又不行补种，所以森林便很少，许多山岭都是童山，一遇了大雨，山上没有

---

①《孙中山全集》第 1 卷，中华书局，1981，第 21 页。
②同上书，第 89 页。
③《孙中山全集》第 9 卷，中华书局，1986，第 18 页。
④同上书，第 118 页。
⑤《孙中山全集》第 1 卷，中华书局，1981，第 11 页。
⑥李文海：《历史并不遥远》，中国人民大学出版社，2004，第 190 页。

森林来吸收雨水和阻止雨水，山上的水便马上流到河里去，河水便马上泛涨起来，形成水灾。”[①]由此，孙中山形成了对中国近代贫困灾荒的基本认识，即清政府腐朽统治以及帝国主义侵略是造成中国贫困的根本原因，而人口膨胀以及生态环境的破坏则加剧了中国的贫困和饥荒。

面对贫困和灾荒问题，孙中山进行了积极的呼吁和倡导，提出和实施了相应的救助举措。1894 年，孙中山在《上李鸿章书》中指出，中国如今已经人满为患，各种不安定因素将“乘饥馑之余，因人满之势，遂至溃裂四出，为毒天下”，因为“灾荒频见，完善之地已形觅食之艰……丰年不免于冻馁，而荒年必至于死亡”，“不急挽救，岂能无忧”[②]。因此，孙中山提出，要预防灾荒，“必须打倒目前极其腐朽的统治而建立一个贤良政府”，由于“贪污腐化是根深蒂固遍及全国的，所以除非在行政的系统中造成一个根本的改变，局部的逐步的改革都是无望的”[③]。同时，预防和救治灾荒更要反对帝国主义的经济侵略。辛亥革命以后，孙中山提出废除列强强加给中国的不平等条约，要求收回中国的海关管理权、禁烟主权，废除领事裁判权，取消通商口岸的外国租界等。而一旦新政府建立，就要承担起社会救助的义务。1912 年，他在《中国之铁路计划与民生主义》中提出以国家收入兴办社会救济事业的主张，“综上所述之各种收入（地价税、铁路收入、矿业收入），将供给国家政费之需要而有余，然后举其余额，以兴办教育及最要之慈善事业，如养老恩俸、收养残废跛瞎之人”[④]。1920 年，孙中山拟定的《内部方针》中，规定设社会事业局，专管育孤、养老、救灾、卫生防疫。孙中山颁布了

---

①《孙中山全集》第 2 卷，中华书局，1986，第 209 页。
②《孙中山全集》第 1 卷，中华书局，1981，第 17 页。
③同上书，第 11 页。
④《孙中山全集》第 2 卷，中华书局，1982，第 493 页。

《内政部新官制》，明确规定“内政部”下设司长二人，管理救灾事业[①]。与传统慈善型救助不同，孙中山提出了以政府为主体的社会救助，将社会救助纳入国家和政府的责任。因此，面对近代中国的各类自然灾害及饥荒，孙中山及其领导的国民政府开展了多方面的救灾救助活动，包括治理水患灾害、赈贫救灾、建立女子学校、广建儿童教养院和儿童学院、救助伤残和乞丐等弱势人群等。

孙中山的民生及救助思想及实践是其关怀民生的集中体现，也是其贫困与反贫困思想的重要方面。孙中山将社会救助与国家的政治、经济制度相结合，提出建立以国家为主体的社会救助制度，以及倡导社会救助的制度化、法制化，推动了中国传统社会慈善事业向近代社会保障事业的转变，不仅为后来北洋政府以及国民党政府的社会救助提供了经验借鉴，也为当代中国共产党的反贫困思想和实践发展提供了指导思想和目标方向。

（二）民国时期社会学者的贫困认知及乡建思想

近代中国社会的演变发展历程，也是中国知识分子不断反思和批判的过程。中国农村以其历史悠久、地位重要和纷繁复杂而备受关注，贫困问题就是其中的焦点之一[②]。这一时期，处于历史大变革阶段的中国农村社会以及农民生活，吸引了大批社会学者进行农村贫困状况的调查、研究和讨论，不仅推动了中国农村社会学研究的产生和发展，也形成了相应的贫困认知及乡村建设和改良实践。

20 世纪 30 年代，面对农村经济日渐式微以及农村社会矛盾的激化，国民政府提出了“复兴农村”的口号，采取了一系列复兴农村经济的举措。在以社会活动家、教育家梁漱溟先生为首的知识分子中间，产生了主张以改良主义方法解决中国农村问题的乡村建设派（简称乡建派）。他们不仅进行了大量农村贫困现象的调查和剖析，还在中国各地开展了挽救农业经济、化解农村破产的乡村建设运动[③]。作为乡建派的代表人物，梁漱溟对于中国贫困问题进行了深刻阐述，他提出对中国乡村和农民的破坏力量有三个方面，包括政治属性的破坏力，即兵祸、匪祸、苛征等；经济属性的破坏力，即外国之经济侵略以及文化侵略的破坏力等；文化属性

①《孙中山全集》第 5 卷，中华书局，1981，第 432 页。

②李金铮：《题同释异：中国近代农民何以贫困》，《江海学刊》2013 年第 2 期。

③郑大华：《民国乡村建设运动》，社会科学出版社，2000，第 161 页。

的破坏力即礼俗风尚之改变等。其中，三大破坏力以文化居先，而政治最大①。梁漱溟指出，中国是一个农业社会，其文化是以乡村为本的文化，其社会是以乡村为本的社会，人口的80%住在乡村，过着乡村生活，农业是中国的产业，是中国的国命所寄，农业状况的好坏是能否解决中国一切问题的关键，是能否从事其他建设的根本前提。只有乡村安定，才可以安辑流亡；只有乡村产业兴起，才可以收纳过剩的劳动力；只有农业增产，才可以增加国家财富；只有乡村自治真正树立，中国的政治才算有基础。为此，梁漱溟提出，只有乡村建设才是挽救破产的农村经济的唯一良方，资本主义和共产主义都不适合于中国，"我们政治上第一个不通的路——欧洲近代民主政治的路，我们政治上第二个不通的路——俄国共产党发明的路。我们经济上第一个不通的路——欧洲近代资本主义的路，我们经济上第二个不通的路——俄国共产党要走的路"②。因此，他主张从中国传统文化出发，通过改造文化来解决农村乃至中国的发展问题，形成了一套关于乡村建设的理论，包括创造新文化、重建新的社会组织构造、促兴农业引发工业以及发挥知识分子和农民的自觉性。梁漱溟及其乡村建设派还在农村开展了广泛的乡村建设运动。1928年，梁漱溟在河南进行了短期的村治实验，1931年在山东邹平创办了乡村建设研究院，进行了长达七年的乡村建设运动，后来实验区逐步扩大到全省十几个县，在海内外产生深远影响。乡村建设的理论及其实践在当时引起了社会的广泛关注，但乡建运动并没有实现复兴农村经济的目的，其理论方法也受到一定的质疑和褒贬。但梁漱溟及其乡村建设理论中关

①李景汉：《中国农村问题》，商务印书馆，1937，第121页、第123页。

②梁漱溟：《中国民族自救运动之最后觉悟》，转引自杨德才《中国经济史新论》，经济科学出版社，2004，第464页。

于文化建设、中国发展道路等问题的独到见解，以及知识分子对于社会弱势群体的关注和悲悯，对于后世中国贫困与反贫困思想的形成发展具有重要的意义和价值。

平民教育家、乡村建设派的另一代表人物晏阳初先生也对中国近代农村贫困问题进行了研究和阐释。以其为代表的中华平民教育促进会认为，中国农村经济之所以崩溃，中国文明的进步之所以受到阻碍，是因为中国农民有“愚”“穷”“弱”“私”四大缺点，即缺乏知识力，不但没有适当的知识，更不识本国的文字，如何能取得知识，更提不到享受文化。在生计上，生产低落，经济困难，生活在生存的水平线之下，没有增加生产、改善经济组织的能力。身体衰弱，对于公共卫生毫无办法，真是病夫的国家。更要紧的是人民不能团结，不能合作，缺乏道德的陶冶，缺乏公民的训练，无法自立自强①。在改造方面，晏阳初继承了古代儒家传统的民本和政治思想，认为“民为邦本，本固邦宁”是“历千年而不朽的真理”，世界上从来没有哪个国家是国势强大而人民衰弱的②。因此，他提出，“所谓根本的解决法，在将欲从各种问题的事上去求的时节，先从发生问题的‘人’上去求”③。于是，他提出了简明易懂又内蕴深涵的“开发脑矿论”，并在国内开展了以“除文盲、做新民”为主旨的平民教育运动来开发民众的“脑矿”。定县调查研究以后，晏阳初认识到中国农村存在的四个问题，“非同时谋整个的建设不可”④，只有将平民教育与乡村改造融为一体，才能够培养农民的知识力、生产力、强健力与团结力，进而实现改造乡村、造就“新民”的目的。于是，晏阳初及其为代表的中华平民教育促进会提出将平民教育内容与乡村改造相结合，进行文艺、生计、卫生和公民等四大教育与乡村文化、经济、卫生、政治的四大建设相结合的乡村系统改造，并以学校式、家庭式、社会式三大方式连环推行的基本措施。总的来看，晏阳初将中国传统文化与西方现代科学方法相结合，从事农村教育、技术改良、社会风俗改造等方面的工作，也取得了一定的成效，虽然其将中国近代农村贫困归结为“愚”“穷”“弱”“私”，并未指出中国农村贫困的根本原因，将改造民族的全部希望寄托在教育上面也具有一定的幻

①李景汉：《定县社会概况调查》，中华平民教育促进会，1933，第785—786页。

②《晏阳初全集》第2卷，湖南教育出版社，1992，第557页。

③《晏阳初全集》第1卷，湖南教育出版社，1992，第114页。

④同上书，第246页。

想色彩,但其乡建理论和思想仍然值得后世进行思考和反思。

社会学家费孝通先生也是民国时期著名的农村研究者。与其他社会学者的调查和研究结论一致,费孝通也提出土地分配不均、地租剥削、苛捐杂税、手工业衰落、天灾人祸是导致农民生活贫困的重要因素①②③④。对于当时乃至未来中国农村经济的发展道路,费孝通也提出减少人口、平均地权、实行减租、建立集合经营农场、分散发展农村工业、平衡城乡关系以及传统与现代金融并行不悖等观点和思路。同时,在贫困标准的早期研究方面,费孝通提出了其关于最低限度生活水准的认识和理解,即在一个常态的、平时的、长期的现实里,生存和健康是一个社会做到的起码水准⑤。换句话说,"不饥不寒是民生的最低水准,如果人有生存的权利,也就应当承认争取这水准是公道而且合理的"⑥。当代研究者认为,费孝通对中国农村经济的关键性问题提出了全面、独到的见解,反映了这一时期中国农村经济变化的动力、矛盾以及破解之道,形成了带有费氏特色的农村经济整体观。在其看来,中国农村经济的现状呈现人口对耕地压力巨大、农村劳动力大量过剩、土地分配相对集中、租佃关系较为缓和、小农经营方式的落后与生存、农场手工业的衰败与延续、城乡市场关系失衡、高利贷的残酷与需要等特征。而中国农村经济问题解决之道则是减少人口、平均地权、实行减租、建立集合经营农场、分散发展农村工业、平衡城乡关系、传统与现代金融并行不悖。这些对于学术界以及中国社会经济

①费孝通:《中国绅士》,中国社会科学出版社,2006。

②费孝通:《江村经济》,江苏人民出版社,1986。

③《费孝通文集》第 2 卷,群言出版社,1999。

④《费孝通文集》第 4 卷,群言出版社,1999。

⑤同上书,第 370 页。

⑥同上书,第 408 页。

的发展产生了深远影响[①],也丰富了近代中国知识分子有关农村贫困与反贫困的研究思考。

此外,还有一些社会学家通过开展相应的农村实证调查,以揭示近代中国农村贫困的现状,并进行相应的原因分析。如李树青通过对北京清华园附近一个村庄的研究,指出导致农民贫穷的原因主要有四个方面,即土地分配不均、人口与劳力过剩、佃租率过高以及利息苛重[②]。吴景超则归结了五个方面的原因,包括土地没有充分利用、农业产量低、分配不公平、人口数量太多以及各种封建剥削等[③]。

(三)民国时期经济学领域对农村贫困问题的讨论和思考

民国时期,面对农村贫困落后的现状,一些经济学家特别是农村经济学研究者也提出了不同的解释以及减缓贫困的策略途径,形成了经济学领域对于农村贫困问题的讨论和思考。包括提出近代中国农村贫困的单因素说、综合因素说、反贫困措施, 以及对社会学领域的改良主义理论和技术学派进行了理论批判和质疑。

农村经济学家乔启明较早进行了中国农村经济学的研究,并提出了著名的人口压力致贫说。20 世纪 20 年代初期,乔启明在其多次人口与生命统计调查研究中,指出了中国人口增加的状况以及高生育率和高死亡率带来的灾难。在其著作《中国农村社会经济学》一书中,乔启明引用静态和动态人口统计,从农村人口的数量、组合、消长、迁徙等方面,论证了农村人口数量过剩和质量低落问题,并提出了控制人口无限增长的措施。他认为, 中国农村社会问题的本原为人口过剩,今后提高生活程度之道,固在增加土地,或促进文化,而人口问题之首获解决,尤为重要。苟此人口过剩的核心问题,得其解决,则其他一切问题不难迎刃而解[④]。经济学家陈其鹿结合其在陕西农村的实证研究,指出中国农村灾荒破产的原因在

①李金铮:《研究清楚才动手:20 世纪三四十年代费孝通的农村经济思想》,《近代史研究》2014 年第 7 期。

②李树青:《清华园附近农村的借贷调查》,载陈翰笙主编《解放前的中国农村》第 3 辑,中国展望出版社,1989,第 36—38 页。

③吴景超:《第四种国家的出路》,载《吴景超文集》,商务印书馆,2008,第 15 页。

④乔启明:《中国农村社会经济学》,商务印书馆,1946,第 7—8 页。

于军阀制度,即农村崩溃的主要原因无非为军阀争夺地盘与军费之浩繁,举凡各种苛捐杂税的征收、杂项摊派的剥削、粮食牲畜的供应、不兑换流通券的发行、土匪之遍野,无一而非军阀所造成[①]。也有学者将贫困问题的产生归结为田赋制度。如任树椿认为,历来中国田赋之积弊,实罄竹难书,如附加税之繁重,税则之紊乱,征收制度之不良,足以使农民负担加重,农民生活困苦,国家收入减少。因而农村经济崩溃的最主要原因在于田赋问题[②]。

一批经济学研究者从综合性的角度进行了贫困问题的讨论和思考。农业经济学家卜凯对中国近代农业经济问题研究做出了突出贡献。在贫困问题上,卜凯指出,中国农村的贫困是由于农场面积零细、生产力薄弱、人口繁密、劳力过剩、农民平时积蓄缺乏、水利不修、交通不便、森林太少、缺乏信用组织等。因此,他主张通过人口节制、公允地租、改善运输机关、推广信用制度、增进农业技术、整理水利等措施予以解决[③]。此外,朱偰从自然原因、政治原因以及经济原因层面解释中国农村经济落后的现象[④];归廷辁则提出农村贫困的六个原因,包括帝国主义的经济侵略、地主豪绅及商业资本之剥削、捐税之繁重、农作物价格惨落、副业之衰败以及天灾人祸频仍等[⑤]。潘东周认为,地主、军阀、高利贷、商业资本等封建剥削导致了中国农村经济的危

①陈其鹿:《陕西省农业金融之概况》,《社会经济月报》1934 年第 1 卷第 10 期。

②任树椿:《中国田赋之沿革及其整理之方案》,《东方杂志》1934 年第 31 卷第 14 号。

③卜凯:《中国农家经济》,商务印书馆,1936,第 558—565 页。

④朱偰:《农村经济没落原因之分析及救济农民生计之对策》,《东方杂志》1935 年第 32 卷第 1 号。

⑤归廷辁:《农村经济没落之原因及其救济方案》,《东方杂志》1935 年第 32 卷第 1 号。

机，而帝国主义则是这一切剥夺的主要动力[①]。

一些经济学家除对贫困现象进行理论阐释以外，还进行了理论的批判和争论。千家驹批判了中华平民教育促进会的定县农村改良实验理论，认为其将农村贫困归结为农民的“愚”“穷”“弱”“私”仅仅解释了表面现象，并未追究农民“愚”“穷”“弱”“私”的社会经济基础[②]；而农业技术的改良也不能作为救济农村的对症良药和唯一锁匙。因此，他在理论上提出，中国农村破产的根本原因在于帝国主义经济的统治以及封建残余势力的剥削[③]，要解决中国的农村问题，必须推翻帝国主义在华统治以及铲除封建经济剥削[④]。同千家驹一样，吴半农也对中华平民教育促进会的定县农村改良实验理论进行了批判。他指出，“愚”“穷”“弱”“私”不过是中国社会四个病态的现象而已，而非导致中国民不聊生、国将不国的原因。事实上，“愚”“穷”“弱”“私”都是穷的产物，“穷”才是中国农村一个极重要的问题。而中国农村穷困的根本原因可分为外在及内在两方面，外在方面包括帝国主义商品长期的侵入、军阀混战、水旱天灾、匪患以及苛捐杂税，而内在的原因则是地主、高利贷资本及商人资本三位一体的高度剥削。即从根本上可以概括为帝国主义和封建势力[⑤]。薛暮桥也对当时比较流行的观点进行了批判，他认为，将农村破产归结于“人口繁密”和“耕地不足”的观点，没有看到现实生产力条件下劳动力与土地的矛盾，而生产技术落后说则忽视了落后生产关系的约束和阻碍。因此在其看来，促成中国农村经济崩溃的基本原因，是帝国主义侵略以及地主豪绅的半封建剥削。灾荒和恐慌的交织，引起农业生产力的极度衰落，耕地缩小，荒地增加，劳动力过剩，都达到了空前的严重程度。在这种情势下，中国农民们的生活就陷入最悲惨的

---

①潘东周：《中国经济发展的根本问题》，载高军主编《中国社会性质问题论战》资料选辑，人民出版社，1984，第70—71页。

②千家驹：《定县的实验运动能解决中国农村问题吗？》，载陈翰笙主编《解放前的中国农村》第2辑，中国展望出版社，1986，第411页。

③千家驹：《定县的实验运动能解决中国农村问题吗？》，载陈翰笙主编《解放前的中国农村》第2辑，中国展望出版社，1986，第401—406页。

④千家驹：《我们对于农业技术改良运动的态度》，《中国农村》1936年第2卷第7期。

⑤吴半农：《论“定县主义”》，载千家驹等《中国乡村建设批判》，新知书店，1936，第113—117页。

境地,树皮、草根成了各地贫苦农民们的普通食料[①]。

三、西方贫困与反贫困理论的本土化探索

现代意义上,中国学者自20世纪80年代开始贫困问题的学术研究[②]。总体上看,当前国内有关贫困与反贫困的理论研究主要集中在四个方面:一是对国外贫困与反贫困理论的梳理和比较;二是借助一定的理论分析进行国内的贫困研究;三是基于国外贫困研究理论的检验或修正,建立本土化分析框架;四是中国特色扶贫开发理论研究。事实上,由于贫困研究的复杂性,上述以内容划分的研究难免存在理论的重合。因此,本节西方贫困与反贫困理论的本土化探索以国内贫困研究述评为主,侧重从不同研究视角对贫困与反贫困理论的本土化研究进行梳理。结合国内贫困与反贫困理论研究的成果,将国内贫困与反贫困理论研究归纳为五个方面,即基于经济增长视角、个体视角、制度和文化视角、组织视角以及区域、系统视角的反贫困理论研究。

(一)基于经济增长视角的贫困与反贫困理论研究

贫困是经济学家关注的重要问题。围绕经济增长、收入分配与减贫的关系,经济学领域形成了一系列反贫困理论。这种基于经济增长视角的减贫理论也是当前国内反贫困研究的主流理论以及反贫困政策的主导理念[③]。国内研究主要是对

---

①薛暮桥:《中国农村经济的新趋势》,《中国农村》1936年第2卷第11期。

②1986年,山西忻州市召开了国内第一次以贫困为主题的学术会议——全国贫困与发展学术研讨会,学术理论界自此开始贫困问题的研究。见贾兰《我国反贫困理论中有关扶贫项目运作研究述评》,《理论探讨》2003年第3期。

③林雪霏:《我国场域内的反贫困逻辑:基于多维理论视角》,《重庆社会科学》2014年第9期。

西方反贫困理论的总结比较，或结合中国反贫困实践进行理论的检验、分析和整合。

陈昕认为，后凯恩斯主义经济学或称主流经济学、福利经济学以及发展经济学构成反贫困理论的主要来源[①]。刘建华等尝试从时间上进行划分，即20世纪50年代以前，主要是基于马尔萨斯人口学说及马克思剥削理论产生的贫困理论。在此之后，纳克斯“贫困的恶性循环”、纳尔逊“低水平均衡陷阱”、莱宾斯坦“临界最小努力”、缪尔达尔“循环积累因果关系”等理论相继出现，着重从资本短缺方面解释贫困产生的机理，为日后反贫困研究奠定了基础，也使发展经济学成为反贫困理论研究的主要领域[②]。二战以后，贫困研究的分析视域逐渐从发达国家转至发展中国家，关于经济增长与减贫关系的研究开始繁荣，形成了反贫困研究中重要的经济溢出视角[③]。这一视角认为低水平发展是发展中国家贫困的病根，而工业化和市场化共同驱动的经济增长有助于实现反贫困目标。伴随人们对贫困与经济增长认识的变化，发展经济学领域形成了相应的反贫困理论，包括涓滴效应理论、益贫式增长理论、包容性增长理论、绿色增长减贫理论、多元发展理论等。

林雪霏评述反贫困的经济溢出视角时，介绍了美国经济学家赫希曼的涓滴效应理论，这也是最早强调以经济增长实现反贫困的理论。“涓滴效应”和“极化效应”阐释了经济增长对区域发展的两面性，即经济发展初期，发达地区经济增长的“极化效应”会导致区域经济差距的鸿沟；但从长期看，经济的总增长为欠发达地区引入投资、创造就业、增加财政收入，会在“涓滴效应”下缩小区域发展差异，减少贫困[④]。其后，得益于联合国、世界银行等国际机构的推动，益贫式增长、包容性增长以及绿色增长减贫理论逐渐形成。胡田田等梳理了国内外有关益贫式增长、包容性增长以及绿色增长减贫理论的内容。由于益贫式增长在定义、理念方面的不确定性，这一理论产生了广义的定义、严格的定义以及绝对和相对的益贫式增

---

①陈昕：《反贫困理论与政策研究综述》，《价值工程》，2010年第28期。

②刘建华、丁重扬、王纪成：《贫困理论比较研究与中国反贫困实践》，《外国经济学说与中国研究报告》2014年，第432—439页。

③林雪霏：《我国场域内的反贫困逻辑：基于多维理论视角》，《重庆社会科学》2014年第9期。

④同上。

长理念，并引发了国际有关亲贫困增长及厌贫困增长的讨论。相对益贫式增长是最常采用的定义，即经济增长给穷人带来的收入增长比例大于平均增长率，因此相对不平等下降[①]。包容性增长理论主要基于传统发展理念下经济发展和物质增长不仅没有减少贫困，反而扩大贫富差距的现实，提出通过扶贫或益贫、生产性就业、提升人力资本能力和加强社会保障等途径，使贫困人口在国家政策扶持和自身能力提高中，均衡分享社会财富，有尊严和体面地生活。包容性增长既强调速度，也强调增长模式，二者互为联系[②]。文雁兵结合包容性增长理论的实证研究，进一步提出包容性增长对中国贫困缓解存在地区偏向和结构偏向的特点[③]。绿色增长减贫理论是经济增长减贫理论发展的结果，是后工业阶段对"发展"(development)及"增长"(growth)概念区分的反思。益贫式绿色增长概念源于益贫式增长，即有利于减贫的绿色增长，强调在保护贫困地区生态环境的前提下，有限度地开发利用自然资源，进而实现脱贫致富。核心在于促进贫困地区绿色发展，从单纯追求经济增长向追求贫困地区整体的、与生态结合的现代化发展；从单纯追求物质发展到实现人的全面发展为目标，从而达到全面脱贫[④]。20世纪末，发展经济学领域出现了除了强调发展能提升经济水平，更要关注人类福祉的新发展观[⑤]。针对发展研究领域"一元发展理

①北京师范大学中国扶贫研究中心课题组、张琦、胡田田：《中国绿色减贫指数研究：绿色减贫理论综述》，《经济研究参考》2015年第10期。

②王志章、王晓蒙：《包容性增长：背景、概念与印度经验》，《南亚研究》2011年第4期。

③文雁兵：《包容性增长减贫策略研究》，《经济学家》2015年第4期。

④徐秀军：《解读绿色扶贫》，《生态经济》2005年第2期。

⑤吕方：《发展的想象力：迈向连片特困地区贫困治理的理论创新》，《中共四川省委省级机关党校学报》2012年第3期。

论”与“多元发展理论”的分野，研究者提出了相对单中心发展理论的多元发展理论。即由于地理空间的差异性和特殊性，发展并没有普世的道路和模式，不同时空组合决定了与地方相适应的发展道路，因而这种发展道路是多样的，也是复杂的[①]。多元发展理论并非单一经济学视角的反贫困理论，但也引发了国内研究者对以往贫困治理中经济中心思维的反思。如吕方将多元发展理论引入连片特困地区的减贫研究[②]，林雪霏基于国内反贫困场域的多维理论视角，提出国家治理作为反贫困本土化研究的新理论视角等[③]。

（二）基于个体视角的贫困与反贫困理论研究

20 世纪 60 年代以后，人类对贫困的认知不断深化，贫困不再仅仅是个体经济问题，从根本上也表现为个人能力和社会权利的不平衡[④]。尤其是社会学范畴的贫困研究兴起，进一步扩展了反贫困理论的研究。与经济学侧重从经济增长和收入分配关注贫困缓解的群体特征不同，社会学主要从社会分层和社会流动层面强调贫困缓解的个体特征[⑤]，并产生了贫困研究的结构视角和个体视角。个体视角认为个人不适当或缺乏生产性行为是致贫根源，强调通过人力资本投资提升劳动力商品化水平[⑥]。个体视角的反贫困理论反映在阐释贫困的代际传递理论、生命周期理论、能力贫困理论、主观贫困理论，以及旨在促进个体摆脱贫困的人力资本理论、社会资本理论、生计资本理论、社区主导发展理论等。个体视角的反贫困理论也是当前国内贫困研究及扶贫实践中最流行的理论，对各类组织实施扶贫

①田毅鹏：《东亚“新发展主义”研究》，中国社会科学出版社，2009，第 1—10 页。

②吕方：《发展的想象力：迈向连片特困地区贫困治理的理论创新》，《中共四川省委省级机关党校学报》2012 年第 3 期。

③林雪霏：《我国场域内的反贫困逻辑：基于多维理论视角》，《重庆社会科学》2014 年第 9 期。

④赵娜：《关于反贫困研究的社会学理论综述——基于个体与结构的视角》，《知识经济》2012 年第 11 期。

⑤文雁兵：《包容性增长减贫策略研究》，《经济学家》2015 年第 4 期。

⑥李雪萍、王蒙：《多维贫困“行动—结构”分析框架下的生计脆弱——基于武陵山区的实证调查与理论分析》，《华中师范大学学报（人文社会科学版）》2014 年第 5 期。

行动产生了深刻影响。

个体视角的反贫困理论源自20世纪60年代经济学领域的人力资本理论。舒尔茨把人力资本纳入分析视野，认为小农生产者也可以成为自我生计维持和发展的积极力量[①]，批判了以物质资本促进发展中国家经济增长的片面性。虽然人力资本理论仍从资本维度理解贫困，但改变了传统经济增长视角对宏观经济结构的关注，开始从微观个体层面理解贫困问题。代际传递理论最早由美国经济学家刘易斯提出，他以文化贫困的概念解释贫困的代际传递，认为贫困是一种自我维持的文化体系，长期生活在贫困中的穷人容易形成特定的“亚文化”传统，并对周围人（特别是后代）产生影响，保持贫困文化代代相传[②]。国内学者认为这一理论体现了对贫困问题本质的认识，贫困的世代传递反映了社会代与代之间垂直流动率及流动机制问题。中国城乡二元户籍体制下，农村贫困将受到更多代际传递的影响[③]。生命周期是指一个人从出生到死亡的生命历程中，所经历的具有不同经济和社会特征的阶段。由于贫困及贫困文化存在代际传递，生命周期的不同阶段相互关联，前一阶段的经历会影响其后的经历。陈银娥指出，基于生命周期的反贫困理论促进了减贫政策由补偿型模式转向发展型模式，强调政策以不同生命阶段的特殊需求为依据[④]。

①王三秀：《国外可持续生计观念的演进、理论逻辑及其启示》，《毛泽东邓小平理论研究》2010年第9期。

②陈银娥、高思：《社会福利制度反贫困的新模式——基于生命周期理论的视角》，《福建论坛（人文社会科学版）》2011年第3期。

③郑杭生：《社会学概论新修》，中国人民大学出版社，1994，第34页。

④陈银娥、高思：《社会福利制度反贫困的新模式——基于生命周期理论的视角》，《福建论坛（人文社会科学版）》2011年第3期。

20世纪80年代，阿玛蒂亚·森提出了一个与传统收入分析不同的贫困分析框架,即基于能力、权利和福利的能力贫困理论。该理论认为贫困的实质不是收入低下,而是可行能力的贫困,是社会生存、适应及发展能力的低下与短缺,并强调通过扩大个人的选择范围来发展人的能力。宋宪萍等指出这一理论对构建反贫困对策的意义,即改变传统以个人收入或资源占有量来衡量贫富的标准,引入能力的参数来测度生活质量,以及提高个人能力,而非单纯靠政府投入及发放失业救济来解决贫困问题①。能力贫困理论也对中国实施开发式扶贫当中的困难提供了恰当的解释。伴随多维贫困的拓展,学者对客观贫困线概念进行了反思,并在21世纪初提出主观贫困线概念。左婷等在研究中归纳了由主观贫困线测算拓展到主观福利贫困的研究变迁,以及国外主观福利研究的四种理论:绝对理论、相对理论、预期理论和适应理论。主观贫困研究框架重塑了人们对贫困传统的认知,对于新时期中国反贫困政策具有一定的价值和启示②。

如果说研究者拓展了对贫困的理解,国际机构的减贫实践则促进了反贫困理论模式的产生。20世纪70年代,国际农业网络研究发现,回应农户需求有利于提高减贫方案的针对性和有效性,由此产生了参与式的扶贫方法。随着实践中社区成员参与内容和程度的变化，参与式方法经历了三个阶段，即社区参与发展(CPD)、以社区为基础的发展(CBD)以及社区主导发展(CDD)。社区主导发展被视为参与式方法的最高阶段③,按照世界银行定义,社区主导发展是将决策权和资源赋予社区成员及其组织,他们与能够回应其需求的外部支持性组织和服务提供者结成伙伴关系,为社区提供基础设施服务和社会服务,组织经济活动,管理社区资源,为穷人赋权,提高社区发展能力和治理水平,加强对最贫困群体的保障。这一理论模式在国际发展领域广泛应用,并在21世纪初被引入中国,对中国的扶贫理念和方式产生影响④。此外,国内学者也将需求理论、公共产品理论、"公民社会"

①宋宪萍、张剑军:《基于能力贫困理论的反贫困对策构建》,《海南大学学报(人文社会科学版)》2010年第1期。

②左婷、杨雨鑫:《重塑贫困认知:主观贫困研究框架及其对当前中国反贫困的启示》,《贵州社会科学》2013年第9期。

③刘胜安:《社区自主型发展:国际经验与中国实践》,光明日报出版社,2012。

④孙同全、孙贝贝:《社区主导发展理论与实践述评》,《中国农村观察》2013年第4期。

理论和知识经济理论作为其理论基础进行分析[①]。社会资本概念在20世纪80年代出现以后，在世界银行发展实践推动下，逐渐与反贫困联系起来，形成了减贫的社会资本范式。由于社会资本的基础理论流派众多，关于社会资本对反贫困作用的研究总是基于其中一种或综合几种基础理论，呈现研究视角的多元范式。周文等区分出资本范式、制度范式、关系范式三种不同范式，以及基于社会资本关系性质提出的质疑，即社会资本的排他性可能会削弱其在反贫困中的作用，通过社会资本的形成过程实现减贫是令人失望和不现实的[②]。周晔馨等也从静态和动态层面综述了社会资本的不同作用，指出社会资本能否减轻中国的贫困问题具有一定的条件性[③]。

能力贫困、社会资本理论的发展，也促进了贫困研究范式的综合。20世纪80年代末，世界环境与发展委员会等国际组织推动形成了可持续生计的分析框架。“生计”概念得益于阿玛蒂亚·森的研究，其一般认为生活所需的能力、资产和活动构成生计。张大维在论述连片特困地区贫困治理时指出，可持续生计分析框架是理解多种原因引发的贫困并给予多种理解方式的集成分析方法，也是设计以人为本贫困治理方案的建设性工具[④]。总体上看，生计资本理论强调对贫困人口生计资本类型、数量和组合进行评估，关注贫困人口对自然、物质、金融、人

---

①简小鹰、刘胜安：《社区自自主型发展理论与实践》，光明日报出版社，2012。

②周文、李晓红：《社会资本对反贫困的影响研究：多元范式的形成与发展》，《教学与研究》2012年第1期。

③周晔馨、叶静怡：《社会资本在减轻农村贫困中的作用：文献述评与研究展望》，《南方经济》2014年第7期。

④张大维：《生计资本视角下连片特困区的现状与治理——以集中连片特困地区武陵山区为对象》，《华中师范大学学报（人文社会科学版）》2011年第4期。

力和社会资本等生计资本的拥有，以及环境、经济、社会的系统发展[①]。

（三）基于制度和文化视角的贫困与反贫困理论研究

贫困被纳入学术研究之初，制度、文化就被认为是贫困形成的机制。基于制度、文化视角的反贫困研究，拓宽了人们对贫困的认知，也形成了贫困研究的社会结构范式。制度贫困理论、贫困文化理论、权利贫困理论、全面贫困理论、社会风险管理理论、社会质量理论等都是基于这一视角的反贫困理论。国内学者基于这一视角的理论研究，主要是对地区贫困生成机制的讨论、贫困内涵的解释以及建立具体扶贫模式的理论框架。

胡联等提出，制度贫困的研究可追溯到马克思剥削理论的核心观点——制度造成贫困。缪尔达尔的"循环积累因果关系"理论亦体现出对制度的关注，即发展中国家的贫困，不仅是纯粹的经济原因，而且是政治、经济与文化等因素综合作用的结果，根本原因是有效制度短缺，是"制度性落后"以及"制度性贫穷"[②]。国内许多学者将制度作为解释贫困的一个因素，并从狭义层面将制度性贫困概括为制度缺陷及制度缺失造成的贫困。贫困文化理论源于对纯粹经济学理论解释贫困现象失败的反思，首先是由刘易斯阐述贫困代际传递时提出，并逐渐发展为一种贫困的解释机制及反贫困理论工具。贫困文化论者认为贫困不单单是经济现象，而是根源于经济、社会、文化的综合现象。贫困文化是指贫困阶层所具有的一种独特生活方式[③]，贫困是一种自我维持的文化体系。因而反贫困的关键在于消灭贫困文化，改变穷人的价值观和生活方式，使其产生内在的动力和劳动积极性[④]。国内学者从经验和概念上进行探讨，指出贫困文化同中国传统文化、农耕文化具有密切关系。方清云总结了国内贫困文化定义的三种代表性观点：现代社会的亚文化现

①邢成举、葛志军：《集中连片扶贫开发：宏观状况、理论基础与现实选择——基于中国农村贫困监测及相关成果的分析与思考》，《贵州社会科学》2013年第5期。

②胡联、孙永生、王娜、倪国华：《贫困的形成机理：一个分析框架的探讨》，《经济问题探索》2012年第2期。

③方清云：《贫困文化理论对文化扶贫的启示及对策建议》，《广西民族研究》2012年第4期。

④胡联、孙永生、王娜、倪国华：《贫困的形成机理：一个分析框架的探讨》，《经济问题探索》2012年第2期。

象、贫困阶层的生活方式以及一种促使经济贫困的文化。这一理论也启发中国进行文化扶贫时重视贫困文化的正功能、贫困文化的代际传递机制等[①]。

20世纪90年代，阿玛蒂亚·森将社会排斥纳入贫困分析。即发生在多个领域的社会排斥会限制贫困人口的生活机会，并使其受到其他方面的剥削，由此形成了权利贫困理论。国内学者认为，权利贫困理论方法提供了一个分析贫困和饥荒的一般框架，透过经济现象分析贫困和饥荒发生的社会、政治和法律原因，并区分了不同类型的权利失败及其可能产生的经济后果，对于政府制定相应政策，保护人们的交换权利，防止权利失败发生，具有重要意义[②]。阿玛蒂亚·森的贫困理论不仅包括了收入贫困，还包括能力剥夺及社会排斥，因此也被学界称为全面贫困理论，并反映出贫困的多元性、动态性和可缓解性[③]。此外，国内学者基于社会发展以及贫困对象的特殊性，提出了新的贫困概念，包括妇女研究中的时间贫困[④]、婚姻贫困，老龄人口的健康贫困等[⑤⑥]，这些概念虽未形成系统的反贫困理论，但也丰富了多维贫困理论的内涵。胡鞍钢等也提出了包括“收入

①方清云：《贫困文化理论对文化扶贫的启示及对策建议》，《广西民族研究》2012年第4期。

②何爱平：《不同时期贫困问题的经济学理论阐释及现代启示》，《福建论坛（人文社会科学版）》2011年第7期。

③孙中良、余芳梅：《贫困理论视角下水库移民反贫困路径的转变》，《贵州社会科学》2009年第2期。

④畅红琴：《中国农村地区时间贫困的性别差异研究》，《山西财经大学学报》2010年第2期。

⑤郭瑞香：《贫困与受艾滋病影响的妇女》，载赵群、王云仙主编《社会性别与妇女反贫困》，社会科学文献出版社，2011。

⑥张雪梅、李晶、李小云：《妇女贫困：从农村到城乡，从收入贫困到多维贫困——2000年以来中国“妇女贫困”研究评述与展望》，《妇女研究论丛》2011年第9期。

贫困、人类贫困、信息贫困及生态贫困”四类贫困的多维分析框架，以体现新时期贫困的结构性、权威性、多元性及衍生性特征①。

贫困研究范式的发展也为反贫困提供了更多选择。社会风险管理理论就是从社会层面建立的一种反贫困政策理论。早期阿玛蒂亚·森的饥荒研究已经提出了风险和脆弱性概念，风险社会学研究者及世界银行的风险管理框架则进一步进行了理论建构。所有的个人、家庭和社区都会面对来自不同方面的风险，贫困人群不仅更容易遭遇风险，风险对其影响也更严重。因此，风险管理理论认为应重视贫困的预防而非补偿②。谢海峰在研究中介绍了一种全新的理论——社会质量理论，这一理论于 20 世纪 90 年代后期由欧盟学者提出并完善，提出追求社会发展目标时，不仅要关注经济指标以及物质生活条件的改善，更要关注社会体系的运行状况，关注社会体系运行的和谐性、稳定性和发展的协调性，主张一个具有高度社会质量的社会必须使人们能够获得社会经济保障（不管是来自企业年金还是国家的社会保险），以免产生贫困和各种形式的物质剥夺③。

（四）基于组织视角的贫困与反贫困理论研究

无论是基于经济增长或个体发展进行反贫困，都离不开外界的干预。现阶段中国日益形成了政府、市场、社会协同推进的大扶贫格局，政府组织、市场组织及社会组织无疑是反贫困的重要主体。组织视角也越来越成为中国贫困研究的视角之一。尤其是扶贫机制研究中，机制设计理论、治理理论以及合作型反贫困理论成为重要的理论基础。国内学者大多从参与反贫困的组织本身以及组织间的关系出发，探讨如何形成有效的反贫困机制或模式，以及处理反贫困主体间的关系。

机制设计理论可溯源至 20 世纪 30 年代，在 60 年代发展成为西方经济学的主流理论之一。该理论假定人们能够按照博弈论刻画的方式行为，并按照社会选择理论对各种情形设定相应的社会目标，机制设计就是考虑构建怎样的博弈形

①胡鞍钢、童旭光：《中国减贫理论与实践——青海视角》，《清华大学学报（哲学社会科学版）》2010 年第 4 期。

②赵娜：《关于反贫困研究的社会学理论综述——基于个体与结构的视角》，《知识经济》2012 年第 11 期。

③谢海峰：《社会质量理论指导下我国农村扶贫事业发展研究》，《社会保障研究》2010 年第 6 期。

式，即设计怎样的机制，使经济活动参与者的个人利益和设计者既定的目标一致。机制设计理论对中国扶贫机制改革提供了全新的研究视角和理论启示，尤其是推动政府建设以及政府主导的扶贫机制创新。邓小海等分析国内旅游扶贫机制时，提出了基于机制设计理论的调适思路，特别是提高政府对旅游扶贫的领导、统筹和协调能力，促进扶贫利益主体间信息的有效利用、激励相容以及资源有效配置的实现[①]。机制设计理论本身并非纯粹的组织理论，但学者将其引入反贫困研究中政府或其他扶贫组织的机制设计，为反贫困研究及实践创新提供了新思路。

20世纪90年代以来，治理理论逐渐成为国际学术界的前沿理论，并广泛运用于政治学及社会经济管理领域。伴随"贫困治理"概念的流行，治理理论也成为当前国内反贫困研究的重要理论，并衍生出合作治理、多中心治理、整体性治理等多种理论模式。学者认为，治理理论提出社会组织参与政府治理，回应公民需求，形成了后工业时代主流的社会治理模式：合作治理[②]，这为社会组织参与反贫困提供了理论依据。杨志军从内涵和外延方面讨论了多中心治理理论，这种治理模式强调治理主体的多元化和治理权威的多样性，努力寻求政府与其他各类公共性主体的合作路径，期望建立一种共同解决公共问题的纵向的、横向的或两者结合的高度弹性化的协作性组织网络，从而取得持久性共同利益的实现[③]。冯朝睿结合连片特困地区贫困治理，提出构建由政府、社会、非营利组织、贫困者积极参与的府际合作反贫困与政府、社会协同反贫困多方联动的多中心协同治理

①邓小海、曾亮：《基于机制设计理论的我国旅游扶贫机制调适》，《当代经济管理》2015年第2期。

②卢艳霞：《社会组织参与农村扶贫研究》，硕士学位论文，中南大学，2012年。

③杨志军：《内涵挖掘与外延拓展：多中心协同治理模式研究》，《甘肃行政学院学报》2012年第4期。

体系[①]。陈忠言解析中国扶贫开发机制时引入了整体性治理理论。该理论以网络化治理作为管理实践和操作手段,强调参与主体的多元化、机制的多元化以及参与主体地位的平等性。作者结合沪滇合作扶贫案例,讨论了政府在扶贫中的主导性以及中国扶贫整合机制与整体性治理的比较[②]。此外，他还以整体性治理下的跨部门协同为主题,分析了中国农村扶贫中的跨部门协同模式。跨部门协同是一个从上到下、由内而外互动的管理过程,实质是建立在一定协商和强制、市场机制、公共利益和价值认同之上的合作。他将中国农村扶贫中"三位一体"的扶贫工作格局分为政府内协同、政府间协同、政府与非政府组织合作三种模式,并指出中国扶贫领域不存在西方政府的"碎片化"和"空心化"问题,因此中国政府的跨部门协同不是为了解决这些问题,而是为了应对目标过于宏大、自身能力有限的困境,且中西方在跨部门协同时对权威的依赖程度也不一样[③]。

国内反贫困实践的发展也对理念创新提出了要求。林万龙等认为,目前农村开放式的社区结构以及农民分化日趋明显,完全通过政府行政传导或完全不需要政府介入实现反贫困是不现实的。关键是基于政府、社区组织、农户各自优势,建立一种有效的官民合作、贫困群体合作以及社区主体间的合作机制。他们提出"合作型反贫困"理念,强调通过反贫困行动中各相关利益主体的合作,从制度层面构建可持续的反贫困机制。同时,这一理论要求政府与贫困群体建立通力协作关系,区别于参与式反贫困的赋权理念[④]。

（五）基于区域、系统视角的贫困与反贫困理论研究

基于区域、系统视角的贫困与反贫困理论,主要关注贫困与区域、空间系统的关系。本文将国内学者基于区域发展理论、系统贫困理论、自组织理论以及空间

---

①冯朝睿:《连片特困地区多中心协同反贫困治理的初步构想》,《云南社会科学》2014年第4期。

②陈忠言:《中国农村开发式扶贫机制解析——以沪滇合作为例》,《经济问题探索》2015年第2期。

③陈忠言:《中国农村扶贫中的跨部门协同机制分析》,《宁夏社会科学》2014年第4期。

④林万龙、钟玲、陆汉文:《合作型反贫困理论与仪陇的实践》,《农业经济问题》2008年第1期。

贫困理论等方面的研究视为区域视角的贫困研究。这些理论的共同点是将反贫困与区域发展的整体性、系统性相联系，对贫困问题的理解从单一、静态层面扩展至系统、动态层面。

贫困研究早期，贫困被认为是一个区域问题，区域发展也成为反贫困研究的基本视角。区域理论涉及地理学、经济学等诸多领域，形成了丰富的理论体系。早期的增长极理论、涓滴效应理论、大推动理论也被视为区域经济增长的理论，此外还包括地域系统理论及区域产业结构理论[①]。宏观来看，区域经济发展不平衡是世界各国普遍存在的共性问题，国内学者在改革开放初期就注意到了东西部经济的协调发展问题，并形成了“梯度理论”和“反梯度理论”两种代表性观点。20世纪五六十年代，区域组织的形成和发展推动了区域主义理论研究。随着研究拓展，新区域主义理论出现，倡导区域发展要注重开拓新产业空间、强化地方经济合作、营造创新和不断学习的氛围、做好发展的制度支持和保障[②]。邢成举等认为西方区域研究的理论进展为中国集中连片扶贫开发提供了有益启示。尤其是新区域主义理论，启示连片贫困地区注意产业升级和新兴产业发展，加强区域协同和经济合作，增强学习和创新能力，建构地方发展的制度环境与设施[③]。

20世纪30年代，系统论首先出现于生物学研究，系统被定义为“若干事物的集合”。系统论强调把有机体作为整体或系统来研究，撇开系统的具体物质形态，以客观的数学模型将抽

---

①张鹏顺：《区域理论视野下的旅游扶贫》，《理论探讨》2011年第2期。

②冷志明、雷亿辉：《基于新区域主义的我国连片贫困区开发研究》，《经济地理》2011年第4期。

③邢成举、葛志军：《集中连片扶贫开发：宏观状况、理论基础与现实选择——基于中国农村贫困监测及相关成果的分析与思考》，《贵州社会科学》2013年第5期。

象的客体系统作为研究对象，着重研究系统中整体与部分、整体与层次、整体与结构、整体与环境之间的关系[①]。因此，系统贫困论认为贫困是由诸多综合因素系统运行的结果，并形成了贫困的区域经济社会系统。早先国内学者认为贫困的根源是由“陷阱—隔离—均衡”所构成的一个“低层次、低效率、无序的、稳定型区域经济社会运转体系”，这个体系规定着贫困延续的轨迹。分析中国贫困问题，必须把它作为一个整体，全面、系统地分析造成贫困的各个因素，并针对这些因素提出具体可行的措施[②]。谢君君认为系统贫困理论摆脱了以往对贫困平面、静态的描述，从更广阔的视野来研究贫困[③]。20 世纪 60 年代，应用于社会经济系统形成和发展机制研究的自组织理论出现，并形成了宏观层面的耗散结构论、微观视角的协同论以及突变论。一般来讲，区域开发存在自组织和他组织两种发展机制，且自组织系统的演化优于他组织。寻舸在阐释自组织理论基础上，从区域学习机制、内生增长机制、协同发展机制和外部保障机制等维度，分析了区域扶贫开发的自我发展机制现状[④]。黄泽海等则基于自组织理论的协同机制，认为扶贫开发与生态建设系统的协同创新具有自组织特征，提出构建开放式、协调发展的内生增长扶贫开发与生态建设协同创新的组织模式[⑤]。

空间贫困理论将贫困与空间地理因素联系在一起，关注贫困地区和人口的空间分布以及空间与贫困之间的关系。这一理论可追溯至 20 世纪 50 年代哈里斯和缪尔达尔早期的空间经济学[⑥]。20 世纪 90 年代，世界银行在中国研究发现，由一系列指标合成的地理资本对农村家庭消费增长有显著影响，地理因素导致了“空间贫困陷阱”。“地理资本”也成为空间贫困理论的重要概念，与物质财产资本、社

①吴芳、尹德志：《系统论视角下的中国农村贫困问题解读》，《世界农业》2015 年第 2 期。

②同上。

③谢君君：《教育扶贫研究述评》，《复旦教育论坛》2012 年第 3 期。

④寻舸：《基于自组织理论的武陵山片区的扶贫开发机制》，《经济地理》2013 年第 2 期。

⑤黄泽海、侯春娥：《自组织理论视阈下构建扶贫开发与生态建设协同创新的组织模式研究》，《湖南省社会主义学院学报》2015 年第 1 期。

⑥陈全功、程蹊：《空间贫困理论视野下的民族地区扶贫问题》，《中南民族大学学报（人文社会科学版）》2011 年第 1 期。

会资本相提并论。该理论把多种差异集合在空间地理因素内，承认经济社会发展中教育、卫生、社会保障、政治的各种差异性，可以用空间地理位置不同来解释[①]。陈全功等总结了空间贫困研究的主要内容，包括贫困与地理空间位置的紧密关系、贫困地图的绘制与建立以及相应的政策建议。结合中国实情来看，地区差距和城乡差距的事实揭示了空间在贫困问题上的重要作用[②]。空间与贫困的内在关系已经得到研究者一致认同，但在影响程度上存在分歧。国内已有研究证明了地区人均收入与地理位置间的相关关系，一些学者和扶贫部门也认识到空间贫困理论和贫困绘图对于识别贫困的地理学因素、提高资源利用和政策干预瞄准度、完善贫困信息等方面的作用[③]，特别是在连片特困地区、少数民族地区贫困研究中，空间贫困理论日益成为重要的研究理论。

综上所述，国内反贫困理论的本土化研究基于对西方反贫困理论的引入以及本土化过程，并不断探索形成新的理论分析框架以及中国特色的扶贫开发理论。新阶段中国反贫困理论研究的本土化具有以下趋势和特点：

其一，社会学成为反贫困理论研究的重要领域。中国自20世纪80年代末开始反贫困理论的学术研究，其中经济学研究占主要地位。扶贫开发进入新阶段特别是2011年以后，社会学领域的反贫困研究逐渐增多，社会学理论成为反贫困研究的重要基础。事实上，这一趋势也与贫困内涵的变化以及中国扶贫开发的实践进程有关，即收入视角的单一贫困定义走向了多维

①王明黔、王娜：《西部民族贫困地区反贫困路径选择辨析——基于空间贫困理论视角》，《贵州民族研究》2011年第4期。

②陈全功、程蹊：《空间贫困及其政策含义》，《贵州社会科学》2010年第8期。

③陈全功、程蹊：《空间贫困理论视野下的民族地区扶贫问题》，《中南民族大学学报(人文社会科学版)》2011年第1期。

贫困,政府主导的开发式扶贫也逐渐向政府、社会、市场协同推进,强调贫困人口主体性的参与式扶贫转变，从个体和社会结构出发的社会学理论为反贫困研究提供了新的视角和方法。

其二,国内反贫困理论研究在西方理论基础上,提出了新的、综合性的贫困分析框架。这一方面提升了反贫困理论研究的本土化程度,但另一方面,西方反贫困理论产生背景及中西方经济社会发展程度均存在差异，因而有必要反思理论的适用性,并对国内贫困问题进行深入的观察,以免形成错误的理念和分析结果。

其三,现有研究突出了理论的应用研究,对理论本身的拓展重视不够。除一些学者运用中国数据信息进行了理论模型的检验修正外，现有研究大多停留在西方理论的介绍和引用上,理论本土化程度不高。一些研究缺乏对理论核心思想的把握,仅仅根据理论的一个概念、论据建立分析框架,容易断章取义,或忽视实证分析,生搬硬套嫁接理论,不利于反贫困理论研究的深入。

其四,现有研究缺乏充分的整体性和系统性。由于贫困问题的复杂性和长期性,反贫困理论应是系统的理论体系,包括对贫困内涵的理解、贫困的测量、致贫原因以及反贫困策略途径的研究等。且贫困问题不仅是一个理论问题,更是一个实践问题,因此在研究中执着于某一理论视角或贫困问题的某一方面,都将如盲人摸象,难以准确、全面地理解贫困问题,也就难以为反贫困战略政策体系的完善提供持续、系统的支撑。

四、新中国扶贫思想的形成与发展

自新中国成立以来,中国政府就开始了坚持不懈的农村反贫困进程。在 60 多年的反贫困历程中,特别是改革开放以来,中国取得了令世界瞩目的减贫成就,也在长期扶贫实践中逐步形成和发展了中国特色扶贫开发理论体系。同时,中国扶贫开发理论是马克思主义反贫困理论中国化的重要成果，也是中国历代最高领导人立足国内扶贫开发实践,不断形成、发展和完善的社会主义建设理论成果。

(一)新中国扶贫思想的形成与发展:从新中国成立到党的十八大

从新中国成立到党的十八大这一历史阶段,是中国扶贫思想形成发展的重要时期。围绕马克思有关贫困及消除贫困的无产阶级贫困理论,毛泽东提出了共同富裕思想，并形成了对贫困及扶贫开发的初步认识。在此基础上，邓小平、江泽民、胡锦涛等人不断进行共同富裕思想的深化和拓展，推动了中国扶贫思想的形成和发展。

如前所述，马克思最早从制度层面分析资本主义贫困问题，并指出消除贫困的目标和根本出路在于消灭雇佣剥削制度，实现全人类共同富裕。因此，马克思关于贫困与反贫困的思想不仅确立了中国看待和分析贫困问题的唯物主义立场，也指明了消除贫困的根本路径和方向，对于中国社会主义初级阶段的反贫困实践具有重大的理论和现实意义，也构成了中国扶贫思想的基础和理论渊源。

1.毛泽东：提出共同富裕思想，为中国扶贫思想的形成奠定基础

新中国成立之初，面对贫穷与落后的基本国情，新一届党和国家领导人将反贫困作为巩固和发展社会主义制度的基础，并提出通过工业化和合作化实现反贫困，形成了对于贫困及扶贫开发的基本认识，即从社会主义制度建立的历史背景分析中国的贫困问题，从满足人民利益角度分析反贫困问题。执政之初的毛泽东，一方面面临新中国严峻的经济社会发展形势，改变国家一穷二白的落后面貌，消除贫困成为党和政府的首要任务；另一方面，出生于农村的毛泽东，对中国的农村及其贫困有着直观、深刻的认识。时刻以人民利益为重，关心人民疾苦，是毛泽东生平和事业的出发点和立足点，并影响其以后的反贫困思想和实践。因此，在马克思主义贫困理论基础上，毛泽东对中国革命和建设发展过程中消除贫困的实践进行经验总结和理论升华，形成了一系列反贫困思想和主张。

毛泽东的反贫困论述始于其对群众生活的重视和关心，并体现在其发表的一系列讲话和论著当中。20世纪三四十年代，毛泽东通过《兴国调查》《长冈乡调查》《才溪乡调查》等农村社

会调查，对中国农村社会和农民状况进行了分析。在对中国贫困问题根源的认识上，毛泽东明确指出："现今中国的贫困问题主要是由已经被推翻的半殖民地半封建社会的制度造成的。"[①]因此，"社会主义是中国的唯一出路"[②]，"只有进到社会主义时代才是真正幸福的时代"[③]。具体而言，毛泽东提出中国共产党是消除贫困问题的坚定领导力量，全体中国人民尤其农民群众是反贫困的主导力量；工业化和现代化是实现反贫困目标的前提和基础，合作化是反贫困的基本战略。1943年，毛泽东依据列宁的合作社理论，提出合作社是人民群众"由穷苦变富裕的必由之路"[④]。新中国成立后，毛泽东开始指引中国农民的合作化建设，指出："全国大多数农民，为了摆脱贫困，改善生活，为了抵御灾荒，只有联合起来，向社会主义大道前进，才能达到目的。"[⑤]1955年，毛泽东在《关于农业合作化问题》的报告中提出了"共同富裕"理念，并对如何实现共同富裕提出了具体设想："在逐步地实现社会主义工业化和逐步地实现对于手工业、对于资本主义工商业的社会主义改造，即实行合作化，在农村中消灭富农经济制度和个体经济制度，使全体农村人民共同富裕起来。"[⑥]随后，在《关于正确处理人民内部矛盾的问题》一文中，毛泽东继续提出共同富裕的具体目标：在几年内"使现在还存在的农村中一小部分缺粮户不再缺粮，除了专门经营经济作物的某些农户以外，统统变为余粮户或者自给户，使农村中没有了贫农，使全体农民达到中农和中农以上的生活水平"[⑦]。

毛泽东解释了中国贫困问题产生的根源，制定了反贫困的奋斗目标以及消除贫困的步骤和战略，并提出坚持中国共产党的领导以及农村反贫困工作中农民的主体地位，为中国农村反贫困提供了良好的制度基础和物质基础。同时，毛泽东的反贫困论述是马克思主义贫困理论中国化的重要成果，尤其是其关于共同富裕的思想及反贫困实践，为邓小平等进一步深化共同富裕的思想以及70年代后期至

①《毛泽东选集》第5卷，人民出版社，1977，第117页。
②同上书，第403页。
③《毛泽东选集》第2卷，人民出版社，1991，第683页。
④《毛泽东选集》第3卷，人民出版社，1991，第931页。
⑤《毛泽东著作选读》甲种本，人民出版社，1966，第306页。
⑥同上书，第313页。
⑦同上书，第344页。

90年代上半期中国的扶贫开发积累了经验。由于国情和时代的局限，毛泽东尚未对中国的贫困问题形成系统的认识，没有明确提出的中国的扶贫开发理论，在探索国家建设和反贫困过程中也产生了一些错误，但其提出的共同富裕等一系列思想观点，为中国启动扶贫开发以及扶贫思想的形成奠定了基础。

2.邓小平：深化共同富裕思想，形成中国扶贫思想体系

邓小平扶贫论述的产生发展与中国社会主义建设的时代背景密不可分。一方面，执政之初，邓小平面临着怎样建设社会主义、怎样摆脱国家贫困面貌等重大现实问题，以及计划经济体制、“大跃进”、“文化大革命”等战略性失误造成的困难局面；另一方面，1986年以后，中国开始进入大规模、有组织、有计划的农村扶贫开发阶段。因此，邓小平的扶贫论述是对中国扶贫开发实践经验的总结，是在中国改革开放进程中最终形成的。

邓小平一直关注中国的贫困问题，对扶贫的必要性和紧迫性予以高度重视。1957年，邓小平提出：“我们的国家还是一个贫穷的国家，落后的国家。要把这么一个贫穷落后的国家建设成为社会主义的先进的工业国家，需要长期的刻苦的努力。”[①] 1978年3月18日，邓小平在全国科学大会开幕式讲话时指出：“我们现在的生产技术水平是什么状况？几亿人口搞饭吃，粮食问题还没有真正过关。”[②]贫困落后的基本国情以及对共同富裕的追求，促使邓小平不断思考中国的扶贫开发问题。在扶贫战略目标方面，邓小平继承了毛泽东关于共同富裕的思想，提出共同富裕是社会主义的本质特征，实现全体人民的共同富裕是扶贫的战略目标。1985年3月7日，邓小平在全国科技工作会议上提出：“社会主义的目的就是要全国人民共同富裕，不

---

①《邓小平文选》第一卷，人民出版社，1994，第262页。

②《邓小平文选》第二卷，人民出版社，1994，第90页。

是两极分化。如果我们的政策导致两极分化，我们就失败了；如果产生了什么新的资产阶级，那我们就真是走了邪路了。”[①]他认为，贫困同社会主义不但没有必然的联系，而且是不相容的。“贫穷不是社会主义，社会主义要消灭贫穷”[②]；“搞社会主义，一定要使生产力发达，贫穷不是社会主义。我们要坚持社会主义，要建设对资本主义具有优越性的社会主义，首先必须摆脱贫穷”[③]。因此，邓小平明确指出：“社会主义的本质，是解放生产力，发展生产力，消灭剥削，消除两极分化，最终达到共同富裕。”[④]即高度发达的生产力是实现共同富裕的前提，坚持社会主义道路、坚持四项基本原则是实现共同富裕的政治保证。农民的富裕是中国扶贫及实现共同富裕的关键，因此，邓小平主张将农村经济的发展、农民生活水平的提高与中国经济的发展、摆脱贫困紧密结合起来。“中国社会是不是安定，中国经济能不能发展，首先要看农村能不能发展，农民生活是不是好起来”[⑤]，“农民没有摆脱贫困，就是我国没有摆脱贫困”[⑥]。邓小平反复强调改革对于发展和消除贫困的重要性，主张用改革促进反贫困工作的开展。他提出“三步走”的发展目标和步骤，提出要在21世纪中叶达到中等发达国家水平。此外，邓小平在探索建设有中国特色社会主义过程中，深刻认识到摆脱贫困落后的艰巨性、复杂性和长期性。1992年，邓小平在南方谈话中特别强调：“我们搞社会主义才几十年，还处在初级阶段。巩固和发展社会主义制度，还需要一个很长的历史阶段，需要我们几代人、十几代人，甚至几十代人坚持不懈地努力奋斗，决不能掉以轻心。”[⑦]

邓小平继承了毛泽东共同富裕的思想，并在总结中国近30年社会主义建设实践基础上，以其对马克思主义贫困理论的理解，进一步深化了共同富裕思想，打破了过去局限于所有制和分配方式的社会主义本质认识观，以及单纯强调共同富

①《邓小平文选》第三卷，人民出版社，1993，第110—111页。

②同上书，第116页。

③同上书，第225页。

④同上书，第373页。

⑤同上书，第77—78页。

⑥同上书，第237页。

⑦同上书，第379—380页。

裕对反贫困的思想禁锢①。他还首次提出制度性贫困以及中国反贫困的总体战略，主张在中国社会改革、开放、发展的进程中消除贫困，将消除贫困与计划生育相结合，对于贫困的实质、反贫困战略以及对策措施方面提出一系列构想。总之，邓小平在深化共同富裕思想基础上，初步形成了中国的扶贫思想体系。

3.江泽民：将扶贫开发与国家发展战略相结合，促进中国扶贫思想发展

20世纪80年代以来，通过成立专门的扶贫开发领导机构，制定和实施《国家八七扶贫攻坚计划》《关于尽快解决农村贫困人口温饱问题的决定》《中共中央、国务院关于进一步加强扶贫开发工作的决定》等一系列政策措施，中国开始实施有组织、有计划、大规模的扶贫开发，并在农村减贫方面取得显著成效。同时，伴随扶贫开发的深入，中国的贫困现状及扶贫任务亦发生变化。这是以江泽民同志为核心的党的第三代中央领导集体面临的扶贫开发现状，也是江泽民扶贫论述产生发展的历史背景。

江泽民在毛泽东及邓小平扶贫论述基础上，系统提出了中国扶贫开发理论。他将扶贫开发与国家发展战略相结合，重申了反贫困的必要性和重要性，并对扶贫策略、扶贫主体、扶贫模式等具体问题进行了深刻阐述。江泽民始终坚持扶贫开发的战略观点，在许多场合反复强调扶贫开发工作的重大政治、经济和社会意义。1999年6月9日，江泽民在全国扶贫开发工作会议上指出："下个世纪继续开展扶贫开发，要首先解决剩余贫困人口的温饱问题，巩固扶贫成果，使已经解决温饱的人口向小康迈进，同时在稳定解决温饱的基础上，全面推进贫困地区经济社会发展。这项工作，必须同我们对下个世纪整个经济发展

①孙辉：《邓小平与江泽民反贫困思想之比较》，《中共济南市委党校、济南市行政学院、济南市社会主义学院学报》2002年第4期。

战略的考虑结合起来,同加快中西部地区建设、缩小东西部地区发展差距,实现共同富裕的目标结合起来。”[①]2000 年 3 月,江泽民参加九届全国人大三次会议山西、贵州代表团的全体会议时指出:“扶贫攻坚已经进入决战阶段,各级党委、政府要进一步增强责任感、紧迫感,认真总结经验,采取有力措施,加大工作力度,确保实现基本解决农村贫困人口温饱问题的目标。”[②]对于中国胜利实现“三步走”发展战略的第一、第二步目标,全国人民生活总体上达到小康水平,江泽民一方面给予高度评价,另一方面又告诫指出:“必须看到,我国正处于并将长期处于社会主义初级阶段,现在达到的小康还是低水平的、不全面的、发展很不平衡的小康……巩固和提高目前达到的小康水平,还需要进行长时期的艰苦奋斗。”[③]结合其提出的“三个代表”重要思想来看,江泽民指出:“不断改善人民生活,是我们党全心全意为人民服务宗旨和‘三个代表’要求的最终体现。”[④]因此,在农村组织扶贫开发,绝非一时的权宜之计,而是“贯穿整个社会主义初级阶段的一项重要任务”[⑤]。在扶贫策略方面,江泽民强调,做好扶贫开发工作,推动农村经济发展,要坚持开发式扶贫的方针,加快发展教育,推广适用技术,普遍提高劳动者素质,要把农业的基础打牢[⑥]。江泽民还提出,“必须把扶贫资金落实到贫困村、贫困户,减少一切可能消耗扶贫资金的中间环节。这个问题,要引起大家的高度重视”[⑦]。扶贫瞄准对象由贫困地区转变为贫困人口,也推动了中国农村扶贫战略的根本调整。在扶

①《江泽民论有中国特色社会主义(专题摘编)》,中央文献出版社,2002,第 138—139 页。

②新华网：江泽民指出推进经济结构战略性调整进一步做好扶贫开发工作。2000-3-10,http://news.xinhuanet.com/ziliao/2000-12/02/content_493228.htm.

③江泽民:《全面建设小康社会,开创中国特色社会主义事业新局面》,《人民日报》2002 年 11 月 18 日。

④《江泽民论有中国特色社会主义(专题摘编)》,中央文献出版社,2002,第 114 页。

⑤同上书,第 139 页。

⑥江泽民:《推进经济结构战略性调整, 进一步做好扶贫开发工作》,《人民日报》2000 年 3 月 1 日。

⑦江泽民:《在中央扶贫开发工作会议上的讲话》,《人民日报》2001 年 9 月 18 日。

贫主体问题上,江泽民提出"他扶"与"自扶"的有机统一。"他扶"是指各级政府和社会各界都应参与农村扶贫,为农村贫困人口提供必要的外部扶持;"自扶" 是指农村贫困人口通过增强自我发展能力,实现自立自强。在扶贫路径和模式方面,学者总结了江泽民重点强调的五个坚持:坚持开发式扶贫、坚持科技先行、坚持正确领导、坚持因地制宜、坚持可持续发展等[①]。

将农村扶贫开发与国家整体发展战略、党的干部队伍建设、村基层组织建设、发挥社会主义制度优越性、人权事业建设以及维护改革发展稳定大局相结合;将解决贫困人口温饱问题与贫困地区全面开发相结合;将政府主导作用与社会力量参与相结合;将政府扶贫开发责任与贫困群众的参与相结合:既是江泽民有关扶贫开发的主要观点,也是其扶贫思想的时代特征[②]。通过对扶贫开发意义、扶贫对象、扶贫主体及扶贫路径的阐述,江泽民系统回答了"为何扶""扶谁""谁扶""怎么扶"等扶贫开发的一系列基本问题[③],促进了中国扶贫思想的进一步发展。

4.胡锦涛:立足科学发展观与和谐社会建设,丰富中国扶贫思想

经过体制改革推动扶贫、大规模的开发式扶贫以及攻坚阶段的扶贫开发,中国农村扶贫开发已取得显著成效。从 1978 年到 2000 年,农村贫困人口从 2.5 亿降至 3000 万左右,贫困发

---

①孙迪亮:《江泽民农村扶贫思想论析》,《西北民族大学学报(哲学社会科学版)》2005 年第 1 期。

②韩广富、何玲:《论江泽民农村扶贫开发思想的时代特征》,《西北民族大学学报(哲学社会科学版)》2006 年第 4 期。

③孙迪亮:《江泽民农村扶贫思想论析》,《西北民族大学学报(哲学社会科学版)》2005 年第 1 期。

生率由 30.7%降至 3%以下[①]。然而，扶贫标准低、返贫率高、扶贫投入与产出差异大，贫困地区落后状况还没有得到根本改观，扶贫开发仍面临严峻挑战。特别是 21 世纪以后，中国扶贫开发战略的重点已经从解决温饱为主要任务的阶段转入巩固温饱成果、提高发展能力、加快脱贫致富、缩小发展差距的新阶段。这些都对胡锦涛同志为总书记的党的第四代中央领导集体调整扶贫开发战略及扶贫思想提出了要求。

胡锦涛对中国扶贫思想理论的深化，不仅表现在其对扶贫开发工作的具体指示方面，更主要的是他从 21 世纪的广阔视野和全球视角以及中国的实际状况出发，提出了科学发展观、建设社会主义和谐社会及新农村建设理论，将扶贫开发重要性与扶贫开发目标置于更广阔、更深刻的背景下，对中国的扶贫开发工作提出了更高水平的要求[②]。2003 年，党的十六届三中全会正式提出“坚持以人为本，树立全面、协调、可持续的发展观”。胡锦涛在多个重要场合或讲话中对科学发展观的基本内涵做出全面、系统的阐释，指出“科学发展观，第一要义是发展，核心是以人为本，基本要求是全面协调可持续，根本方法是统筹兼顾”。“以人为本”，就是要求在工作中一切都要以人的需求为出发点和归宿，要对人的生存与发展命运确立终极关怀，不断满足人的多方面需求和促进人的全面发展[③]。因此，扶贫开发是科学发展观的根本要求，是“以人为本”理念的重要体现。胡锦涛系统提出了社会主义和谐社会的建设理论，并指出扶贫开发与和谐社会的关系，即“扶贫开发是建设中国特色社会主义事业的一项历史任务，也是构建社会主义和谐社会的一项重要内容”[④]。2005 年，党的十六届五中全会首次提出“建设社会主义新农村”战略，要求按照“生产发展、生活宽裕、乡风文明、村容整洁、管理民主”的要求，扎实推进社会主义新农村建设。农村作为中国扶贫开发的主战场，建设社会主义新农村对于扶贫开发意义深远。2007 年 4 月，胡锦涛在宁夏回族自治区考察时，提出“要

①中国网：中国的农村扶贫开发。http://www.china.com.cn/ch-book/fupinkafa/f3.htm.

②施由明、刘清荣：《从毛泽东到胡锦涛：中国扶贫开发理论的不断深化》，《农业考古》2007 年第 6 期。

③华正学：《胡锦涛同志对马克思主义反贫困理论中国化的新贡献》，《毛泽东思想研究》2012 年第 3 期。

④胡锦涛总书记关于构建社会主义和谐社会的有关论述，《党建》2005 年第 5 期。

继续实施开发式扶贫，把更多资金用在支持农村经济社会发展上，用在改善民生上，尽最大努力加快贫困地区发展，让农村贫困群众早日过上小康生活”[①]。全面建设小康社会阶段，胡锦涛在党的十七大报告中提出：“我们必须适应国内外形势的新变化，顺应各族人民过上更好生活的新期待，把握经济社会发展趋势和规律，坚持中国特色社会主义经济建设、政治建设、文化建设、社会建设的基本目标和基本政策构成的基本纲领，在十六大确立的全面建设小康社会目标的基础上对我国发展提出新的更高要求。”[②]全面建设小康社会目标以及具体指标的提出，也为21世纪中国反贫困事业提供了新的动力和目标方向。此外，胡锦涛在具体扶贫策略上坚持全方位扶贫开发的理念和政策，在农村视察和调研工作中始终强调做好扶贫帮困工作是一项重大的政治任务，要求建立全方位帮扶体系，改善人民生活条件，坚持开发式扶贫和社会保障相结合，坚持外部支持与自力更生相结合，坚持专项扶贫与行业扶贫、社会扶贫相结合[③]。

综合来看，立足科学发展观与和谐社会建设，胡锦涛进一步丰富了中国的扶贫思想。即坚持以人为本，赋予了反贫困新的内涵；构建和谐社会，开拓了反贫困新的路径；建设全面小康，则描绘反贫困新的目标；实现科学发展，又彰显了反贫困新的战略[④]。这些是胡锦涛扶贫论述的具体表现，也是其对马克思

---

①新华网：胡锦涛在宁夏考察，强调帮助贫困群众尽快过上小康生活，2007年4月14日。http://news.xinhuanet.com/politics/2007-04/14/content_5977166.htm.

②新华网：胡锦涛提出实现全面建设小康社会奋斗目标的新要求，2007年10月15日。http://news.xinhuanet.com/new-scenter/2007-10/15/content_6883219.htm.

③李志平、杨江帆：《胡锦涛农村扶贫思想论析》，《山西农业大学学报（社会科学版）》2014年第1期。

④华正学：《胡锦涛同志对马克思主义反贫困理论中国化的新贡献》，《毛泽东思想研究》2012年第3期。

主义贫困理论中国化的重要贡献。

(二)习近平对中国扶贫思想的发展与贡献

2012 年 11 月中国共产党第十八次全国代表大会召开。这个时期,一方面,中国在经济社会发展过程中已经取得了令世界瞩目的减贫成就,是全球首个实现联合国千年发展目标、贫困人口减半的国家;另一方面,相对贫困凸显、贫困地区经济社会发展总体水平不高,制约贫困地区发展的深层次问题没有得到根本解决,依然是新阶段中国扶贫开发面临的新问题、新挑战。作为新一届中国领导人,习近平高度重视农村扶贫开发,并在一系列考察和重要讲话中对扶贫开发工作做出全面部署和深刻阐述,推动了中国扶贫实践及扶贫思想的丰富和发展。

2012 年,习近平在河北省阜平县考察时强调:“消除贫困、改善民生、实现共同富裕,是社会主义的本质要求。”他指出扶贫是中国共产党坚持全心全意为人民服务根本宗旨的重要体现,是党和政府的重大职责,是全面建设小康社会的重要内容,是社会主义的本质要求。在 2015 年中央扶贫开发工作会议上,习近平指出:“脱贫攻坚已经到了啃硬骨头、攻坚拔寨的冲刺阶段,必须以更大的决心、更明确的思路、更精准的举措、超常规的力度,众志成城实现脱贫攻坚目标,决不能落下一个贫困地区、一个贫困群众。”[①]习近平还多次强调扶贫开发对“三农”发展、地区发展以及民族发展的重要性。基于当前国际反贫困趋势以及中国经济社会转型发展的现实,习近平提出了实现中华民族伟大复兴的中国梦理念,体现出以人为本、全面发展、科学发展的理念,既丰富了反贫困的行动内容,也将扶贫开发上升至全党全社会共同努力的事业。习近平在一系列考察和讲话中形成了内源扶贫、科学扶贫、精神脱贫、教育脱贫、生态扶贫、发展扶贫等思想理念,丰富了现阶段中国扶贫的时代内涵。精准扶贫是习近平在长期扶贫实践及扶贫问题思考基础上形成的理念创新。党的十八大以来,习近平多次在贫困调研及其他重要场合提及“精准扶贫”思想。2013 年 11 月,习近平在湖南湘西考察时做出了“实事求是、因地制宜、分类指导、精准扶贫”的重要指示,提出反对“一刀切”,要根据具体情况,灵活

①央广网:习近平出席中央扶贫开发工作会议并作重要讲话,2015 年 11 月 29日。http://www.cnr.cn/china/news/20151129/t20151129_520628571.shtml.

开展扶贫的工作思路，首次提出了“精准扶贫”思想。2015 年 6 月，习近平明确提出“扶贫对象精准、项目安排精准、资金使用精准、措施到户精准、因村派人精准、脱贫成效精准”的“六个精准”，对“精准扶贫”做出全面阐述。2015 年中央扶贫工作会议上，习近平系统地强调了“扶持谁”“谁来扶”“怎么扶”等问题，以提高脱贫攻坚成效。此外，习近平对中国扶贫思想的贡献突出表现在其对中国减贫与世界减贫关系的思考，以及推动中国与其他发展中国家的减贫合作交流，倡议“共建一个没有贫困、共同发展的人类命运共同体”，显示了中国对于世界减贫的责任意识和大国担当。2015 年 9 月，习近平在联合国发展峰会发表讲话时指出，中国一直是世界减贫事业的积极倡导者和有力推动者。在国家发展问题上，习近平强调“大家一起发展才是真发展，可持续发展才是好发展”。2015 减贫与发展高层论坛上，习近平总结和分享了中国特色的减贫道路、经验举措及精准扶贫方略，不仅为中国减贫工作开创了新局面，也为发展中国家提供了示范和指导作用。

习近平阐述了新时期中国扶贫开发的极端重要性及其战略定位，提出内源扶贫、科学扶贫、精神脱贫、教育脱贫、生态扶贫、发展扶贫等思想理念，丰富了中国扶贫的时代内涵。这些与精准扶贫方略及人类命运共同体的提出和表述，是其对马克思主义贫困理论中国化的突出贡献，推动了中国扶贫思想的创新和发展，也为当前及未来阶段中国的扶贫开发指明了方向。

综上所述，中国历届领导人在推进农村扶贫开发工作实践的过程中，提出并不断继承和发展了中国的扶贫思想体系。从毛泽东到习近平，中国领导人在各个阶段的扶贫探索中，结合不同的历史背景，提出和总结了不同历史时期中国扶贫开发的意义、战略地位及扶贫途径模式等具体问题，不断丰富和创新中国扶贫思想体系的理论内涵和时代特征。从理论溯源看，马克思主义贫困理论是中国领导人扶贫思想形成的基础，共同富裕是贯穿扶贫思想体系的核心，中国领导人扶贫思想的发展始终离不开对共同富裕思想的阐述。从理论内容上看，扶贫开发理论或思想要解决的根本问题是贫困的产生以及贫困的消除。历届中国领导人围绕这些根本性问题，针对贫困的产生、贫困现状以及中国开展扶贫开发的意义、主体、对象、目标、策略等问题进行了阐述，形成了各自的观点和理念，推进了扶贫思想体系的继承和完善，为中国特色扶贫开发理论的形成发展以及马克思主义贫困理论的中国化做出了积极的贡献。

10

第十章　总结与讨论

纵观世界历史的发展进程，贫困现象自人类社会产生之日起就已经存在。早在18世纪以前，贫困更多被视为一种个体现象，懒惰、身体残缺等道德和生理的缺陷以及自然灾害或天意命运，成为解释贫困现象发生的主要原因。因而，贫困的缓解或消除也大多依赖于宗教或社会个体的慈善行为，由此推动产生以国家为主体的慈善救济传统，这在东西方社会具有历史的相似性和一致性。

18世纪以后，贫困逐渐被作为一种社会问题而存在，日益引起国家和社会的广泛关注。尤其是伴随西方资本主义制度的建立以及工业革命的推进，贫困开始成为资本主义社会普遍存在的现象。以经济自由主义为基础的国家济贫传统受到广泛的批判和质疑，一批社会调查者、经济学家开始对城市和农村贫困进行调查和研究，以揭露资本主义社会发展进程中普遍存在的贫困问题，推动贫困作为一种研究对象而受到学术领域的关注和重视。由此，西方经济学、社会学领域开始出现贫困研究的热潮，有关贫困问题的存在、界定、测量、解释以及缓解和消除策略等开始成为贫困研究领域的重要主题和内容，并逐渐形成了贫困研究的发展道路，即存在贫困—贫困的内涵—贫困的原因—贫困的测量、分类和特征—减缓和消除贫困—反贫困效果评估—贫困与发展问题的进一步反思等。

从贫困的界定和测量来看,贫困概念的研究经历了物质维度、文化维度、权利维度、脆弱性和社会排斥维度、社会资本维度、综合性维度的范式转变以及贫困认定视角由客观到主观拓展。由此,贫困的内涵也得到不断的拓展和丰富,出现了收入贫困、文化贫困、权利贫困、能力贫困、社会资本贫困、时间贫困、生态贫困、信息贫困、主观贫困以及多维贫困等概念。伴随贫困概念的拓展和转变,有关贫困的测量和标准也随之发生变化,相继产生了绝对贫困线、相对贫困线、多维贫困指数、能力贫困测度、人类贫困指数、人类发展指数、参与式贫困指数以及主观贫困线等不同的测量标准和方法。其中既有经济学、社会学等领域研究者和研究机构提出的贫困标准,也包括联合国、世界银行等一批国际机构和组织进行的研究和倡导。这些也显示了贫困研究推进过程中,其理论载体和产生形式的多元化和综合性发展趋势。

贫困概念的界定和测量从另一层面也揭示了研究者对于贫困产生原因的认识和理解。在解释贫困产生原因的理论研究方面,经济学、社会学以及人口学等学科领域做出了积极贡献。总的来看,理论界解释贫困产生原因的视角主要包括资本的视角、个体的视角以及结构的视角三个方面。资本视角解释的贫困主要从物质资本、文化资本、人力资本、自然资本、社会资本等的匮乏来论述贫困产生的原因,包括均衡增长理论、贫困文化理论、社会排斥理论、人力资本理论、社会资本理论等;就个体视角而言,贫困研究出现了贫困的代际传递、生命周期理论、能力贫困等理论;结构视角的贫困理论则包括了马克思的制度贫困理论、权利贫困理论等。事实上,由于贫困问题的复杂性以及历史的动态发展,有关贫困原因的解释理论呈现出不断批判、拓展的继替和演进特征，理论之间存在继承、批判和交叉融合的关系，贫困研究也呈现出综合性视角的发展趋势。

反贫困理论研究是贫困研究的重要方面。从世界范围看，反贫困的概念主要有三种表达形式：减少贫困（Poverty Reduction）、减缓贫困（Poverty Alleviation）以及消除贫困（Poverty Eradication）。其中，减少贫困着重从贫困人口的数量角度界定反贫困的行为过程；减缓贫困则是从贫困人口的贫困深度反映反贫困的行为过程；消除贫困则突出反映反贫困的目的性特征[①]。目前，国际上有关贫困与反贫困的理论研究中，反贫困理论取得了丰硕的研究成果。经济学是反贫困研究的主要学科领域和理论来源。特别是20世纪50年代以前，古典经济学、发展经济学以及福利经济学领域出现了一系列不同观点的反贫困理论。以亚当·斯密为代表的古典经济学派并没有将贫困作为社会问题来思考，认为贫困问题会伴随经济的发展而得以自动解决。其后，以凯恩斯为代表的新古典经济学则注重从资本匮乏的角度解释贫困以及宏观层面国家之间的发展差距问题，强调经济增长对于解决贫困问题的重要性。与古典经济学相比，发展经济学更加关注发展中国家的经济发展问题，从物质资本、人力资本、能力等更加综合性的视角探讨落后国家的贫困以及反贫困问题，发展初期的均衡发展理论、发展极理论、不均衡增长理论、依附理论、人力资本投资理论以及新发展主义影响下益贫式增长、包容性增长、绿色增长减贫等理论，都是这一领域重要的反贫困理论。福利经济学侧重社会经济福利的评价和研究，为西方福利国家制度的产生和发展奠定了理论基础，也形成了相应的反贫困福利思想和理论，包括空想社会主义、功利主义、集体主义以及当代资产建设理论等福利政策理论。同样的，由于经济学理论发展的传承性和继替性，经济学领域的反贫困理论亦具有相应的动态发展特征，同一理论在不同历史时期具有不同的阐述和观点。社会学领域的反贫困研究也取得了一定的研究成果。尤其是19世纪中后期，贫困研究领域出现了社会学学科视角的重大转向，贫困文化理论、社会情境理论、贫困功能论等从不同层面解释了社会普遍存在的贫困问题。与经济学视角相比，社会学视角的反贫困更加侧重从制度、文化等结构

①陈昕：《反贫困理论与政策研究综述》，《价值工程》2010年第28期。

层面提出解决贫困问题的理论或建议,且更加关注微观层面的贫困与反贫困理论研究。其中最为突出的是涂尔干、凯尔索、默顿、布迪厄等一批社会学家提出的贫困解释及反贫困策略。

与研究者相比,国际机构和组织也成为反贫困理论研究的重要载体。特别是二战以后民间组织和“公民社会”的形成发展，一批国际发展组织和机构积极推动国际减贫的实践和研究,产生了多维贫困理论、可持续生计理论、参与式反贫困理论等相关研究理论。事实上,目前国际上反贫困理论研究日益呈现出多学科领域的交叉和综合现象。20 世纪末期以及 21 世纪初期出现的多元发展观下的反贫困理论、社会质量理论、资产建设理论以及家庭经济反贫困理论等无不显示出经济学、社会学、政策学等学科领域反贫困理论研究的综合性特征。国际组织和机构的减贫实践也进一步促进了多学科反贫困理论的融合与交叉,共同推动了反贫困理论的创新和拓展。

中国作为世界上最大的发展中国家,在不同历史形态下均形成了相应的贫困认知，并进行了反贫困的不断探索和努力。在儒家思想影响下,扶危济困、改善民生成为中国传统文化的内在追求。自先秦以来,历代思想家、社会活动家以及政治家等不断提出、丰富和发展了“仁爱”“民本”“大同”等社会理念和思想,不仅推动了古代以邻里、宗族、宗教、会社或机构为载体的互助、救助和慈善传统和国家救助制度的发展,也逐渐成为古代乃至现今中国慈善救助传统的思想渊源和价值导向。步入近代社会,面对遭受封建帝制、西方列强以及军阀摧残下的落后局面，民主革命家孙中山提出了民生理念和社会救助思想,并推动国民政府建立以国家为主体的现代社会保障制度,一批经济学家、社会学家、教育家等知识分子积极响应“复兴农村”的倡议和口号，不仅在广大农村开展了各种类型的乡村建设实践,也在此过程中形成发展了对近代中国贫困的理性认识以及以乡村建设为主的反贫困思想。新中国成立以后，中国共产党将解决贫困问题作为重要的使命和责任，历届党和国家领导人形成了一系列反贫困思想和观点，推动了中国特色减贫实践和理论的发展和完善。自 20 世纪 80 年代开始，中国学术界将贫困作为研究的主题，开展了大量的贫困研究工作，包括引入和介绍西方贫困与反贫困理论，以及中国减贫模式、减贫理论的本土化探索和尝试。与西方社会的贫困研究相比，古代中国基本上没有产生专门性的贫困与反贫困理论研究，但在 18 世纪以前已经产生了较为系统的贫困认识以及反贫困思想。且与西方社会相类似，古代中国也形成了相应的民间慈善救助传统，并在此基础上推动了国家慈善救助制度的建立发展。而近代中国农村的贫困与反贫困研究已经开始受到西方理论研究的影响，乡村建设实践无不体现出建设西方现代文明社会的理想和信念。而当代中国的贫困研究也受到西方贫困与反贫困理论的深刻影响，并在此过程中进行理论本土化以及中国特色贫困理论研究的探索和讨论。

总之，贫困问题不仅仅是一种物质、精神匮乏的社会现象，也是关乎社会公正、平等、人道以及人的发展的根本性问题。对于世界贫困问题的关注和研究显示了人类对于社会公正及文明进步的根本性要求。300 多年来，国际贫困与反贫困理论研究取得的成果，不仅代表了所处时代中西方社会对于贫困问题的认知和理解，也为推动世界反贫困进程，以及贫困研究的进一步深化拓展发挥了积极的作用。可以说，尽管存在理论的批判和发展继替，每一种理论的产生在当时都具有重要的意义。同时，贫困与反贫困理论的形成和发展，也对于当时国家反贫困政策的制定和路径选择提供了重要的支持和引导，并在经济社会发展以及减贫进程中得到进一步的检验、调试或修正，推动贫困与反贫困理论研究的演进和发展。理论研究不断循环往复的发展继替过程，既是实践与理论辩证关系的客观反映，也代表了人类对于贫困问题认识理解不断深化拓展的过程。在此过程中，贫困问题从单一的收入匮乏、经济落后逐步上升为全社会关注的发展和社会公正问题；反贫困主体从个体到国家乃至国家和社会的共同参与；反贫困目标也从解决穷人的温饱问题到保障穷人的生存，扩展到发展权利维护以及人类素质和生活水平的提升等方面。伴随贫困问题逐渐被纳入关乎个体以及地区国家综合性发展的视野，贫困与反贫困的理论研究开始出现多学科视角的融合、宏观与微观层面的结合以及多元发展理论的交叉，这些既是当代贫困研究的重要特征，也是未来一个时期贫困与反贫困理论研究的基础和来源。

在贫困与反贫困理论研究不断取得进步和发展的同时，世界减贫发展事业也取得了巨大成就。然而必须看到，社会发展至今，贫困依然是人类社会发展面临的共同挑战，且伴随历史进程的推进，贫困问题出现了新的结构和特征，吸引理论和实践工作者的不断研究和讨论。减贫与发展问题是人类社会未竟的事业和使命，贫困与反贫困理论的研究不仅是人类对贫困问题认识的不断探索和创新，也是推动世界减贫与发展进程的不竭动力。鉴往知来，梳理评述国际贫困与反贫困理论发展演进历程，目的在于推动政府、市场、社会各个方面特别是学界对于未来国内贫困与反贫困理论研究方向、思路、发展趋势等进一步的关注、探讨和思考，以推动中国减贫发展的研究和实践。

其一，继续引入国际减贫发展领域的前沿理论，重视西方贫困与反贫困理论研究的本土化和创新发展。理论研究的发展永无止境，从国际贫困与反贫困理论的发展演进历程来看，理论的发展始终伴随贫困状况以及反贫困形势的变化。尤其在当前背景下，一方面，伴随世界减贫发展进程的推进，一些国家和地区在贫困问题缓解的同时也面临新的发展问题，贫困问题出现新的结构和特征，这些促使研究者不断进行理论的创新和发展；另一方面，贫困研究领域越来越呈现理论研究多学科、多视角、多范式综合和交叉的特征，综合性研究理论层出不穷。中国减贫领域的理论研究应适时进行西方理论的引入和推介，重视贫困与反贫困理论研究领域的更新和创新，推动西方贫困研究理论的本土化发展。

其二，重视中国特色反贫困理论的研究和梳理。与西方相比，国内对于中国贫困与反贫困理论研究处于相对滞后的阶段。新中国成立以来,改革开放之前,实行计划经济,贫困问题主要通过采取低水平的普惠性社会低保和救助措施缓解。改革开放以后,扶贫开发始终坚持政府主导的鲜明特征,贫困与反贫困问题更多的是作为政府治理实践纳入应用型的对策研究层面,贫困与反贫困的理论建设并没有得到应有的关注和重视,微观层面中国减贫经验模式的总结明显不足。尽管毛泽东、邓小平、习近平等党和国家领导人以及中国共产党的扶贫思想和实践得到一定的关注,但一般被视为政治思想理论研究而非减贫领域的理论研究。事实上,中国古代以及近当代也积累了丰富的反贫困思想和理论,且对于当前和未来世界范围的减贫理论和实践发展都具有重要意义。因此,总结和反思中国贫困研究的进程和成果,有利于研究者和实践者更好地了解和掌握中国的贫困问题,也为西方研究理论的本土化以及中国特色反贫困理论的构建提供思想渊源和基础。

参考文献

著作类

[1]钱乘旦,许洁明.英国通史[M].上海:上海社会科学院出版社,2002.

[2]王章辉,黄柯可.欧美农村劳动力的转移与城市化[M].北京:社会科学文献出版社,1999.

[3]钱乘旦,刘金源.环球透视:现代化的迷途[M].杭州:浙江人民出版社,1999.

[4]江亮演.社会救助的理论与实务[M].台北:桂冠图书股份有限公司,1989.

[5]丁建定,杨凤娟.英国社会保障制度的发展[M].北京:中国劳动社会保障出版社,2003.

[6]丁建定.从济贫到社会保险[M].北京:中国社会科学出版社,2000.

[7]陈晓律.英国福利制度的由来与发展[M].南京:南京大学出版社,1996.

[8]尹虹.十六、十七世纪前期英国流民问题研究[M].北京:中国社会科学出版社,2003.

[9]和春雷.社会保障制度的国际比较[M].北京:法律出版社,2001.

[10]刘波.当代英国社会保障制度的系统分析与理论思考[M].北京:学林出版社,2006.

[11]周建明.社会政策欧洲的启示与对中国的挑战[M].上海:上海社会科学出版社,2005.

[12]蒋孟引.英国史[M].北京:中国社会科学出版社,1988.

[13]阎照祥.英国政党政治史[M].北京:中国社会科学出版社,1993.

[14]张明贵.费边社会主义思想[M].台北:五南图书出版股份有限公司,2003.

[15]王天一.外国教育史:上册[M].北京:北京师范大学出版社,1993.

[16]黄继忠.区域内经济不平衡增长论[M].北京:经济管理出版社,2001.

[17]郭熙保.发展经济学理论与应用问题研究[M].太原:山西经济出版社,2003.

[18]宋镇修,王雅林.农村社会学[M].哈尔滨:黑龙江教育出版社,1993.

[19]李小云.参与式发展概论[M].北京:中国农业大学出版社,2001.

[20]岳希明,李实,王萍萍,等.透视中国农村贫困[M].北京:经济科学出版社,2007.

[21]田毅鹏.东亚"新发展主义"研究[M].北京:中国社会科学出版社,2009.

[22]陈斐.区域空间经济关联模式分析:理论与实证研究[M].北京:中国社会科学出版社,2008.

[23]张海东.社会质量研究理论、方法与经验[M].北京:社会科学文献出版社,2011.

[24]俞可平.治理与善治[M].北京:社会科学文献出版社,2000.

[25]周秋光,曾桂林.中国慈善简史[M].北京:人民出版社,2014.

[26]吕洪业.中国古代慈善简史[M].北京:中国社会出版社,2014.

[27]孙中山全集:第1卷[M].北京:中华书局,1981.

[28]孙中山全集:第2卷[M].北京:中华书局,1982.

[29]孙中山全集:第9卷[M].北京:中华书局,1986.

[30]李文海.历史并不遥远[M].北京:中国人民大学出版社,2004.

[31]郑大华.民国乡村建设运动[M].北京:社会科学出版社,2000.

[32]杨德才.中国经济史新论[M].北京:经济科学出版社,2004.

[33]晏阳初全集:第1卷[M].长沙:湖南教育出版社,1992.

[34]晏阳初全集:第2卷[M].长沙:湖南教育出版社,1992.

[35]费孝通.中国绅士[M].北京:中国社会科学出版社,2006.

[36]费孝通.江村经济[M].南京:江苏人民出版社,1986.

[37]费孝通文集:第2卷[M].北京:群言出版社,1999.

[38]费孝通文集:第4卷[M].北京:群言出版社,1999.

[39]赵群,王云仙.社会性别与妇女反贫困[M].北京:社会科学文献出版社,2011.

[40]毛泽东选集:第2卷[M].北京:人民出版社,1991.

[41]毛泽东选集:第3卷[M].北京:人民出版社,1991.

[42]毛泽东选集:第5卷[M].北京:人民出版社,1977.

[43]毛泽东著作选读:甲种本[M].北京:人民出版社,1966:306.

[44]邓小平文选:第1卷[M].北京:人民出版社,1994.

[45]邓小平文选:第2卷[M].北京:人民出版社,1994.

[46]邓小平文选:第3卷[M].北京:人民出版社,1993.

[47]江泽民论有中国特色社会主义:专题摘编[M].北京:中央文献出版社,2002.

[48]刘胜安.社区自主型发展:国际经验与中国实践[M].光明日报出版社,2012(1).

[49]简小鹰,刘胜安.社区自主型发展理论与实践[M].光明日报出版社,2012(1).

[50][法]米歇尔·博德.资本主义史:1500—1980.[M]吴艾美,等,译.北京:东方出版社,1986.

[51][英]哈罗德·珀金.近代英国社会的起源:1780—1880[M].伦敦:劳特利奇和基根·保罗,1969.

[52][英]E.P.汤普森.英国工人阶级的形成[M].钱乘旦,等,译.北京:译林出版社,2001.

[53][英]E.P.汤普森.共有的习惯[M].沈汉,王家丰,译.上海:上海人民出版社,2002.

[54][德]恩格斯.英国工人阶级状况[M].北京:人民出版社,1956.

[55][英]E.罗伊斯顿·派克.被遗忘的苦难[M].福州:福建人民出版社,1983.

[56][英]W.H.B.考特.简明英国经济史(1750 年至 1939 年)[M].方廷钰,等,译.北京:商务印书馆,1992.

[57][苏]门德尔逊.经济危机和周期的理论与历史:第 1 卷:上册[M].北京:人民出版社,1975.

[58][法]保尔·芒图.十八世纪产业革命:英国近代大工业初期的概况[M].杨人楩,等,译.北京:商务印书馆,1983.

[59][英]阿萨·勃里格斯:英国社会史[M].陈叔平,等,译.北京:中国人民大学出版社,1991.

[60][英]亚当·斯密:国民财富的性质和原因的研究:上卷[M].郭大力,王亚南,译.北京:商务印书馆, 1972.

[61][英]托马斯·罗伯特·马尔萨斯:人口论[M].北京:北京大学出版社,2008.

[62][英]大卫·李嘉图.李嘉图著作和通信集:第 1 卷[M].郭大力,王亚南,译.北京:商务印书馆,2011.

[63][英]约瑟夫·汤森德.济贫法论述[M].重印版.加利福尼亚:加利福尼亚大学出版社,1971.

[64]马克思恩格斯全集:第 1 卷[M].北京:人民出版社,1956.

[65]马克思恩格斯全集:第 2 卷[M].北京:人民出版社,1956.

[66]马克思恩格斯全集:第 42 卷[M].北京:人民出版社,1979.

[67]马克思.资本论:第 1 卷[M].北京:人民出版社,1975.

[68][英]F.H.欣斯利.新编剑桥世界近代史:第 11 卷[英].中国社会科学院世界历史研究所,译.北京:中国社会科学出版社,1999.

[69][美]亨利·乔治.进步与贫困[M].吴良健,王翼龙,译.北京:商务印书馆,1995.

[70][英]肯尼思·O.摩根.牛津英国通史[英].王觉非,等,译.北京:商务印书馆,1993.

[71]欧文选集:下卷[M].柯象峰,何光来,等,译.北京:商务印书馆,1965.

[72][英]边沁.道德与立法原理导论[M].北京:商务印书馆,2000.

[73][英]J.R.波因特.社会和贫困.英国济贫思想(1795—1834 年)[M].1969.

[74][英]雷蒙德·高尔德.政治经济学家和英国济贫法[M].雅典:俄亥俄大学出版社,1977.

[75][英]约翰·密尔.代议制政府[M].汪瑄,译.北京:商务印书馆,1982.

[76][英]霍布豪斯.自由主义[M].朱曾汶,译.北京:商务印书馆,1996.

[77][英]柯尔.费边社会主义[M].夏遇南,译.北京:商务印书馆,1984.

[78][美]理查德.R.纳尔森.经济增长的源泉[M].北京:中国经济出版社,2001.

[79][美]威廉·阿瑟·刘易斯.二元经济论[M].北京:北京经济学院出版社,1989.

[80][瑞典]冈纳·缪尔达尔.经济理论和不发达地区[M].达克沃斯出版社,1957.

[81][美]西蒙·史密斯·库兹涅茨.现代经济增长理论[M].北京:中国商务出版社,1989.

[82][埃及]萨米尔·阿明.不平等的发展:论外围资本主义的社会形态[M].北京:商务印书馆,1990.

[83][美]西奥多·舒尔茨.论人力资本投资[M].北京:北京经济学院出版社,1992.

[84][印度]阿马蒂亚·森.以自由看待发展[M].任赜,于真,译.北京:中国人民大学出版社,2002.

[85][印度]阿马蒂亚·森.贫困与饥荒:论权利与剥夺[M].王宇,王文玉,译.北京:商务印书馆,2001.

[86][印度]阿马蒂亚·森.以自由看发展[M].任赜,于真,译.北京:中国人民大学出版社,2002.

[87][印度]阿玛蒂亚·森,让·德雷兹.饥饿与公共行为[M].苏雷,译.北京:社会科学文献出版社,2006.

[88][英]安东尼·哈尔,詹姆斯·梅志里.发展型社会政策[M].北京:社会科学文献出版社,2006.

[89][美]诺曼·厄普霍夫,米尔敦·J.艾斯曼,安东尼路德·克里舒那.成功之源:对第三世界国家农村发展经验的总结[M].汪立华,等,译.广州:广东人民出版社,2006.

[90][美]西奥多·舒尔茨.改造传统农业[M].梁小民,译.北京:商务印书馆,2006.

[91][美]林南.社会资本:关于社会结构与行动理论[M].张磊,译.上海:上海人民出版社,2005.

[92]世界银行.1990年世界发展报告:贫困问题·社会发展指标[M].北京:中国财政经济出版社,1990.

[93][美]卡尔·博格斯.政治的终结[M].陈家刚,译.北京:社会科学文献出版社,2001.

[94][美]奥利弗·E.威廉姆森.治理机制[M].北京:中国社会科学出版社,2001.

[95][美]詹姆斯·N.罗西瑙.没有政府的治理[M].南昌:江西人民出版社,2001.

[96][美]亨利·帕勒日.美国新自由主义经济学[M].北京:北京大学出版社,1985.

[97][美]迈克尔·谢若登.资产与穷人:项新的美国福利政策[M].北京:商务印书馆,2005.

[98][美]加里·斯坦利·贝克尔.家庭论[M].王献生,王宇,译.北京:商务印书馆,1998.

[99]Kenneth O.Morgan. The Oxford Illustrated History of Britain.Oxford: Oxford University Press,1984.

[100]Chris Cook.The London Companion to Britain in the Nineteenth Century

1815-1914.London:Longman,1999.

[101]Dorothy Porter.Health,Civilization and the State:A History of Public Health from Ancient to Modern Times.New York:Rout-ledge,1999.

[102]Carl Chinn.Poverty amidst Prosperity:the Urban Poor in the England (1834-1917),Manchester University Press,1995.

[103]R.ben.Jones.A Political,Social and Economic History of Britain, 1760-1914:The Challenge of Greatness. London:Hodder and Stoughton,1987.

[104]John Edward Morgan.The Danger of the Deterioration of Race from the Too Rapid Increase of Great Cities. New York,1985.

[105]Eccleshall Robert.British Liberalism:Liberal Thought from the 1640s to 1980s.London:Longman,1986.

[106]Beatrice Webb.My Apprenticeship.Cambridge:Cambridge University Press,1980,.

[107]Bernard Harris.The Origins of the British Welfare:Social Welfare in England and Wales:1800-1945.New York:Palgrave Macmillan,2004.

[108]Kelso,William A..Poverty and the underclass:Changing perceptions of the poor in America.New York:New York University press,1994.

[109]Gans,H..The Urban Villagers:Group and Class in the Life of Italian-Americans.Positive Function of Poverty.American Journal of Sociology, New York:Free Press.1979.

[110]Ellis.Rural Livelihoods and Diversity in Developing Countries.Oxford: Oxford University Press, 2000.

[111]Sen A.,K.On Economic Inequality,expanded edition with a substantial annexe.Oxford University Press,1997.

[112]Nurkse R..Problems of capital formation in underdeveloped countries:and Patterns of trade and development.New York:Oxford University Press, 1953.

[113]Pierre Bourdieu.Distinction a Social Critique of the Judgment of

Taste.Cambridge Mass:Harvard University Press,1984.

[114]Pierre Bourdieu.The forms of Capital.in Handbook of Theory and Research for the Sociology of Education,Westport,CT:Greenwood Press,1986.

[115]Coleman J.S..Foundations of Social Theory.Cambridge,MA:Harvard University Press,1990.

[116]Lin N..Social Capital:A Theory of Social Structure and Action.New York:Cambridge University Press,2001.

[117]UNDP.Human Development Report.Oxford:Oxford University Press,1997.

[118]Chatman E.A..The information World of Retired Women.New Yock:Greenwood Press,1992.

[119]Chenery H.B.,M.S.Ahluwhalia,C.L.G. Bell,J.H.Duloy,and R.Jolly.Redistribution with Growth:Plolicies to Improve Income Distribution in Developing Countries in the Context of Economic Groeth.Oxford:Oxford University Press,1974.

期刊论文类

[1]钱乘旦.英国工业革命中的人文灾难及其解决[J].中国与世界观察,2007(1).

[2]丁建定.论17世纪英国的济贫法制度[J].社会工作(学术版),2011(4).

[3]丁建定.1870—1914年英国的慈善事业[J].南都学坛,2005(4).

[4]李义中.18世纪英国的贫困问题管窥[J].安庆师范学院学报(社会科学版),2012(3).

[5]任松峰.试论伊丽莎白一世时期英国的贫困与社会控制[J].湖北经济学院学报(人文社会科学版),2009(10).

[6]冷小黑.亚当·斯密的利己论[J].青海民族大学学报(教育科学版),2005(3).

[7]周可.青年马克思论贫困:兼评古典政治经济学的贫困观[J].黑龙江社会

科学,2015(5).

[8]王朝明.马克思主义贫困理论的创新与发展[J].当代经济研究,2008(2).

[9]苗泉竹.关注贫困化:马克思理论批判的着力点和理论发展的张力所在[J].学术论坛,2005(7).

[10]林秀玉.英国对外贸易现代化进程之探析[J].历史教学,2003(6).

[11]黄玉桃.19世纪中后期英国“国家济贫”缘起初探[J].南阳理工学院学报,2015(5).

[12]郭家宏.19世纪末期英国贫困观念的变化[J].学海,2013(1).

[13]刘继同.英国社会救助制度的历史变迁与核心争论[J].国外社会科学,2003(3).

[14]陈建勋.从纳克斯的“贫困恶性循环论”所想到的[J].上海经济研究,1988(2).

[15]张焕蕊,吕庆丰.简评刘易斯二元经济模型[J].当代经济,2008(2).

[16]尹伯成.缪尔达尔和他的循环积累因果原理[J].世界经济文汇,1987(5).

[17]舒建中.沃勒斯坦“中心—边缘”论述评[J].学术论坛,2002(6).

[18]夏申,葛惠明.伊曼纽尔和阿明[J].外贸教学与研究,上海对外贸易学院学报,1985(6).

[19]吴理财.论贫困文化[J].社会,2001(8).

[20]李瑾瑜.贫困文化地变革与农村教育的发展[J].教育理论与实践,1997(1).

[21]周怡.社会情境理论:贫困现象的另一种解释[J].社会科学,2007(10).

[22]周怡.贫困研究:结构解释与文化解释的对垒[J].社会学研究,2002(3).

[23]陈树强.增权:社会工作理论与实践的新视角[J].社会学研究,2003(5).

[24]闫琳.社区发展理论对中国乡村规划的启示[J].城市与区域规划研究,2011(2).

[25]马新文.阿玛蒂亚·森的权利贫困理论与方法述评[J].国外社会科学,2008(2).

[26]黄荟.阿玛蒂亚·森的贫困概念解析:以他的自由发展观为视域[J].江汉

论坛,2010(1).

[27]苏芳,徐中民,尚海洋.可持续生计分析研究综述[J].地球科学进展,2009(1).

[28]何仁伟,刘邵权,陈国阶,等.国农户可持续生计研究进展及趋向[J].地理科学进展,2013(4).

[29]周晔馨,叶静怡.社会资本在减轻农村贫困中的作用:文献述评与研究展望[J].南方经济,2014(7).

[30]吴军,夏建中.国外社会资本理论:历史脉络与前沿动态[J].学术界,2012(8).

[31]李胜.浅析二战后发展主义文化的后现代解构[J].学术论坛,2007(12).

[32]张全红,周强.多维贫困测量及述评[J].经济与管理,2014(1).

[33]李小云,李周,唐丽霞,等.参与式贫困指数的开发与验证[J].中国农村经济,2005(5).

[34]王小林,Sabina Alkire.中国多维贫困测量:估计和政策含义[J].中国农村经济,2009(12).

[35]邹薇,方迎风.关于中国贫困的动态多维度研究[J].中国人口科学,2011(6).

[36]王素芳.信息与贫困:埃尔夫瑞德·查特曼的小世界信息行为理论述评[J].图书情报知识,2015(6).

[37]于良芝,周文杰.信息穷人与信息富人:个人层次的信息不平等测度述评[J].图书与情报,2015(1).

[38]于良芝."个人信息世界":一个信息不平等概念的发现及阐释[J].中国图书馆学报,2013(1).

[39]相丽玲,牛丽慧.信息贫困形成的经济学机理[J].图书馆理论与实践,2015(10).

[40]罗庆,李小建.国外农村贫困地理研究进展[J].经济地理,2014(6).

[41]陈全功,程蹊.空间贫困及其政策含义[J].贵州社会科学,2008(8).

[42]黄平.关于"发展主义"的笔记[J].天涯,2000(1).

[43]许宝强.发展主义的迷思[J].读书 1999(7).

[44]叶敬忠,孙睿昕.发展主义研究评述[J].中国农业大学学报(社会科学版),2012(2).

[45]杜志雄,肖卫东,詹琳.包容性增长理论的脉络、要义与政策内涵[J].中国农村经济,2010(11).

[46]周华.益贫式增长的定义、度量与策略研究:文献回顾[J].管理世界,2008(4).

[47]向德平.包容性增长视角下中国扶贫政策的变迁与走向[J].华中师范大学学报(人文社会科学版),2011(4).

[48]李炳炎,王冲.包容性增长:基于相对贫困视角下的探析[J].经济研究,2012(6).

[49]王志章,王晓蒙.包容性增长:背景、概念与印度经验[J].南亚研究,2011(4).

[50]明翠琴,钟书华.国外“绿色增长评价”研究述评[J].国外社会科学,2013(5).

[51]北京师范大学绿色减贫指数课题组.贵州省绿色减贫指数特点及分析[J].贵州社会科学,2014(11).

[52]徐秀军.解读绿色扶贫[J].生态经济,2005(2).

[53]张晓颖.经济、环境、社会发展与人:从可持续发展观到包容性绿色增长[J].江淮论坛,2014(6).

[54]彭红斌.绿色型经济增长方式:中国经济发展的必然选择[J].理论前沿,2002(8).

[55]郑长德.基于包容性绿色发展视域的集中连片特困民族地区减贫政策研究[J].中南民族大学学报(人文社会科学版),2016(1).

[56]胡鞍钢,周绍杰.绿色发展:功能界定、机制分析与发展战略[J].中国人口、资源与环境,2014(1).

[57]李晓西,刘一萌,宋涛.人类绿色发展指数的测算[J].中国社会科学,2014(6).

[58]王沪宁.中国:社会质量与新政治秩序[J].社会科学,1989(6).

[59]吴忠民.论社会质量[J].社会学研究,1990(4).

[60]郑卫荣,李萍萍,刘志昌.社会质量理论:理论阐释与实践探索[J].国外社会科学,2013(1).

[61]艾伦·沃克.社会质量取向:连接亚洲与欧洲的桥梁[J].张海东,译.江海学刊,2010 (4).

[62]杨泉明,张洪松.社会质量理论本土化命题探析[J].四川大学学报(哲学社会科学版),2015(3).

[63]林卡,高红.社会质量理论与和谐社会建设[J].社会科学,2010(3).

[64]谢海峰.社会质量理论指导下我国农村扶贫事业发展研究[J].社会保障研究,2010(6).

[65]王瑞华.合作网络治理理论的困境与启示[J].西南政法大学学报,2005(4).

[66]田星亮.论网络化治理的主体及其相互关系[J].学术界,2011(2).

[67]张康之、张乾友:民主的没落与公共性的扩散:走向合作治理的社会治理变革逻辑[J].社会科学研究,2011(2).

[68]张康之.论参与治理、社会自治与合作治理[J].行政论坛,2008(6).

[69] 汪大海, 刘金发. 慈善组织参与扶贫领域社会管理创新的价值与对策[J].中国民政,2012(12).

[70]刘敏.贫困治理范式的转变:兼论其政策意义[J].甘肃社会科学,2009(5).

[71]武国丽.资产建设理论及其对我国的启示[J].学理论,2013(12).

[72]赵祁,曾国平.基于资产建设理论的中国反贫困政策研究[J].重庆大学学报,2008(5).

[73]张萍,栗金亚.资产建设理论视阈下农村贫困救助政策的启示[J].经济与管理,2012(9).

[74]宋世方.西方家庭经济理论的最新发展[J].经济评论,2003(5).

[75]马颖、秦永.发展经济学视角中的家庭经济理论研究进展[J].经济学动

态,2008(5).

[76]刘开法.中国“大同”社会理想的历史嬗变[J].经济研究导刊,2012(10).

[77]李光福.论老子的仁爱观[J].广东社会科学,1999(2).

[78]方海霞.孙中山社会救助思想与实践[J].理论建设,2011(5).

[79]李金铮.题同释异:中国近代农民何以贫困[J].江海学刊,2013(2).

[80] 李金铮. 研究清楚才动手:20 世纪三四十年代费孝通的农村经济思想[J].近代史研究,2014(7).

[81]贾兰.我国反贫困理论中有关扶贫项目运作研究述评[J].理论探讨,2003(3).

[82]林雪霏.我国场域内的反贫困逻辑:基于多维理论视角[J].重庆社会科学,2014(9).

[83]陈昕.反贫困理论与政策研究综述[J].价值工程,2010(28).

[84]文雁兵.包容性增长减贫策略研究[J].经济学家,2015(4).

[85]吕方.发展的想象力:迈向连片特困地区贫困治理的理论创新[J].中共四川省委省级机关党校学报,2012(3).

[86]李雪萍,王蒙.多维贫困“行动—结构”分析框架下的生计脆弱:基于武陵山区的实证调查与理论分析[J].华中师范大学学报(人文社会科学版),2014(5).

[87]王三秀.国外可持续生计观念的演进、理论逻辑及其启示[J].毛泽东邓小平理论研究,2010(9).

[88]陈银娥,高思.社会福利制度反贫困的新模式:基于生命周期理论的视角[J].福建论坛(人文社会科学版),2011(3).

[89]宋宪萍,张剑军.基于能力贫困理论的反贫困对策构建[J].海南大学学报人文社会科学版,2010(1).

[90]左停,杨雨鑫.重塑贫困认知:主观贫困研究框架及其对当前中国反贫困的启示[J].贵州社会科学,2013(9).

[91]孙同全,孙贝贝.社区主导发展理论与实践述评[J].中国农村观察,2013(4).

[92]周文,李晓红.社会资本对反贫困的影响研究:多元范式的形成与发展

[J].教学与研究,2012(1).

[93]周晔馨,叶静怡.社会资本在减轻农村贫困中的作用:文献述评与研究展望[J].南方经济,2014(7).

[94]张大维.生计资本视角下连片特困区的现状与治理:以集中连片特困地区武陵山区为对象[J].华中师范大学学报(人文社会科学版),2011(4).

[95]方清云.贫困文化理论对文化扶贫的启示及对策建议[J].广西民族研究,2012(4).

[96]胡联,孙永生,王娜,等.贫困的形成机理:一个分析框架的探讨[J].经济问题探索,2012(2).

[97]何爱平.不同时期贫困问题的经济学理论阐释及现代启示[J].福建论坛(人文社会科学版),2011(7).

[98]孙中良,余芳梅.贫困理论视角下水库移民反贫困路径的转变[J].贵州社会科学,2009(2).

[99]畅红琴.中国农村地区时间贫困的性别差异研究[J].山西财经大学学报,2010(2).

[100]张雪梅,李晶,李小云.妇女贫困:从农村到城乡,从收入贫困到多维贫困——2000年以来中国“妇女贫困”研究评述与展望[J].妇女研究论丛,2011(9).

[101]胡鞍钢,童旭光.中国减贫理论与实践:青海视角[J].清华大学学报(哲学社会科学版),2010(4).

[102]赵娜.关于反贫困研究的社会学理论综述:基于个体与结构的视角[J].知识经济,2012(11).

[103]谢海峰.社会质量理论指导下我国农村扶贫事业发展研究[J].社会保障研究,2010(6).

[104]邓小海,曾亮.基于机制设计理论的我国旅游扶贫机制调适[J].当代经济管理,2015(2).

[105]杨志军:内涵挖掘与外延拓展:多中心协同治理模式研究[J].甘肃行政学院学报,2012(4).

[106]冯朝睿.连片特困地区多中心协同反贫困治理的初步构想[J].云南社

会科学,2014(4).

[107]陈忠言.中国农村开发式扶贫机制解析:以沪滇合作为例[J].经济问题探索,2015(2).

[108]陈忠言.中国农村扶贫中的跨部门协同机制分析[J].宁夏社会科学,2014(4).

[109]林万龙,钟玲,陆汉文.合作型反贫困理论与仪陇的实践[J].农业经济问题,2008(1).

[110]张鹏顺.区域理论视野下的旅游扶贫[J].理论探讨,2011(2).

[111]冷志明,雷亿辉.基于新区域主义的我国连片贫困区开发研究[J].经济地理,2011(4).

[112]邢成举,葛志军.集中连片扶贫开发:宏观状况、理论基础与现实选择:基于中国农村贫困监测及相关成果的分析与思考[J].贵州社会科学,2013(5).

[113]吴芳,尹德志.系统论视角下的中国农村贫困问题解读[J].世界农业,2015(2).

[114]谢君君.教育扶贫研究述评[J].复旦教育论坛,2012(3).

[115]寻舸.基于自组织理论的武陵山片区的扶贫开发机制[J].经济地理,2013(2).

[116]黄泽海,侯春娥.自组织理论视阈下构建扶贫开发与生态建设协同创新的组织模式研究[J].湖南省社会主义学院学报,2015(1).

[117]陈全功,程蹊.空间贫困理论视野下的民族地区扶贫问题[J].中南民族大学学报(人文社会科学版),2011(1).

[118]王明黔,王娜.西部民族贫困地区反贫困路径选择辨析:基于空间贫困理论视角[J].贵州民族研究,2011(4).

[119]陈全功,程蹊.空间贫困及其政策含义[J].贵州社会科学,2010(8).

[120]刘建华,丁重扬,王纪成.贫困理论比较研究与中国反贫困实践[J].外国经济学说与中国研究报告,2014.

[121]李志平,杨江帆.胡锦涛农村扶贫思想论析[J].山西农业大学学报(社会科学版),2014(1).

[122]华正学.胡锦涛同志对马克思主义反贫困理论中国化的新贡献[J].毛泽东思想研究,2012(3).

[123]施由明,刘清荣.从毛泽东到胡锦涛:中国扶贫开发理论的不断深化[J].农业考古,2007(6).

[124]韩广富,何玲.论江泽民农村扶贫开发思想的时代特征[J].2006(4).

[125]孙迪亮.江泽民农村扶贫思想论析[J].西北民族大学学报(哲学社会科学版),2005(1).

[126]孙辉.邓小平与江泽民反贫困思想之比较[J].中共济南市委党校,济南市行政学院,济南市社会主义学院学报,2002(4).

[127]卢艳霞.社会组织参与农村扶贫研究[D].长沙:中南大学,2012.

[128]刘畅.中国益贫式增长中的经济政策研究[D].大连:东北财经大学,2009.

[129]韩德光.工业革命时期英国的社会救助研究[D].济南:山东师范大学,2012.

[130]孙贵珍.河北省农村信息贫困问题研究:基于信息生产、传播、利用[D].保定:河北农业大学,2010.

[131][英]C.R.奥尔德姆.牛津郡济贫法文件[J].经济史评论,1993,5(1).

[132]Nelson R.R.,李德娟.欠发达经济中的低水平均衡陷阱理论[J].中国劳动经济学,2006(3).

[133]卡拉·霍夫,梁炜.超越罗森斯坦·罗丹.欠发达陷阱的现代理论[J].南大商学评论,2007(3).

[134][美] 西蒙·库兹涅茨. 经济增长和收入不平等[J]. 美国经济评论,1995,
45(1).

[135][印度]阿马蒂亚·森.评估不平等和贫困的概念性挑战[J].中国社会科学文摘,2003(5).

[136][美]赫伯特·甘斯.贫困的正功能[J].美国社会学,1972(78).

[137][印度]阿马蒂亚·森.评估不平等和贫困的概念性挑战[J].中国社会科

学文摘,2003(5).

[138][瑞士]皮埃尔·德·塞纳克伦斯.治理与国际调节机制的危机[J].国际社会科学,1998(3).

[139][英]格里·斯托克.作为理论的治理:五个论点[J].国际社会科学,1999(2).

[140]纳列什·辛格乔,纳森·吉尔曼.让生计可持续[J].国际社会科学杂志(中文版),2000(4).

[141]Martha G Roberts,杨国安.可持续研究方法国际进展:脆弱性分析与可持续生计方法比较[J].地理科学进展,2003(22).

[142][美]加里·斯坦利贝克尔.家庭经济学和宏观行为:上[J].赵思新,译.现代外国哲学社会科学文摘,1994(12).

[143]Anthony S. Wohl. Endangered Lives: Public Health in Victorian Britain, Isis, Vol.75,No.2(Jan.1984).

[144]Bebbington A.Capital and Capabilities: A Framework for Analyzing Peasant Viability,Rural Livelihoods and Poverty,World development, Vol. 22,1999.

[145]Scoones I.Livelihoods perspectives and rural development,The Journal of Peasant Studies,2009,36(1).

[146]Bebbington A.Capital and Capabilities:A Framework for Analyzing Peasant Viability,Rural Livelihoods and Poverty,World development,Vol.22,1999.

[147]Ellis.Household strategies and rural livelihood diversification. The Journal of Development Studies,1998.

[148]Carter M.R.,J.A.Maluccio. Social Capital and Coping with Economic Shocks: An Analysis of Stunting of South African Children.World Development, 2003,31(7).

[149]Mogues T.,M.Carter. Social capital and the reproduction of economic inequality in polarized societies.Journal of Economic Inequality, 2005,3(3).

[150]Narayan D.,L.Pritchett. Cents and Sociability: Household Income and Social Capital in Rural Tanzania.Economic Development and Cultural Change,1999,47(4).

[151]Portes A.Social Capital: Its Origins and Applications in Modern Sociology.Annual Review of Sociology,1998(24).

[152]Schultz T.W. Investment in Human Capital,The American Economic Review,1961,51(1).

[153]Hagenaars A. A Class of Poverty Indices.International Economic Review,1987(28).

[154]Wagle U.R. Multidimensional Poverty: An Alternative Measurement Approach for the United State?.Social Science Research,2008,37(2).

[155]Flik R.J.,Van Pragg B.Subjective Poverty Line Definitions.De E-conomist 139,1991(3).

[156]Theo Goedhart,Victor Halberstadt, Arie Kapteyn, Bernard Van Praag. The Poverty Line: Concept and Measurement. Journal of Human Resources 1977,12(4).

[157]Van Pragg B.,Goedhart T.,Kapteyn A. The Poverty Line: A Pilot Survey in Europe.The Review of Economics and Statistics,1980,62(3).

[158]Pradhan M.,Ravallion M. Measuring Poverty:Using Qualitative Per-ception of Consumption Adequacy.The Review of Economics and Statistics, 2000(3).

[159]Chatman E.A. Life in a small world: applicability of gratification theory to information seeking behavior. Journal of the American society for information science.1991.42(6).

[160]Yu L. How poor informationally are the information poor? Journal of Documentation,2010(6).

[161]Rupasingha A,Goetz S,J.,Social and Political Forces as Determinants of Poverty:a Spatial Analysis.The Journal of Socio-economics,2007,36(4).

[162]Ramajo J.,Marquez M.A., Hewings G.J.D.,et al. Spatial Heterogeneity and Interregional Spillovers in the European Union:Do Cohesion Policies Encourage Convergence Across Regions?.European Economic Review,2008,52(3).

[163]Ravallion M., Wodon Q. Poor Areas, or Only Poor People?.Journal of Regional Science,1999,39(4).

[164]Hentschel J., Lanjouw J.O.,Lanjouw P.,et al. Combining Census and Survey Data to Trace the Spatial Dimensions of Poverty:A Case Study of Ecuador. The World Bank Economic Review,2000,14(1).

[165]Lang C.,Barrett C.B.,Naschold F..Targeting Maps: an Asset -based Approach to Geographic Targeting. World Development,2013(41).

[166]Schady N.R. Picking the Poor: Indicators for Geographic Targeting in Peru. Review of Income and Wealth,2002,48(3).

[167]Crandall M.S.,Weber B.A. Local Social and Economic Conditions,Spatial Concentrations of Poverty,and Poverty Dynamics. American Journal of Agricultural Economics,2004,86(5).

[168]Bigman D., Fofack H. Geographical Targeting for Poverty Alleviation: an Introduction to the Special Issue. World Bank Economic Review,2000(1).

其他

[1]江泽民.全面建设小康社会,开创中国特色社会主义事业新局面[N].人民日报,2002-11-18.

[2]江泽民.推进经济结构战略性调整,进一步做好扶贫开发工作[N].人民日报,2000-03-01.

[3]江泽民.在中央扶贫开发工作会议上的讲话[N].人民日报,2001-09-18.

[4]杨思斌.英国社会救助立法的嬗变及其启示[EB/OL].中国社会科学网,http://www.cssn.cn/sf/bwsf_sh/201310/t20131022_4475.85.shtml.

[5]央广网:习近平出席中央扶贫开发工作会议并作重要讲话[EB/OL].2015—

11—29 07:00:00,http://www.cnr.cn/china/news/20151129/t20151129_520628571.shtml.

[6]新华网:江泽民指出推进经济结构战略性调整进一步做好扶贫开发工作[EB/OL].http://news.xinhuanet.com/ziliao/2000—12/02/content_493228.htm.

[7]中国网:中国的农村扶贫开发[EB/OL].http://www.china.com.cn/ch-book/fupinkafa/f3.htm.

[8]新华网:胡锦涛在宁夏考察,强调帮助贫困群众尽快过上小康生活[EB/OL].2007-04-14.http:/ /news.xinhuanet.com/politics/2007-04/14/content_5977166.htm.

[9]新华网:胡锦涛提出实现全面建设小康社会奋斗目标的新要求[EB/OL].2007-10-15.http://news.xinhuanet.c om/n ewscenter/2007—10/15/content_6883219.htm.

[10]绘制穷人生活的地图(关注全球贫困和饥饿人口:2020 焦点简报)[EB/OL].http://www.iprcc.org.cn.

[11]Chronic Poverty Research Centre. The Chronic Poverty Report 2004-2005,The Chronic Poverty Report 2008-2009,Escaping Poverty Traps,http://www.chronicpoverty.org.

[12]Asian Development Bank. Fighting Poverty in Asia and the Pacific: The Poverty Reduction Strategy of the Asian Development Bank.2011-11-10,http://www.adb.org/documents/policies/poverty_reduction/default.asp.

[13]OECD. Rising to the Global Challenge: Partnership for Reducing World Poverty.2011-11-12,http://www.oecd.org/dataoecd/45/28/1895254.pdf.

[14]Asian Development Bank.Toward A New Asian Development Bank in a New Asia.Report of the Eminent Persons Group to the President of the Asian DevelopmentBank.2011-11-10,http://www.adb.org/Documents/Reports/EPG-Report.

后 记

我国是全球最大的发展中国家,尽管新中国成立特别是改革开放以来,扶贫开发取得了举世瞩目的成就,但绝对贫困的相对性和相对贫困的绝对性,意味着贫困问题将长期存在。从全球看,不同国家及其发展阶段的差异,贫困问题会有多样化的呈现方式,由此决定了多样化的反贫困战略政策体系。如何认识贫困,如何制定更为有效的反贫困战略,首先取决于人们对贫困问题的认识。因此,梳理和分析国际上特别是西方国家关于贫困与反贫困理论研究的演进及其内容,无疑对于我们更好地认识我国贫困问题、制定更有效的反贫困策略具有积极的参考价值。

未来五年,我国进入全面建成小康社会的决胜阶段。中央把农村贫困人口脱贫作为全面建成小康社会的底线目标进行安排部署,明确提出到2020年我国现行标准下农村贫困人口实现脱贫,贫困县全部摘帽,解决区域性整体贫困。2015年11月党中央召开扶贫开发工作会议,颁布《中共中央 国务院关于打赢脱贫攻坚战的决定》,全面部署"十三五"脱贫攻坚工作,要求举全党全国全社会之力,坚决打赢脱贫攻坚战。显然,打赢脱贫攻坚战,一项很重要的保障是提升各类扶贫主体脱贫攻坚的能力,其中,更全面、深入了解世界上其他国家特别是发达国家在发展过程中如何认识贫困、如何开展反贫困、有哪些经验教训等方面,都应是扶贫脱贫能力建设的基础性内容。

鉴于此,应广西人民出版社邀请,我们开始了本书的研究、编写工作,前后历时一年。本书系统梳理和呈现了18世纪以来国际贫困与反贫困理论研究的历史演进与基本内容,对中国减贫思想的发展、减贫理论的研究现状进行了总结和分析，以期为中国乃至国际贫困与反贫困领域的研究和实践提供借鉴和基础。

本书由黄承伟设计全书框架及提纲、修改和审定书稿。黄承伟与刘欣合作完成第一、第二、第九、第十章，黄承伟与周晶合作完成第四章，刘欣完成第三、第七、第八章，周晶完成第五、第六章。

本书的出版首先感谢广西人民出版社的温六零社长（时任社总编），他是本书写作、出版的倡导者和推动者，他真诚的工作态度和锲而不舍的敬业精神，是本书如期完成的重要动力。感谢周莉主任对本书写作进程的始终关注，以及大量细致耐心的编务工作。感谢韦向克副总编和出版社编辑对本书的关心及付出的努力。